人民交通出版社股份有限公司重点出版物

Zhineng Jiaotong Jishu Ruogan Xinjinzhan

智能交通技术若干新进展

张焕炯　著

人民交通出版社股份有限公司
China Communications Press Co.,Ltd.

内 容 提 要

本书对智能交通中的相关专题进行了深入研究，提出了若干新算法，并对算法的原理推导、实现及性能进行了全面深入的分析。

本书适用于从事智能交通工作的工程技术人员，以及在该领域学习的研究生等。

图书在版编目（CIP）数据

智能交通技术若干新进展／张焕炯著．——北京：人民交通出版社股份有限公司，2015.10

ISBN 978-7-114-12521-8

Ⅰ.①智…　Ⅱ.①张…　Ⅲ.①智能运输系统—研究　Ⅳ.①F502

中国版本图书馆CIP数据核字（2015）第232530号

书　　名： 智能交通技术若干新进展

著 作 者： 张焕炯

责任编辑： 陈　鹏　李学会

出版发行： 人民交通出版社股份有限公司

地　　址：（100011）北京市朝阳区安定门外外馆斜街3号

网　　址： http://www.ccpress.com.cn

销售电话：（010）59757973

总 经 销： 人民交通出版社股份有限公司发行部

经　　销： 各地新华书店

印　　刷： 北京鑫正大印刷有限公司

开　　本： 720×960　1/16

印　　张： 14.25

字　　数： 254千

版　　次： 2015年10月　第1版

印　　次： 2015年10月　第1次印刷

书　　号： ISBN 978-7-114-12521-8

定　　价： 30.00元

PREFACE 前言

随着社会经济和科学技术等的进一步发展，人们之间的互相往来更趋频繁，物品空间转移的需求更加迫切，为实现这些目标而建构的交通基础也日益完善，相应的交通工具更是迅猛发展。现代化的交通网络以及先进的交通工具和交通管理水平，业已成为一个国家或地区现代化进展程度的重要标志，相应的，交通科学的研究和应用开发水平，更成为体现一个国家或地区科研整体水平的重要指标。

随着交通的发展，随之而来的交通拥堵、交通事故、环境污染等相关问题，呈现日益严重的趋势。这不仅造成巨大的物质与经济损失，更构成交通发展的主要制约因素，甚至成为影响人们和谐生存的顽疾。

为了更加有效地解决这些棘手的问题，人们提出了智能交通的概念，并结合先进的信息和控制等理论和技术，形成了具有开放特性的智能交通研究新学科。它有别于传统的处理交通问题的方式，而是尽可能在不增加额外的交通基础建设投入的前提下，利用一切先进的信息、控制等理论、思路、方法和技术，通过对业已存在的条件下的诸多要素进行基于某种确定条件下的优化处理，以达到解决问题的目的。它既以整体的观点，来综合考虑交通中各个要素之间的互相关系，找出问题的节点，从而获得巧妙的解决方法，又考虑交通中各要素相对独立的要求，进而形成一种综合于规划、设计、实施、管理、控制、预测等各个环节的技术手段，来综合化、智能化、主动化地实现对交通问题的解决，发挥实时、精准和高效的作用。它为解决交通问题提供了新的思路和方法，所以，智能交通理所当然地成了交通技术发展的重要新方向。

目前，虽然智能交通研究处在蓬勃发展的初级阶段，但它已经积累了很多的研究成果，进一步用来建构智能交通学科体系的系统化理论体系结构框架也已基本成型。此外，基于智能交通理论的相关产品开发也有了可观的业绩，这些产品在具体的交通实践中所发挥的积极效果，也有力地说明了智能交通理论和技术是解决交通问题的有效方法和手段，它们成了智能交通发展的重要力量。

因为某种机缘巧合，作者涉足了智能交通相关领域的研究，经过几年不懈地努力，形成了一系列的研究成果。本专著是作者在智能交通相关领域中研究成果的总结，有些成果业已以论文的形式在相关国际学术会议等场合进行了交流或发表。

本书共分八章，第1章是绪言，分别就智能交通的概念、研究智能交通的意义及研究现状等进行了简要的归纳。第2章主要论述智能交通的研究对象、框架结构，智能交通研究中的变量及相应的具体性能指标，它不仅涉及研究者对智能交通的整体把握，还可让研究者理顺智能交通研究中的各子系统的相互关系，为进一步深入研究智能交通打下坚实基础。第3章主要论述关于智能交通研究和开发的基础理论和支撑技术，从宽泛的意义上讲，它的技术支持包括信息技术、控制技术和通信技术等。第4章是全书的重点，主要讨论智能交通中的若干新算法的原理、实现及性能分析，这些新算法涉及交通参量的设置、交通状态的实时检测、交通事件的自动检测、交通安全等具体问题，这些算法既可直接应用到具体的交通问题的解决过程中，也可作为智能交通进一步研究开发的技术储备。第5章重点论述智能交通基于相关指标内容的评价问题，在分析基于单指标的评价体系的基础上，重点分析综合评价体系，并就相关的评价要点等进行了较详细的归纳。第6章简要讨论智能交通网与物联网之间的相互关系，随着物联网概念的出现，如何实现交通网和信息网等网络的融合，并获得最佳的效果，业已成为一个重要的发展方向，物联网与智能交通的有机结合，涉及很多具体问题，这里的论述仅限于作者的相关研究总结。第7章是具体的例证分析，通过具体的智能交通体系例证的分析，更清晰地说明智能交通研究中的子系统等的具体设计构造，计算和分析判断各个具体环节的分析过程，它具有很好的示范作用。第8章对智能交通研究进行了必要的总结和展望，虽然相关的总结和展望的具体论述过程受囿于作者的研究专题，但所得到的结论仍具有普遍性意义。这样，全书建构了相对完整的体系结构，使得本书不仅成为作者已有研究工作的总结，更成为进一步深入研究的起点。

作者着手撰写本书的过程中，得到了多方面的帮助：除了提供相关资料的专家学者的帮助外，还得到浙江省交通科学研究院领导和专家的帮助，他们为作者提供了智能交通相关研究课题，进行了卓有成效地合作；此外，作者还得到了泰国曼谷（Bangkok）及我国台湾省台中市国际学术会议组委会专家及相关学者的教益，在此一并致谢。

感谢人民交通出版社领导和编辑的大力支持，他们在推进智能交通理论及技术的发展过程中展现出智慧的眼光、恢宏的气度和先进的理念，为推动我国智能交通技术进步做出了贡献。

感谢家人的理解、支持和关爱，他们殷切地守望，是我耐得寂寞中最宝贵的慰藉。他们让我在纷繁芜杂的环境中安静心志，潜心钻研，向着标杆奋力并有所成就。谨把此书作为初熟的果子，敬献给我的家人。

最后，真切地希望读者能提出宝贵的意见，以便有进一步的改进和提高。

张焕炯

2014 年 8 月　于杭州

CONTENTS 目录

第1章 绪　　言

1.1 智能交通概论

随着社会经济等诸多因素的进一步发展,人们之间的互相往来日趋频繁,由此所建构的交通基础也日益完善,相应的交通工具更是迅猛发展。现代化的交通网络业已成为一个地区或国家现代化进程的重要标志之一,围绕交通的相关研究正在蓬勃发展,所形成的与交通有关的新颖学科及理论日益成型。

交通(Transportation)是一个具有多重含义的概念,它的外延和内涵都相对宽泛,不仅包括陆上的有轨交通、无轨交通,还包括水面上的交通以及空中的交通。同时,不仅包含具体的交通工具,还包含确保交通工具有效运行的基础设施。很多时候,由于基础设施的规划及建设对整个交通运行起决定性的作用,所以,它们理应被看成交通系统的重要组成部分。

不难发现,对交通来说,它是根据具体的设计、实施而达到相应预期目标的一种系统工程或过程,总是带有鲜明的人的活动的痕迹,也就是起于人们的具体设计,由人们具体建构,并提供给人们具体参与和实施,在这些过程中还可以实施具体的管理和控制,因此它具有人为(Man-made)、人与(Man-joined)、人管(Man-managed)和人控(Man-controlled)等具体特点。鉴于此,作为概念的交通大致可理解为一个包含诸多要素的、实现地理位置转移的、可控的综合系统。

交通作为一个复杂的综合系统,它包含多方面的要素和多个具体环节,交通所包含的要素除了交通基础设施及具体的工具以外,还包括设计规划人员及日常管理维护人员,甚至还包括与之相关的各个具体因素,而所涉及的环节包括从具体的设计规划到工程建设,从具体的投入运行及日常管理维护,以及进一步的后续发展等。

交通作为一个复杂的综合系统,自从产生,就具有可规划及可控的特点。随着经济的发展及相关科学技术的进步,从原来纯粹的人力管理和控制,慢慢转化到具体的智能性的机器控制和管理,由此进入了交通发展的新阶段——智能交通阶段。

智能交通(Intelligent Transportation System,ITS)是近几十年来发展起来的新事物,它是交通智能化发展进入一定阶段后的必然产物,同样也具有非常宽泛的内涵和外延，它可理解为：在建构合理和完善的基础设施的前提下，将先进的电子技术、信息技术、传感器技术、控制技术等与系统工程技术集成后运用于交通中，所建构的是一种实时、准确、高效、大范围、全方位发挥作用的交通运输控制和管理系统，它不仅能极大地解放人力，更可以挖掘现有交通基础设施的潜能，在提高运输效率的同时，保障交通安全，并有效缓解现有的交通拥挤，更可以积极改善与环境的契合程度。因此，它可以被看成是在强调效率、节能、环保等诸多目标条件下所引进的具有更多人性化的一种综合控制和管理体系，以达到交通设计、交通管理者、交通参与者与其他相关因素之间的多方面共同便利，实现最佳的社会效益和经济效益。可从以下的具体角度来更具体地归纳智能交通的内容。对于交通的规划者来说，智能交通的研究是促使建构科学、合理、高效、环保和可持续发展交通体系的重要手段，它从规划和设计的层面出发，合理地运用先进的理论和技术，创造具有最佳综合效果的交通设计。对于交通管理和控制者来说，智能交通的内容不外乎通过一定的理论指导和技术手段，产生最佳的管理和控制方式，并达到最佳的控制和管理效果，从这一点来看，智能交通的研究，实际上就是基于具体交通应用领域的最优解求解问题。同样，对交通参与者来说，他们也需要通过某种途径获得关于交通的咨询，并对自己的交通出行制订最佳方案，以获得交通出行问题的最优化。除了这些主要因素外，它还包括在与交通相关的领域里，建构在给定具体条件下最佳的解决方案，并通过对该方案的具体求解，获得最佳解决效果。从这层意义上讲，智能交通实际上可归纳为在交通问题上获得最佳智能化的理论、技术和方法等一切的总和。因此，它是一个给定相关条件下求最佳预测、估值、判决等的优化过程（Optimum Processing），它形成了一个多目标、多层次的综合系统。

智能交通一般可分为广义智能交通和狭义智能交通两种具体形态。广义的智能交通，其内容可涉及各种不同的交通方式和设施等条件下的交通问题的优化。但很多时候，智能交通的研究对象也往往特指具体的以公路设施为主的交通系统，由此构成狭义的智能交通系统。

本书的主要论述是面向狭义的智能交通领域的。

1.2 智能交通研究现状

自从提出智能交通的概念以来，已有几十年的历史，很多国家在这个领域中的研究取得了丰硕的成果，并把相应的研究成果具体应用到交通实际中，产生了很好的社会效益和经济效益。

从国际视野来看，智能交通研究和应用领域相对先进的地区大致有北美、欧洲和日本等。美国因其超强的综合实力和雄厚的技术支持，在智能交通的理论研究和实际应用中走在世界的前列，它从国家层面积极展开智能交通研究。早在1995年，美国运输部就正式颁发了《国家智能运输系统项目规划》，它从出行及运输系统管理、公共交通运输管理、应急管理、先进的车辆控制和安全、电子收费、出行需求管理及商用车辆管理七个具体的大类来规划具体的智能交通研究，这些几乎囊括了智能交通研究主要内容的各个方面，为智能交通的实际应用提供了坚实的理论基础。随着研究的日益深入，相应成果转化为具体产品，发挥了巨大的经济效益和社会效益。ITS在美国交通领域的覆盖范围占交通总量的80%以上，具体相关数据如表1-2-1所示。

美国智能交通成果应用所占比例 表1-2-1

应用项目	车辆安全	车辆管理	导航定位	商用车辆管理	电子收费
所占比例(%)	51	28	20	14	37

从表1-2-1中不难看出，智能交通在安全方面的应用比例最大，它在减少交通事故，减轻事故损伤程度等方面起着越来越大的作用。据报道，由于智能交通的大范围应用，使得全美每年能消除交通事故的数量达到百万级量级，而挽救事故中的人员生命在万人次以上，社会效益显著。智能交通在商用车辆中的比例较小，这是因为美国社会是一个公民拥有汽车比例非常高的国家，绝大多数人的交通工具是自备的，他们不必通过租赁等方式来解决交通工具问题，所以商用车辆方面的比例相对较小，这也反映了美国的具体国情。

还需指出，由于美国高度重视智能交通的应用，它在经济方面的表现也非常出色，因使用了智能交通的相关产品等因素，每年能节省约260亿美元的因交通堵塞等引起的相关损失。更有预测表明，在接下来的20年中，美国智能交通相关产品及服务市场的容量将达到4 000亿元的量级，而相关项目的总数可接近百万。

欧洲尤其是在欧盟国家内，对智能交通的研究和应用起步较早，而且成果显著，除了具有政府背景的科研机构进行深入研发外，很多民间组织也积极投身于该领域，形成了齐头并进的研发态势。尤其在欧盟中比较发达的国家，如英国、法国和德国等，业已有先进的智能交通产品的研发和应用，如英国的商用车载路径诱导系统 Traffic Master 系统，德国西门子公司的 Ali- scout 系统，其他如瑞典研究的 TSWS 项目、荷兰的动态交通管理系统的研发等，不一而足。它们不仅各自独立研究开发智能交通的相关产品，更在欧盟范围内通力合作，进行联合研发，如 PROMETHEUS(Program for an European Traffic with Highest Efficiency and Unprecedented Safety)计划，它本身就是作为 EUREKA 计划的一个子项目而提出的，而 IRTE(Integrated Road Transportation Environment)更是作为整个欧洲整体道路运输环境的规划被提出,这些计划或标准的具体研发,不仅能有望制定适合于欧盟范围内的智能交通相关统一标准,可实现大范围的兼容,并可有效拓展智能交通产品的供应渠道,开拓更加广阔的市场,从整体上体现欧洲在智能交通领域理论研究和产品研发的实力,充分展现欧洲在智能交通领域研发的先进性。

日本在智能交通领域不仅技术先进,而且自成体系,业已成为该领域中的研发重镇之一。它除了起步早、投入力度大以外,更把智能交通的研发与工业挂钩,形成具有强劲支持的研究、开发和应用各个环节良性互动连贯的发展体系,在很多方面表现非常优越。日本以政府为主导,成立跨部门的综合应对智能交通研发组织机构,制定诸如《日本 ITS 框架体系》等具有指导性质的研发纲要,更通过这些跨部门的组织,整合相应研究的实例,力图在制定国际标准等方面产生实质影响,以拓展智能交通产品的国际市场。此外,在智能交通研发过程中,日本立足本国实际,从面临的实际困境出发,有针对性地选择重点加以攻关突破,实现以点带面的战略步骤。就日本关于智能交通的研究现状来说,现阶段它重点对以下三个方面的智能交通展开了全面深入的研究:先进的道路支援系统(Automated Highway System;AHS),交通信息系统(Vehicle Information Control System;VICS)和不停车收费系统(Electronic Toll Collection System;ETC)。之所以选择这三个方面,这是因为对于先进的道路资源系统来说,它更多地涉及具体的无人驾驶等技术,这些是智能交通中最具潜力的发展方向,对有效减少交通事件,减少交通事件中的人员伤亡等具有非常现实的意义。选择该方向为研究的主攻方向,无疑是抓住和把握了智能交通的核心。同样,对于交通信息系统来说,它是交通管理系统中最具灵活性的部分,更是 ITS 中的关键因素,无论对于交通参与者还是管理者,实时掌握交通系统信息,进而做出最佳的交通参与决策和交通干预管理方案,实现最佳的交通参与和交通管理;而不停车收费,它更多地体现交通的运行效率,在高效、节能等方面无疑能产生积极的效果。所以,日本在智能交通研究和开发方面确实居于世界前列,它的有些方法具有很好的借鉴和启迪作用。

除了这些国家和地区外,韩国和澳大利亚等国家在智能交通研究和开发方面也比较先进,它们根据自己的国情特性,在智能交通的相关领域进行重点研究开发,也获得了非凡的研究成果。

在我国,随着经济的快速发展,交通基础建设及交通工具的发展非常迅猛,除了国家层面上的交通枢纽基本形成外,随着城市的快速扩张以及交通工具的普及,交通拥堵等业已成为很多大中型城市中的棘手问题。同样,虽以高速公路为代表的交通枢纽能最大限度地发挥便捷交通的功能,但随着交通工具的快速普及,道路上的交通压力越来越大,我国的中东部好多路段,道路拥塞成了一种常态。如何有效解决交通中所遇到的一系列问题,成了亟待解决的重大课题。要有效解决这些课题,除了加大道路基础建设的力度外,选用智能交通来发掘交通的潜能,提升交通效率,改善诸如环境等的相关条件无疑是一个明智的选项,这从客观上为我国智能交通的发展提出了迫切的要求。

因此,我国十分重视智能交通的研究和开发,在夯实开展智能交通研究和开发的技术基础的前提下,国家的政策等方面也向新领域倾斜。虽然智能交通的研究起步相对较晚,但发展态势迅猛,呈现出了可喜的局面。首先,在国家层面,除了政策的倾斜外,已经着手组建了关于智能交通研究和开发的平台,这些跨部门的组织架构,不仅在智能交通研究和开发方面能发挥整体的效用,更可从全局上组织实施智能交通的技术攻关和标准制定,获得在相应的具体子领域中的跨越式发展。如我国成功实施的"中国智能运输系统体系框架的研究"项目,它整合了国内好多的科研单位,进行联合技术研发,获得了很好的效果。其次,由于交通拥堵成了很多大中型城市的棘手问题,由此很多地方政府也非常重视智能交通的研究和应用,如确立智能交通系统的十个示范城市,在这十个城市中进行 ITS 规划并具体加以实施,尤其是北京市因举办奥运会,提出和实施了"科技奥运"智能交通系统技术的开发和应用项目,智能交通为缓解在奥运期间的交通压力,提供人性化的服务,营造"新奥运,新北京"的清新形象,发挥了积极的作用,充分体现了科技带来的奇妙魅力。第三,在加强国际合作方面也做得有声有色,采取定期和不定期地举行国际学术会议,派遣科研人员访问或项目合作等方式,这不仅可尽快缩短与先进国家和地区的差距,而且由于站在较高的起点上,为我国在智能交通领域中的技术攻关、应用推广和人才培养打下了扎实的基础。

但是,我们必须看到,由于交通工具的增长速度远高于交通设施的增长速度,尤其是城市中汽车数量的增长速度远远高于城市道路及车位等基础设施建设的增长速度,导致交通事故、大气污染、噪声污染等问题日益严重,大中型城市中的交通拥堵以及中东部地区高速公路网的交通拥堵等都是亟待解决的严重问题。如何利用智能交通技术,以最小的代价获得问题的解决,可做的工作还有很多,国内的智能交通研究者们在智能交通研究开发中,要走出深具中国特色的成功之路,还任重而道远。

1.3 研究开发智能交通的具体意义

近几十年来,在世界范围内,对智能交通的研究如火如荼。我国投入了巨大的人力和财力,致力于智能交通的研究、开发和应用推广。智能交通研究业已成为一个研究热点,它不仅包含了传统的交通领域,更涉及电子、通信、自动化、控制等一系列最具活力的领域。

研究智能交通具有多方面的重要意义。

首先,智能交通是传统的交通理论和工程技术的延续和深化,研究智能交通,可从更深的层面来揭示和掌握交通的内在规律,从本质上把握交通科学的内涵,并为交通科学和技术的发展提供新的内容。

其次,交通是实践性非常强的科学和技术,很多具体的性能特征需要在具体的工程实践中得以应用和验证,所以它需要先进的理论指导,才能发挥整体的功效。作为理论指导交通实践,更可在不断指导中通过合理的反馈获得检验、修改和提高,从而在促进工程实践高效的同时,理论本身也得到完善和提高。

第三,在交通问题日益严重的今天,解决交通问题的途径除了加快交通基础建设的实施外,就是利用智能交通的理论和方法进行具体优化。该方法能依据原来的交通状况,进行合理地分析、推理,在既有交通基础设施的基础上,通过科学化、精细化地调度、管理和规范等具体措施,缓解甚至彻底解决交通问题。它不仅节约了能源,改善了环境,更可最大限度地挖掘交通设施的潜力,所以,具有很好的发展前景。

第四,智能交通将先进的信息技术、通信技术、自动控制技术、计算机网络及人工智能等整合在交通科学中,在交通系统工程中进行综合集成,建构成多目标、多层次的具有"树"结构体系下的大范围、全方位的系统,具有高效(Availability)、实时(Real-time)、能动(Agility)且灵活(Activity)等特点。所以智能交通的实现过程,也可看成是先进的IT产品的使用过程,它为IT业的发展,不仅提供了具体的应用平台,更提供了促使IT业发展的策动力。随着IT业的发展,把交通领域中传统的"人与物的运载与运输"与"信息的运载和运输"有机地结合起来,使其能更加融合成一体,这样,信息技术的最新成果可得以充分利用,信息资源的潜力也可得以最充分地挖掘,智能交通的功效也可得以最充分的发挥。

第五,研究智能交通的实质就是在已有的交通基础设施的前提下的优化组合过程中,对所遇到的交通问题的完美解决。从经济层面上来看,它的经济性是不言而喻的,以经济性指标作为解决问题的目标函数,选用智能交通的解决方案无疑是明智而有效的选择。

研究智能交通的意义还有很多,如实现人性化的交通管理,以及给交通参与者提供完备、实时和高准确率的交通信息,并具备较高智能化的交通信息咨询服务,不仅方便了交通参与者,也方便了交通的管理和调控,实现了多方面的共赢。

1.4 本书的体系结构和重点

智能交通是一个具有庞大体系结构的综合系统，它所涉及的内容非常广泛，因此，在一本书中难以囊括所有与智能交通技术新进展相关的内容。本书仅是作者结合所承担的智能交通中相关子领域中的研究课题，就相关的成果进行了必要的总结和拓展，它主要涉及如何采用具体的优化算法，实现交通难题的缓解或解决，这些研究成果既可直接运用到交通管理等领域，切实解决实际中所遇到的难题，同时它们也可成为相关新算法进一步演进的理论基础。

全书共分8章，第1章是绪言，在高度概括智能交通具体研究内容的基础上，就智能交通的特点及基于国际视野下的研究现状和研究意义等进行了阐述。第2章主要论述智能交通的研究对象、框架结构，以及智能交通所应达到的性能指标要求，它涉及研究者对它的整体把握，并试图理顺智能交通研究的子系统，为进一步深入研究打下坚实基础。第3章主要论及进行智能交通研究和开发的基础理论依据和技术支持。从宽泛的意义上讲，它的技术支持包括信息技术、控制技术和通信技术等，但需要对相应的技术支持进行科学的梳理，由此可更好地实现交通网和信息网的融合，达到最佳的效果。第4章是全书的重点，主要论述智能交通的若干新算法的实现问题，这里分别就交通参量的设置、交通事件的自动检测、交通拥堵、交通安全等问题展开讨论，具体的算法实现既可直接应用到具体的交通问题的解决中，也可作为智能交通问题优化的进一步研究开发的技术储备。第5章重点论述智能交通体系的性能评价问题，在具体给出评价指标的前提下，就相关评价的要点等进行了具体归纳。第6章是物联网与智能交通的结合研究，分别分析了车联网及交通综合物联网。第7章是具体的例证分析，通过具体智能交通体系例证的分析，更清晰地说明智能交通研究中的子系统等的具体设计构造，计算和分析判断等各具体环节的分析过程，具有很好的示范作用。第8章为最后一章，作者根据已有的研究经历及相关的视野，对智能交通的研究进行了必要的总结和展望，虽然相关的总结和展望具有个人视角，但所得到的结论还是具有相当程度的普遍性意义。这样，所形成的体系相对完整，不仅是已有研究工作的总结，更是下一步深入研究的起点。

1.5 本章小结

本章在阐述智能交通的基本概念，归纳智能交通基本内容的基础上，就智能交通所具有的基本特点，智能交通的研究现状及研究的具体现实意义等进行归纳总结，并在此基础上，就本书的章节结构等进行了具体的解析说明。

参考文献

[1] 张国伍. 智能交通系统工程导论[M]. 北京：电子工业出版社，2003.

[2] 李金山. 日本智能交通研究综述[J]. 国外公路，2000.

[3] 刘志勇. 智能交通控制及其应用[M]. 北京：科学出版社，2003.

[4] 戴红. 智能交通系统与标准化[J]. 中国标准化，1999，(5).

[5] 蒋金勇，杨晓光. 美国国家智能运输系统体系结构概述[J]. 公路交通科技，1999，16(3).

[6] 李力，姜锐，贾斌，等. 现代交通流理论与应用[M]. 北京：清华大学出版社，2011.

第 2 章　智能交通的理论框架结构及研究应达到的目标要求

智能交通作为一个综合的复杂系统，它具有多层次、多目标、复合型的特点，明确智能交通的研究对象，建构和理清智能交通理论的体系结构，理解智能交通研究应该达到的目标要求，掌握智能交通研究开发模式的具体思路和方法，对于智能交通理论和应用的发展，具有重要的现实意义。

本章主要就智能交通学科的研究对象、性能、理论框架结构、所应达到的目标要求及具体的框架体系开发方法、标准化处理等方面进行具体阐述。

2.1　智能交通学科结构体系概论

智能交通可以认为是交通科学、交通工程学等学科发展的新阶段，它结合信息、电子、自动控制等科技的最新发展成果，构成相对完备、灵活而又与时俱进的开放体系，并成为电子、控制、通信等学科理论的重要应用领域，同时，智能交通也成了有力推动这些学科进一步发展的重要因素，智能交通从具体的工程实现到科学、系统的体系形成，需要通过科学的梳理，这些梳理不仅包含了对以往分散的具体成果基于学科体系的整合，使之形成相对完备的理论体系，而且还可指明智能交通进一步发展的方向，为新理论体系的建立提供前瞻性的指导。所以，科学地梳理智能交通的理论体系是一项重要工作，下面从不同的角度，给出对智能交通学科理论体系的具体梳理。

首先，需要梳理智能交通的研究对象。概括起来，研究对象不外乎与交通相关的“人员、交通基础设施、交通工具、周遭环境”。在这里，“人员”是占主导地位的，也是具有最终目的的，从最根本的角度，智能交通的研究对象无非是通过相关的技术支持，研究如何达到与交通相关的人员所提出的具体要求的问题。与交通相关的人员包括交通的规划者、管理者、参与者等。其中，由于交通基础设施等作为公共产品，它的规划者不仅指交通基础建设的投资者，具体的设计及建设实施等人员，很多时候还包括政府的相应职能部门；管理者既是一个抽象的部门，也是具体的交通管理及维护人员及其他相关的人员，如在一线的交警人员、交通管理部门的人员（Staff）、日常养护工作人员等；而参与者，主要是指具体在交通设施中以地理位置转移为目的的人员，他们包括驾驶员、乘客，摩托车、电动车驾驶人员，自行车使用者，步行者等。交通基础设施主要是指道路等，包括高速公路、一般的道路、城市街道，以及港口、码头、地铁、跌路、民航等一切为交通工具提供具体运作的条件和设施，它们的完好程度，直接影响着交通工具的正常运作及交通参与者的正常出行，对于这些基础设施的基于优化的研究，自然也是智能交通的重要内容之一。交通工具，主要是指交通参与者所使用的工具，具体指汽车、飞机、摩托车、自行车、有轨电车等，这些也是实现有效、安全交通的重要条件，它们往往与交通参与者相伴随，直接影响交通参与者的交通效果。无论交通基础设施，还是具体的交通工具，它们与周遭的环境总是相辅相成的，周遭环境可概括为与交通基础设施相关的地理环境、气候环境等一系列的影响因素的总和，它们作为外在的条件，也深刻地影响着交通。如何实现交通与周遭环境的融合，扬长避短，也是智能交通中的重要课题。

其次，在明确智能交通的研究对象的前提下，还需明确智能交通研究中的性能指标。性能指标是科学研究中定量表述的重要内容，它不仅涉及具体学科的建构，更是一种技术评判的具体标准，具有根本的重要性。此外，在某种角度下，把智能交通看成一种一定条件下的最优化过程，那么由此所确定的性能指标更是建构具体最优化代价函数的理论基础，是一切工作的基础。分析智能交通中的性能指标，大致可归纳为：经济性指标(Index of Economy)，有效性指标(Index of Availability)、可靠性指标(Index of Reliability)、安全性指标(Index of Security)和环保性指标(Index of Surrounding Protection)等。经济性指标，是作为评估交通基础建设，实现交通过程中的价值指标，一般用经济性指标中性价比的高低作为一种具体的衡量标准。有效性指标一般用来评价智能交通相关算法或方案实施中具体执行的效率，它反映了这些具体算法的实际效用，是检验智能交通中算法好坏的主要指标之一。可靠性指标主要用来衡量智能交通中具体算法判断的正确程度，它也反映了具体算法实现的精度，在很多时候，有效性及可靠性指标不仅是评判所提出算法优劣最重要的指标，更是实现基于智能交通理论和方法的交通事件或过程优化的最重要的两个途径。在具体的工程实现中，有效性和可靠性是最优先考虑的两个因素，只有在这两方面都具有较好性能的具体算法，才有进一步研究开发的价值。安全性指标具有多层含义，对于面向智能交通的具体算法来说，它可类似于算法的稳健性(Robustness)，但在交通中，它更多的是指交通参与者、交通设施及交通工具等的安全，尤其指交通过程中的人员安全。环保性指标，主要指与交通设施、交通工具等相关的环境保护程度的一种性能指标。之所以要引入这个具体指标，一是交通基础设施建设要涉及很多的土地资源等不可再生资源的消耗，由此引起一定的环境破坏。其次，大量汽车等的生产和使用，不仅碳排放量与日俱增，更成为大气污染的主要原因。尤其雾霾天气的大量出现，过多的汽车尾气排放是其产生的重要原因之一。因此,把环保性指标作为智能交通研究中的重要指标,使之成为交通相关项目和工程中必须考虑及优化的因素。如果为了短期某一方面的利益而牺牲相应的环保,将会造成非常严重的后果。这些性能指标并不是互相孤立的,而其相互之间是相辅相成的,在一定的前提下,可以互相转换,达到某种折中。此外,在智能交通中,若确定对某个特定的对象加以考察,那么它的具体性能指标也可以进行具体设计,所获得的指标可以不同于上述指标,这一点反映了智能交通研究的灵活性。

另外,还需明确智能交通研究中的基本变量,这是具体进行科学计算等推演分析的基础。在智能交通学科中,所进行的一系列模型建构,一个重要的前提就是确定具体的变量,根据具体的条件,确定变量之间的函数关系,并根据相应的已知条件,来求解针对相关变量的解,以获得最终的解决方案。因此,在一定的时间内,考察所确定的交通要素(研究对象)进行具体的问题研究过程,很自然地转化为寻找合适的变量,进行具体分析的过程。在智能交通研究中,虽也有以交通基础设施等为研究对象,以性价比或价值等作为变量加以分析的,但更多的是把具体的交通工具作为研究对象,因此它所对应的基本变量往往成为研究的重点,因为交通基础设施等一旦固定下来后,交通拥堵、交通事件等问题的发生都与交通工具有关,借用智能交通的理论和技术,能动地解决所遇到的交通问题的根本点就是对该交通基础设施上的交通工具进行基于智能化的管理和调控。此外,交通工具是载体,它与交通参与者有直接的关系,因此,交通工具所对应的变量,成为智能交通研究中的基本变量,它们在具体的智能交通研究中,起着重要的作用,对它们变化规律的研究,构成了智能交通研究的主要内容。

从以上三个不同的方面,对智能交通学科的结构体系框架进行了较宏观的梳理,它们实际上提供了认识和了解智能交通的平台。不难发现,它们是统一于智能交通的整个体系结构之中的,实际上,不仅是对象与变量之间存在统一关系,变量与性能指标之间也存在着内在联系,这三者的彼此融合,才构成完整的智能交通学科体系的结构框架。

2.2 智能交通理论框架结构分析

建构开放的智能交通理论体系框架,不仅能很好地总结已有的相关研究成果,更可继往开来,探寻新的理论和技术的发展脉络,丰富智能交通理论和技术的内容。智能交通理论的框架结构可以作如下的建构:以人为研究对象的理论,以交通基础设施、交通工具以及与交通相关的环境为对象的研究内容等。

对以人为研究对象的智能交通来说，它的主要研究内容可归纳为如下几个方面：一是对交通的投资者来说，其所追求的就是投资的最经济化和收益的最大化，而交通基础设施往往是公共产品，除了经济收益的最大化外，还需考虑相应社会效益的最大化，以及投资对当时区域甚至国家经济正面影响的最大化等。二是对于交通管理者，其所追求的是关于交通管理的有效性，管理效率的提高，不仅可以降低投入的成本，更可带来实实在在的各方面的利益。对交通的参与者来说，所需要的是交通的高效性及安全性，高效性体现在便捷出行，快速到达，安全性体现在人身不被损伤及随身物品不被损坏。因为交通设施，相应的规划和制度的制订，最终就是为交通参与者服务的，交通参与者参与交通的便捷性和安全性，成为所有问题中的焦点，尤其随着汽车等交通工具的快速增长和普及，交通拥堵问题越来越严重，已经成为很多城市的顽疾，随之而来的污染，尤其是大气污染、交通事故等也成为主要的制约因素，通过技术及相应的智能管理，实现交通参与者的便捷、高效、安全、低碳出行，成为智能交通研究及相应智能体(Intelligent Agency)开发最重要的内容，它们因而在智能交通研究中占有重要地位。这里还需指出，交通参与者除了一般意义的人员以外，还需包括所运输的物品，因为除了人员地理位置的转移是交通的主要内容以外，物品的运输同样也是其重要内容，便捷、高效、安全的物品运输同样是智能交通所研究的重要内容，这一部分被称为物品的智能运输。

以交通基础设施为研究对象，智能交通研究和开发所应包含的内容有：一是交通基础建设投入的经济性研究，二是基础建设对不可再生资源的消耗，如土地资源，森林资源、水资源等，三是对所设计建设的基础设施的鲁棒性、可兼容扩展性能等方面的研究，这些不仅涉及具体的经济性指标，同时还涉及非常重要的安全性指标和可持续发展，以及具体的有效性等性能指标。

还需指出，智能交通中还需涉及对具体的交通工具的性能研究和新产品开发。这一部分的重要性不仅体现在综合科技的进步对交通工具的改进产生积极的作用，同时对于缓解以及根本解决交通拥堵、交通安全等具体难题具有基于技术层面的支持作用。现今，能源危机是一个十分重要的现实问题，而交通工具作为能源消耗的主要因素之一，如何开发生产节能型交通工具，或以新能源代替原来的以汽油、柴油等为原料的交通工具，其意义非比寻常。此外，交通工具作为交通过程实现的主体，也是连接交通参与者与交通基础设施的纽带，交通工具所具有的安全性、鲁棒性等对于切实减少交通事故，提升交通效率等具有直接的影响。所以，它理应成为智能交通研究内容中的重要组成部分。

除此外，智能交通的研发还需包含与交通相关的环境等因素的研究。现今，环境因素越来越成为主要的制约因素，大气污染、水土污染等问题与交通有直接的关系,如汽车尾气的排放对气候的影响,就是一个典型的例子。而且环境往往成为制约交通进一步发展的一个重要因素,因此,智能交通的研究内容中也应该包含对与交通相关的环境因素等的研究、评估。

还需看到,智能交通中的各个研究内容,彼此之间不是绝对分离、互不关联的,而是彼此有重合,且互相有影响,有的时候,更可能是同一个问题不同层面上的表达,因此这些内容,都统一集成为智能交通的研究内容。由此,可建立具有开放性的智能交通研究内容的学科体系,具体可用图2-2-1表示。

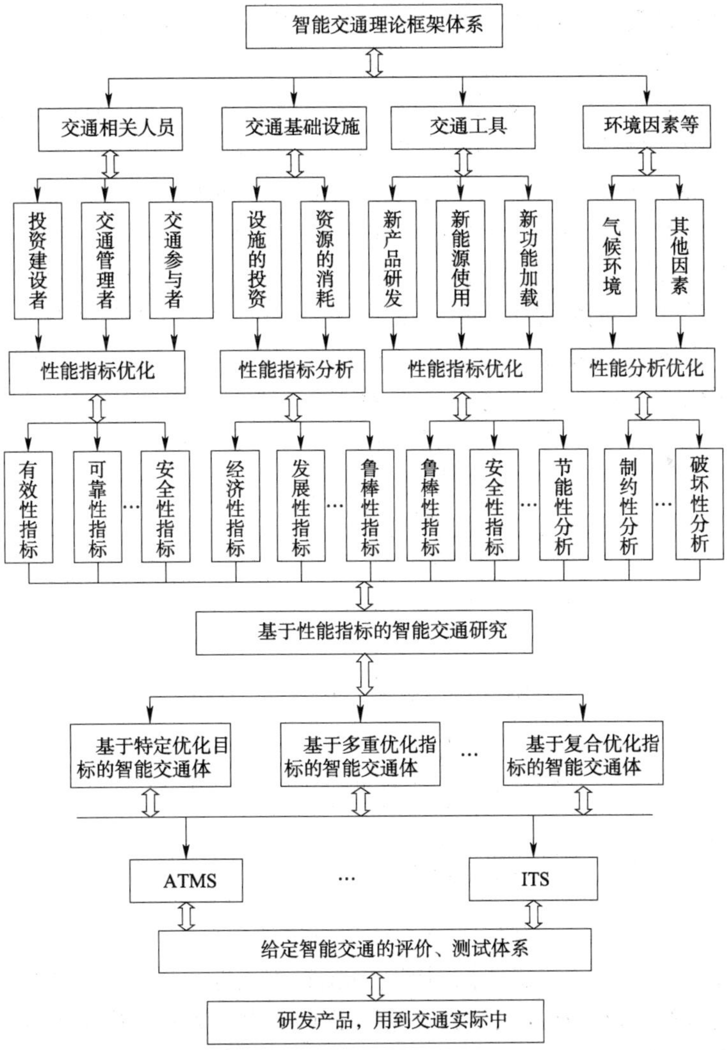

图2-2-1 智能交通研究的体系结构

从图 2-2-1 中不难看出，整个智能交通的理论体系是关于交通相关人员、基础设施、交通工具及环境等因素所需解决问题的理论和方法的总和，也就是说，智能交通的实质就是对所罗列的四个方面的相关性能的具体优化，从整体上来提升交通发展的水平。这个框架结构不仅较全面地总结了智能交通研究的具体领域，更通过把相似的具体问题进行合并归类，有利于对具体问题的分析处理，更有助于对智能交通的技术及产品基于规范化、标准化的具体评估和管理，可从多个角度和层面提升智能交通的研发水准。

在了解智能交通研究的基本内容的框架结构的基础上，大致可以给出研究的具体流程和步骤。第一步，根据实际情况，提炼和归纳交通问题，通常可把实际状况等归纳为诸如交通拥堵、交通事故、空气污染和噪声干扰，交通设施的投入产出比等问题。第二步，根据所提炼和归纳的问题，建构研究模型，这一步，在很多时候，可以理解为建构具有约束条件的最优化问题。当最优化问题过于复杂时，则也可在简化一定条件的前提下，形成次最优化问题。第三步，进行具体的问题求解过程，这个过程中需要用到具体的算法(Algorithm)，然后获得具体的理论上的解决方案，这一步是智能交通研究中的核心步骤，尤其是选用不同的具体算法，就会产生不同的解决方案，它最能体现智能交通研究的精髓。最后一步，把所获得的解决方案具体应用到实际的交通中，进行检验、修改提高并进一步完善。它们形成智能交通研究的一个具体环节(Loop)，流程可用图 2-2-2 来具体表示。

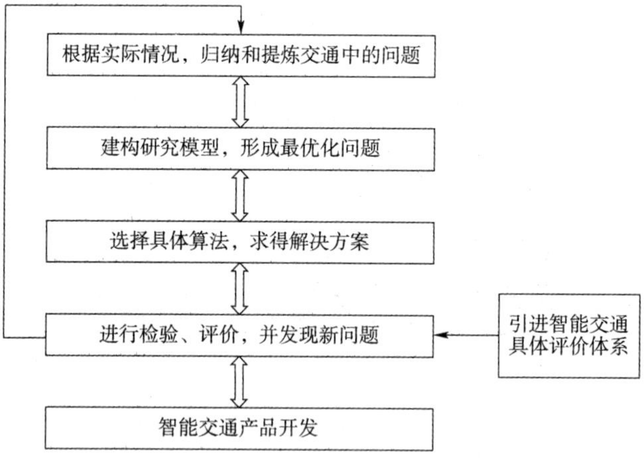

图 2-2-2　智能交通研究的基本步骤

此外，智能交通还可以看成控制理论和信息理论等在交通领域中的具体应用，或者说是控制理论和信息理论等在交通中的专门化。信息理论从形式上来看，是研究用来表征事物不确定性的物理量的变化规律的科学，它成为通信、网络等 IT

业的主要理论基础;控制理论由 Wiener 首创,他把它命名为 Cybernetics,并界定为机械及动物(包括人类本身)之间的资讯传送及功能控制的科学,这里的资讯,实际上就是 Shannon 所定义的信息,所以控制论也是自动控制、通信、电子等领域的主要基础,信息理论及控制理论不仅体现在具体内容的应用上,还体现在解决具体问题的思路、方法、手段等方法论的意义上。因此,智能交通的研究过程也可用图 2-2-3 表示。

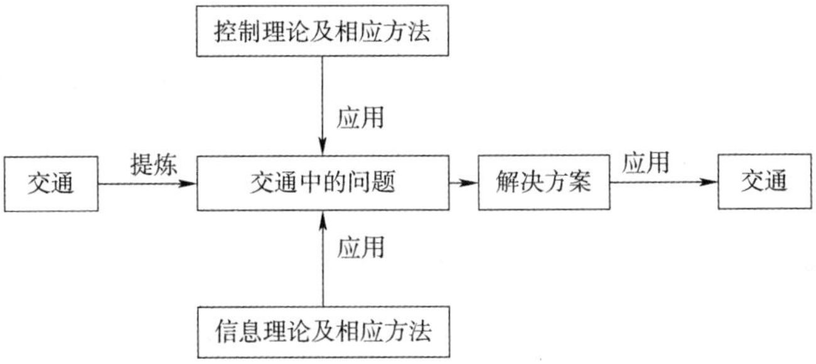

图 2-2-3 基于控制理论及信息理论的智能交通体系

2.3 智能交通研究应遵循的基本原则及需达到的基本要求

智能交通是一个复杂的系统,它需要涉及多方面的理论和技术,智能交通的各个相关内容之间也应遵循一定的规律原则,并需要达到基本的内在要求,了解这些内在的规律原则及基本要求,不仅对深入理解已有的结构体系具有重要的指导意义,更对把握智能交通的发展方向和拓展新的研发领域起到十分重要的指引作用。

智能交通无疑是现有交通理论体系的进一步深化,它应遵循的最重要的基本原则体现在如下几个方面:一是以人为本的原则,之所以要突出"人"的因素,是因为"人"是交通的主导者,更是交通的最终服务者。智能交通的理论、技术研究和产品开发自然也不例外。二是发展的原则,它体现在智能交通在立足业已存在的交通现状的前提下,要有所发展,发展的原则可用先进性和自然演进下的可兼容性来概括。对先进性来说,就是智能交通的研究和研发对交通问题的解决,不仅是立足于现在,更是着眼于未来。它既能很好地解决业已遇到的交通难题,更要具有前瞻性,通过技术创新等手段,为交通发展中将来有可能遇到的难题做预先的准备,实现很好的技术储备。而兼容性则是体现智能交通研究中的整体性与阶段性的统一,它可理解为基于实际前提下的逐步演进,是一种可行的发展模式。三是有效性原则,它体现了智能交通的具体效用,之所以要强调这个原则,是因为只有具体效用的体现，才能确确实实展现智能交通的实用性和优越性，为它的进一步研究和发展提供现实的可能。四是统筹兼顾的原则，交通是复杂的系统工程，智能交通更是加载在整个交通系统中的庞大子系统，它与交通的各个方面及各个要素之间都有联系，从而无论是规划、研发以及具体应用于实际的交通中，都需要统筹兼顾，彼此协调，不仅要使得各个环节和各个阶段有很好的协调和连接，更要使整个系统通过有机地整合，发挥整体优势的作用。五是科学性原则，不仅体现在理论和技术所应具有的科学严谨的要求，同时也体现在研究方法、过程的科学性和所获得的结论的求真求实性，唯有如此，才能使得智能交通不仅为现实的交通问题提供解决方法，更可在未来的交通中，发挥显著的成效。

除了这些基本的原则以外，还需遵循一些基本的要求。这些要求，大致可归纳为：在智能交通的理论研究和产品开发中，需要遵循管理和控制的统一，效率与安全的统一，现在与未来的统一，以及全局与局部的统一等。智能交通的研发目的是更有效地实施交通的管理，实现交通相关要素之间最佳的效率发挥，这个过程中，除了一般的管理以外，还需相应的控制，而且要互相作用，互为犄角，也就是实现彼此的统一，具体可概括为，在管理中体现控制的意图，在控制中实现管理的理念，从而达到最佳的效果。此外，交通的效率的提高和安全性能的提高，也是相辅相成的，彼此需要协调发展，不能为了效率而忽略或轻视安全，在实际中，因很多时候为了实现效率而轻视安全，导致严重的安全事故的发生，这方面的教训不可谓不深刻，所以，如何从交通过程的全局着眼，实施切实可行的举措，确保效率和安全的统一，已是一个十分重要的课题。当然，对于智能交通的研究开发来说，实现现在与未来的统一，也就是从现实的实际情况出发，发现问题，加以解决，并放眼将来，实现理论和技术的逐步演进，以实现紧跟甚至是引领发展趋势的目的。还有，智能交通的研究内容涉及交通领域的各个方面，而交通的各个方面都是彼此联系的，因此，在具体的研究中要遵循全局和局部的统一要求，也就是既要有全局观，从大局着眼，又要有细致踏实地从小处着手进行深入研究的态度和精神。从全局的角度出发，可获得全局的最优解(Global Solution)，同时在主要问题和问题的主要方面，可得到深刻的研究成果。具有了全局与局部统一的理念，还可由此形成有特色的研究方法，实现研究方法与研究内容的较好契合，使之发挥积极的功效。

2.4 智能交通的研发模式及标准化处理

面对智能交通中的各种复杂问题，如何建构一种相对规范的处理方法，实现模块模式化的处理流程，是智能交通体系建构在方法论方面的具体要求，借鉴模式识别及人工智能等领域的研究方法,在智能交通研究中也采用分层解构具体问题,并引进"树(Tree)"结构的分析,这不失为一种可行的方法,同时对"树"结构中的节点加以加权,确定主次等具体的关系,并形成相应的分类(Classification)或聚类(Cluster),可为如何抓住主要问题及问题的主要方面提供具体的解决思路,在具体的研究中理应引起足够的重视。

此外,借鉴在电子、计算机等领域中的系统工程的构建和开发的具体方法,尤其是计算机软件工程等开发的设计思路,针对智能交通的研究开发,在明确服务对象的基础上,确定具体的体系框架,也就是以功能性处理和信息流状态分析为主要内容的逻辑框架和以具体实体实现为基础的物理框架,然后着手进行面向过程的开发或面向对象的开发。面向过程的方法的具体步骤大致可以归纳为:先确定一个具体的系统,然后按照系统内部的信息传递交换及变化的关系,建构具体的物理模型,它是以时间为序的一个具体过程(Concrete Processing)作为建构物理模型框架,符合人们对事物基于逻辑思考的习惯,可非常清晰地表达具体的逻辑推演。而面向对象的研究开发模式,它最突出的是以具体的对象(Object)为依据来建构模型,也就是在确定所需研究范围的前提下,明确所研究开发系统的确切外延和内涵,使之成为以具体概念(Conception)为支撑的实体,然后对该系统实体进行建模,并加以研发,形成以彼此独立且又互相协作联系的对象的集合体。面向过程的框架开发体系以及面向对象的框架开发体系,是彼此不同的开发方式,各自从不同的角度对智能交通的体系框架进行具体的开发,通过各自独立地建构智能交通的框架体系,对其具体的功能进行详尽地描述,以达到更全面地描述功能特性,彼此补充的目的。目前,通过对智能交通框架体系开发的具体实践,并进行相应的归纳、总结和进一步的完善,业已形成了相对成熟的开发思路:从具体的需求分析出发,建构以功能设计为目标的逻辑框架,进而建构以相应实体为基础以物理实现为目标的物理框架,并对所构建的系统进行合理的整合,形成可操作的系统实现,并在具体实现的过程中进行维护、管理、修改、完善和升级等处理,并为下一步的具体开发做准备。

智能交通的框架体系开发的具体流程,可以用图2-4-1进行具体表示。

智能交通研发中,基于"客户服务→逻辑框架→物理框架"演进式的思路的方法,已经在美国、欧洲、澳洲等国家与地区进行了卓有成效的具体实践,取得了很好的成绩。我国虽然在这方面起步较晚,但具体的框架体系的开发思路还是相似的,在明确服务对象的基础上,进行具体的逻辑框架的建构,规定了在逻辑框架下的功能集合,同时通过一系列的系统和子系统的定义及互相连接,开发成具体的物理框架,进而形成既立足现状,又为进一步发展留有余地的整个智能交通研发的框架体系,把一系列的相对分散的具体问题,进行基于相应共同特性的分类和聚类,形成一个个的功能域,实现整个体系的建构。

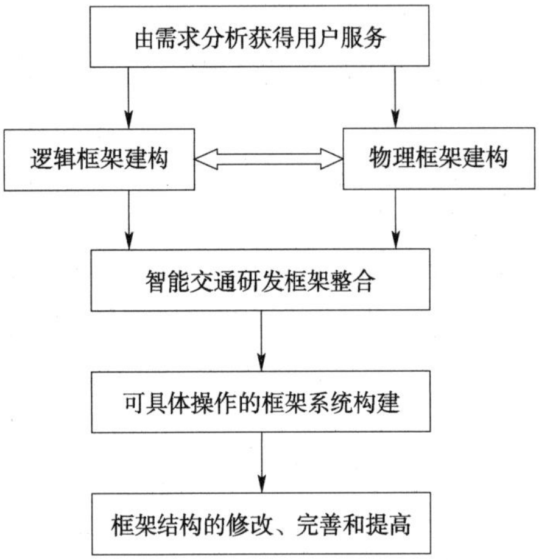

图 2-4-1　智能交通研究体系框架开发流程图

还需指出,在智能交通体系框架建构以及相应产品的研发中,还可采用标准化处理的方式加以规范,通过在技术、产品及管理等诸领域中的标准化工作,不仅为具体的技术应用、产品研发以及管理评估等提供具体的规范,更可由此促进彼此的兼容。标准化工程业已成为包括智能交通领域在内的众多 IT 业中的共同手段,它为建构框架体系,形成具体的产品和管理,提供了指南和评判的标准(Criteria and Standards),在智能交通的研发领域,不仅业已存在国际的标准化组织制订相关的标准,包括中国在内的很多国家和地区,在智能交通的研发方面,也积极展开基于标准化的具体工作,把它看作建构具体框架体系的一种重要手段。

2.5　本章小结

在本章中,建构了智能交通学科的框架,着重就智能交通中的研究对象、研究内容、性能指标的描述等进行分析,并对智能交通的体系结构进行具体阐述,除此外,对于智能交通的研究步骤、所应遵循的基本原则和需要达到的基本要求,以及具体的研发模型及标准化处理等方式进行了深入分析。这些对于深入理解智能交通的本质特性和框架结构,洞察科学的研究开发方法的具体思路,领会智能交通的内在规律,把握智能交通的发展方向等方面具有根本的重要性。

参考文献

[1] Trl international workshop. Intelligent Transport System(ITS) Architecture Proceedings[J], 1996,5.

[2] 黄卫,陈里得.智能运输系统概论[M],北京:人们交通出版社,1999.

[3] 张国伍.智能交通系统引论[M].北京:人们交通出版社,2003.

[4] 陆化普,李瑞敏,朱茵.智能交通概论[M].北京:中国铁道出版社,2004.
[5] Yiannis Kamariianakis, Poulicos Prastacos. Space-time modeling of traffic flow[J]. Computers & Geoscience,2005,31(2):119-133.
[6] 张焕炯.安全通信论[M].北京:国防工业出版社,2013,10.
[7] Bishop R. A Survey of Intelligent Vehicle Application Worldwide[C]. IEEE Intellgent Vehicle Symposium,2000.
[8] 李瑞敏.基于多智能体系统的综合交通信息平台研究[J].交通运输系统工程与信息,2006,6(1)28-32.

第 3 章　智能交通研究中的技术支持

智能交通研究是一个综合的过程，它从某种意义上讲是其他多门类的技术在交通领域中的具体应用，所以需要很多其他门类的技术支持，尤其需要电子、通信、自动化控制、计算机科学、信息等门类的基础理论及技术的支持。本章以智能交通研究中的交通数据为对象，就其采集、存储、传输、处理、管理、控制和预测等方面所需要的基本理论及技术进行梳理，形成对智能交通所需技术支持的相对完整的分析说明。

3.1　引言

对智能交通的研究和开发，需要一系列的技术做必要的支持，归纳这些具体的支持技术，不仅可作为智能交通研究的一个具体的切入点，更可为进一步的智能交通研究提供必需的技术储备，具有多方面的重要意义。

随着一系列的技术进步，对交通管理和控制的处理，由传统的现场人工处理阶段，逐渐发展到通过计算机的处理来实现的阶段，也就是由传统的面对一个个具体的交通工具，逐渐转化为面对一个个具体的交通数据，并通过对这些数据的分析处理，得到最终的处理结果，然后再根据处理结果来实施对具体交通工具等的管理和控制。同样，在智能交通研究领域，更是通过借助于对具体的交通数据的分析处理，来获得相应的处理结果，再把所形成的结果或结论具体应用到交通实践中。

一个完整的智能交通的研究过程或环节，一般包含如下的具体步骤：在确定具体研究对象即目标的前提下，对所需研究对象的相关数据进行采集，以获得具体的研究资料，然后对所采集到的数据进行存储，这里也包含适当地预处理，接下来把它们传输到处理中心，由处理中心对传输来的数据进行具体细致地分析处理，并形成具体的结论，把所获得的结论反过来用在交通实践中，以改善交通状况或解决交通中的问题，这个实践过程是智能交通研究中非常重要的一环，它不仅可很好地检验效果，更可以由此发现新的问题，为进一步研究提供第一手资料，并成为新的数据采集。智能交通的研究过程可用图 3-1-1 进行归纳。

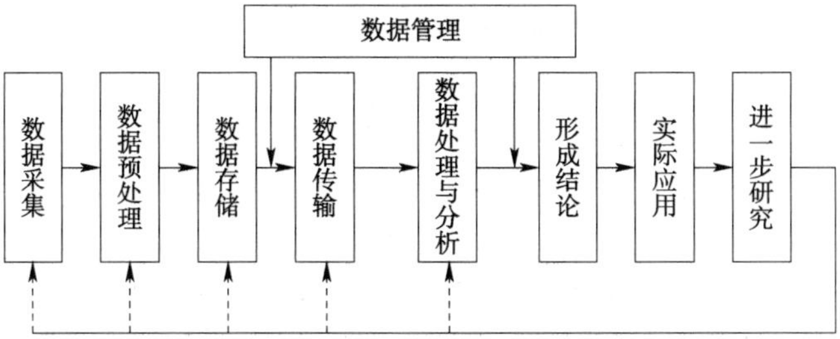

图 3-1-1　具体的智能交通研发流程图

通过对一个完整的研究过程的各个环节的分析，可以清晰地得到智能交通所需要的不同的技术支持。它们至少应该包括：数据的采集技术、数据的存储技术、数据的传输技术、分析与处理技术等。此外，也不难看出，智能交通研究，在某种意义下，就是一个具体的信息处理过程，因此，它也必须遵循 Wiener 的控制理论和 Shannon 的信息理论，由此，智能交通中的处理过程也可用图 3-1-2 表示。

图 3-1-2　基于信息处理的智能交通研究图

3.2　数据采集技术

数据采集的实质就是数据获取，它可理解为通过某种设备或装置，以某种方式，采集确定对象的数据，并把它们输入到事先准备好的系统中。以信息系统的观点来看，数据采集就是一个生成信源的过程。在数据采集中，往往用到传感器，通过它把外部的数据转移到采集系统中，进而获得第一手的数据信息，为后续的处理打好基础。数据采集的理论依据之一是著名的采样定理（Sample Theorem），即在一定的间隔下，对所确定的物理量提取瞬时值，只要间隔时间的要求符合 Naquist 准则，那么采样所获得的数据可以无失真地恢复原来的信息。数据采集技术广泛应用于多个领域。数据及信息采集技术不仅涉及数据的来源，更涉及如何正确地获得第一手资料，因此它在智能交通研究中是重要的一环。现今，关于数据采集的理论已经有了很大的进步，相关技术也业已成熟，并有广泛的应用。总的说来，采集技术大致可分为三个技术分支，分别是基于感应线圈和感应器等的采集方法、基于微波技术的采集方法和基于视频技术的采集方法。如摄像及麦克风等，都是数据采集的重要工具。此外，随着网络等技术的发展，分布式控制等应用的智能采集技术的发展，使得采集技术进入了全新的时代，为在智能交通等领域的广泛应用做好了充足的物质准备。

交通数据的采集,不仅包含对一般的交通工具的相关数据采集,还包含诸如天气、环境等的相关信息的采集,所以,大致可罗列为:交通信息检测技术、交通工具的识别和定位技术,道路(航路)环境及气象状况的信息采集等。

交通数据采集的方式之一就是交通信息检测技术。它的核心就是交通检测器(实质就是一种以传感器为核心的装置)。交通检测器的安装方式大致可分为两类,一类是嵌入式安装的,如公路等方面所应用的地埋式交通检测器中的谐振电路感应线圈检测器、相移式感应线圈检测器、道路管检测器、压电检测器和磁力检测器等,它们的基本原理可总结为当车辆等交通工具经过所嵌入的检测器的点时,因相应的磁力、电压、气压等的改变而计数(Counting),从而获得相关的数据;另一类则是非嵌入式的,如微博雷达检测器、红外线检测器、噪声检测器、超声波检测器摄像和视频的检测器等。各种的检测器的工作原理虽然不同,但都是根据与交通有关的检测变量的改变的状况来具体计数,获得相关的数据,所以基本的原理有相似之处,这些非嵌入式的交通检测技术中,噪声检测器根据交通工具在交通运行的过程中,交通工具内部及交通工具与交通设施的接触等所产生的声音,来获得相应的检测数据,它的工作原理为:当交通工具通过设定的探测区域时,感应器就能感知到声音能量的提高,当这个值大于等于事先所设定的阈值(Threshold Value)时,检测器就产生交通工具出现的信号,而当交通工具离开探测区后,探测区中的声音能量值小于阈值,相应的交通工具出现的信号消失。这种检测方法简单易行,具有很好的发展前景。必须看到,此方法实际上就是行人用听觉来鉴别车辆的原理的进一步发展,在具体的交通实践过程中,应该得到充分的应用。

随着信号处理等技术的发展,采用视频、摄像等进行数据采集的方式越来越多。虽然采用视频检测需要更多的存储设备和更好的信号处理能力,但是,它所采集的数据的正确率高,可应用性强,它还包含辅助信息,除此外,它的处理结果也便于灵活使用。视频采集交通数据方式因有很多卓越的优点,在城市交通的数据采集等方面被应用得越来越广泛,它在城市交通状况的研判等方面可以情景再现,具有直观、简洁、明快的优点。

交通数据采集的技术还在进一步发展中,其中一个发展方向就是复合型检测器的出现,它可以理解为集成两种或两种以上基本技术的数据采集器,如微波雷达技术与红外线检测的结合等,这种复合的检测方法在提高交通数据的检测的精度等方面可起到更好的作用。

在交通数据的采集技术中,还用到全球定位系统 GPS(Global Positioning System)进行具体的交通工具的定位、检测、信息管理和调控等。而且随着 GPS 系统技术的进一步成熟和稳定,车载 GPS 成为交通工具所必须安装的仪器设备,由此,采用GPS系统采集交通数据成了一种必然的趋势。对GPS系统来说,它实际上由空间部分、地面支撑系统和用户设备部分组成,而在交通工具中安装的仅是用户设备部分,它接收GPS卫星发射的信号,从而获得必要的导航和定位信息,并经数据处理后,可完成最终的导航和定位工作,进而为交通系统的数据采集服务。现今,基于车牌等用来唯一表征交通工具信息的数据的采集,成为很多用来分析交通状况等的重要前提,而采用GPS系统就能很好地采集到这些交通工具的表征量,这为交通状况等的进一步分析提供了必要的前提条件。一般安装在交通工具上的GPS系统,往往与以距离传感器和航向传感器组成的推算定位DR(Dead Reckoning)系统组合着使用,具体的工作过程可用图3-2-1表示。

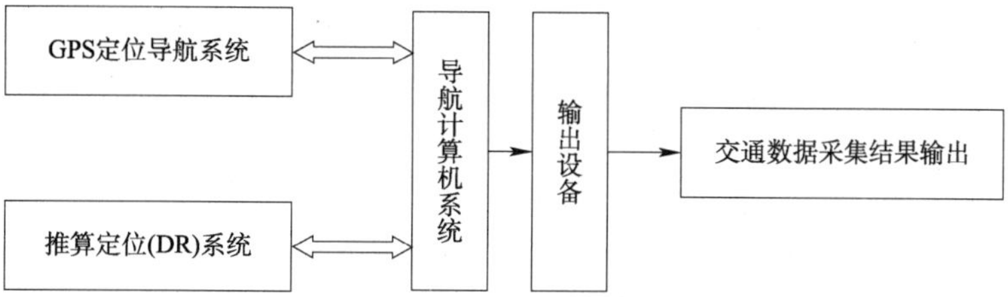

图3-2-1　GPS与DR系统协同工作图

此外,随着GPS系统的相关功能的进一步拓展,如与地理信息系统GIS(Geometry Information System)结合,形成GIS地图引擎,在GPS系统中对语音和彩信等功能的开发,电子栏栅等的实现,以及与其他性能卓越的系统的协同工作的进一步拓展,GPS系统的交通数据采集及其他相关领域的应用会越来越广泛。

交通数据采集技术还包括基于电子标签(Electrical Label)技术的采集方法和基于交通工具的牌照的采集方法等。电子标签与事先设定的信标(Beacon)之间进行信息交换,以完成诸如自动收费,信息录入采集系统等功能,进而获得关于交通工具在该信标设置区域中的具体数据。近年来,基于交通工具的牌照(License Plate)的数据采集技术也日益发展,交通工具与牌照之间存在一一对应的关系,所以牌照的数据的获得,实际上就间接地得到了交通工具的信息,所以可采用计算机的模式识别技术,针对交通工具牌照中的数字、颜色及中英文字幕等进行具体识别,进而获得交通数据的采集。

除了有关交通工具的信息为内容的交通数据采集外,还涉及具体的气象和交通基础设施状况的数据采集,对于具体的交通实践,总是在一定时间、一定区域和一定的环境条件下进行的,所以气象等环境条件和交通基础设施的状况等数据也非常重要。气象等相关的内容包括气温、晴、雾、霾、雨、雪等状况,以及风向、风力、相对湿度、能见度等,而交通基础设施状况的相关内容包括道路是否关闭,路面的温度、特殊状况、湿度等，这些要素中，如雾、霾、雪以及路面的湿度等，都直接影响到交通状况。

用通信系统的观点来看，交通信息采集的过程就是获得具体的信源的过程，随着传感器、视频和信息存储等技术的进一步发展，交通数据的采集技术也日益成熟，而且根据不同的数据采集要求，可选用针对性的数据采集设备，以获得最佳的数据采集效果。比如，为了实施动态地获得城市主要道路上的交通流量的数据，一种先进而高效的方法就是采用无缝安装视频的方式获取交通流量信息，这种数据采集方法之所以是可行的，是由于以下几点：一是城市的道路长度相对较短，无缝的安装视频设备的总量不会太多；二是城市的经济条件相对优越，能提供这样的成本投入；三是城市其他设施的相对完善，可较便利地处理相关采集数据等。而对动辄几百公里长的高速公路，在它上面的交通数据采集的方式一般就不采用视频的无缝连接(Seamless Link)方式，因为如果采用这种方式，那么所需的视频设备的数量巨大的同时，相应的数据的存储和处理都是需要面临挑战的。

与交通数据采集技术相关的，还有如何合理地配置数据采集设备的问题，这实际上就是一个给定适当条件下的最优化问题，也就是在给定所确定的时间和空间的条件下，选择何种安装方式，使得在该种方式下的交通数据采集达到最佳效果，或在相同的数据采集效果下，如何安装数据采集器，使得所安装的采集器的个数最少等。这些最优化问题的研究，不仅具有直接的技术优化的意义，同时还涉及基础性的经济问题，具有现实的重要性。

3.3 数据存储与预处理技术

把所采集到的数据加以后续的存储和预处理，也是进行智能交通研究的重要内容，尤其在采集到海量数据的前提下，如何进行有效的存储、备份和恢复是重要的基础，交通数据的存储、备份和恢复不仅可看成是单独的处理步骤，也可看成一个完整的预处理。虽然纸张、胶卷等传统的数据存储介质还在使用，但以计算机、网络等作为数据存储介质，越来越被重视，目前，随着数据储存、备份及恢复等技术及设备的不断进步，高性能、大容量的存储设备和产品也越来越普及，这为智能交通的研究提供足资应用的数据资料做了必要的保障，归纳起来，根据存储设备相对于整个系统或设备是否可移动的标准，数据存储技术大致可分为两类：一类是相对于整个系统来说，存储设备不能相对移动，如内置式或嵌入式的存储单元，一旦确定后，具体的存储空间的大小就不能改变；另一类是可移动的存储设备，如移动硬盘，外置的 U 盘等，它们便于携带，另外，只要 USB 接口兼容，这些存储设备就可被方便地使用。

目前,以网络为基本依托的数据存储技术发展非常迅猛,它能很好地发挥网络的优势,不仅在存储的容量上可以达到最大,更能为后续的相关处理提供便捷。归纳以网络技术为基础的数据存储的种类,大致可以分为三类。一类是直接附加存储(Direct Attached Storage;DAS)技术,它把存储设备作为网络的服务器的一部分而存在,由此体现它的直接存储的特质,若存储设备是外置的,那么 DAS 的实现方式就是直接把存储设备接在服务器的总线上,这种存储方式常常应用于小型网络、具有特殊需求的服务器及地理位置比较分散的网络上。另一类被称为网络附加存储(Network Attached Storage;NAS),它的存储方式就是把存储设备看作一个独立的网络节点,或看成网络分布式条件下的一个节点(Node)或子网。它是以 Internet 为对象,面向用户设计的,并实现基于 TCP/IP 协议的通信,因此在网络中的使用十分便利,但是美中不足的是,它的鲁棒性不够理想,而且安全性能也不够高,在具体使用中,易于被网络中的病毒侵袭并感染,从而破坏数据的完整性等。第三类的存储方式被称为存储区域网(Storage Area Network;SAN),它的实质就是存储的网络化,这种技术符合网络中的服务器体系结构进行网络化发展的趋势,在网络体系能分层的前提下,无论是 OSI 中的七层协议,还是基于 TCP/IP 协议族的五层协议,把存储功能尽可能地往网络的较高层级靠近,实现与底层的分离,尤其与具体的存储设备(体现在物理层)的分离,从而最大限度地克服存储设备对数据存储功能的束缚,致使多种协议在同一种物理连接中进行工作,实现便捷、宽泛、兼容的数据存储功能。这三种不同类型的数据存储技术可以并行不悖的同时存在,并且可以互相补充,实现最佳的存储效果。除此外,数据存储的网络化倾向,更可与综合数据业务网(IDSN)及移动网络结合,进一步发挥它的优势。

还需要特别提出的是基于网络技术的云存储,它在具体的网络中开辟一个超大的存储空间,以供用户用来数据存储,这可看成存储技术进步的新成果。

把采集到的数据进行存储的同时,还需要相应的预处理。所谓预处理,实际上是一个宽泛的概念,它可概括为在正式处理前的相关处理的总和。对于交通数据来说,采集及存储是进行后续处理的前提,而在存储过程中,同时进行必要的预处理,不仅可提高所采集数据的质量,更可由于剔除错误的数据,可节省相应的存储空间,并为后续的处理程度的提高,提供必要的保证,所以,必要的预处理是重要的一个环节。

对交通数据的预处理,以可靠性为基本的前提,则大致可以分为两类:一类是对异常交通数据的处理,异常交通数据是指所采集的交通数据具有明显的不合理性,也就是在正常的情况下,不可能出现的数据值,而且这些数据很可能成为影响整体的数据的正确性的重要因素,它也被称为坏值;另一类是对缺失的交通数据的处理,缺失的交通数据可以被理解为本该存在的数据,且因为采集数据的设备的故障等原因,使得该得到的数据丢失,因此需要通过一定的手段进行补救。

对异常的数据的预处理的方法的根本着力点可以概括为设定数据的合理范围(Reasonable Range)或事先设定相应的合理条件,然后对采集到的具体数据,先作关于是否符合事先设置的条件的判断,若符合条件,就认定为合理的数据(Reasonable Data),若不符合具体的条件,就把该数据丢弃,具体的过程如图 3-3-1 所示。

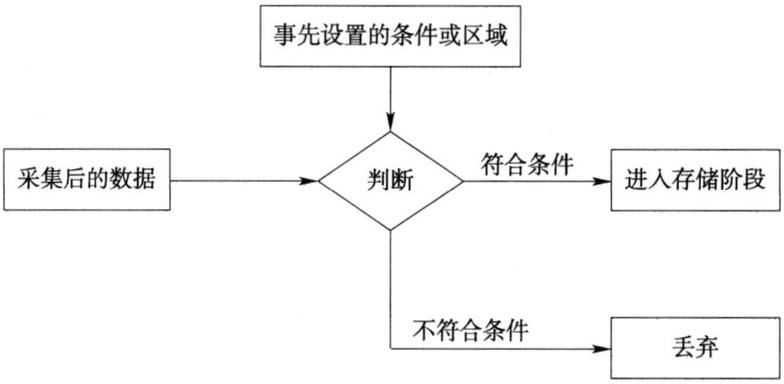

图 3-3-1　对异常数据的处理过程

由图 3-3-1 可知,对异常交通数据的预处理的核心,就是给出具体的条件或阈值范围,一旦它们不同,具体的方法就不相同,这也给异常数据的预处理提供了模块式的解决方案。

丢失的交通数据,需要实时补充,因为在某一个确定的时刻的数据不能是空白,否则会因此而造成后续处理的失真,所以对缺失的交通数据的实时修补,也是预处理中不可缺少的一环。对缺失数据的预处理,需要有两个具体的假设,假设之一是在连续时间点上的交通数据,它们具有连续性,或者说,某一实时点上的缺失数据,与它的前和后的时间点上的数据具有相应的确定关系;假设之二,就是在相近的外部条件下,交通数据的差异性较小,这个假设是基于交通过程是一个具体的实验过程的观点给出的,因为对于实验来说,只要条件相同,实验的结果就可重复再现,这就为用在相同或相近条件下的已有交通数据来代替缺失的数据提供了理论依据,这种具体的方法被称为历史记忆法。

基于假设之一的对缺失数据的预处理的通用方法可用图 3-3-2 表示。

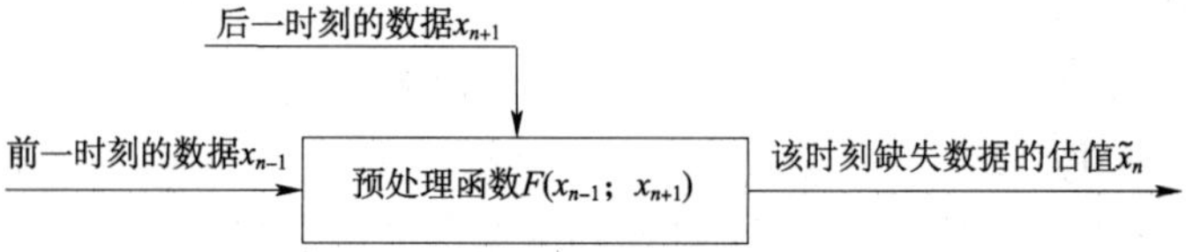

图 3-3-2　缺失数据基于假设之一的预处理

不难发现,预处理函数 $F(x_{n-1};x_{n+1})$ 是对缺失交通数据进行补充的核心,它的选择不同,相应的处理方法也不尽相同,若把 $F(x_{n-1};x_{n+1})$ 定义为

$$k_1x_{n-1}+k_2x_{n+1}=\tilde{x}_n \tag{3-3-1}$$

其中,$k_1+k_2=1,k_1\geqslant0;k_2\geqslant0$。

那么,根据参数 k_1,k_2 的取值,就可得到丢失的数据。

若把预处理函数看成一个一般的信息处理器或滤波器,那么它不仅可被看成时间序列等的一个样本点,还可以看成一种 ARMA 模型。此外,为了更精准地获得丢失数据的恢复,先用各种不同的模型获得对丢失数据的估值,然后对所获得的估值再进行必要的处理,它可表述为:

已知通过各种单一的方法获得的对丢失数据的估值为 $\tilde{x}_{n,1},\cdots,\tilde{x}_{n,k}(k\geqslant2)$,则最后所得到的估值为 $\tilde{x}_n$,它满足:

$$\tilde{x}_n=G(\tilde{x}_{n,1},\cdots,\tilde{x}_{n,k}) \tag{3-3-2}$$

其中,$G(\cdot)$ 是一种确定的处理函数,特别的,当 $G(\cdot)$ 是线性函数时,则式(3-3-2)可改写为:

$$\tilde{x}_n=\sum_{i=1}^{K}c_i\tilde{x}_{n,i} \tag{3-3-3}$$

其中,$c_i\geqslant0,\sum_{i=1}^{k}c_i=1$。它实际上是对各种单一算法下获得的估值进行加权平均,选择参数 c_i 可以根据各种单一算法的性能特性来定,以尽可能地达到突出优点,弱化缺点为基本准则所提出的要求。

这种方法能综合各种单一处理方法的优点,在实际中能发挥更好的作用,在计算复杂度可控(可忍受)的前提下,应越来越被重视。

随着技术的发展,以及交通数据海量的采集,这对数据的存储等带来现实的挑战,由此需要对交通数据基于有效性的预处理,也就是对采集到的海量数据进行压缩处理,它也是一个典型的信息处理过程,可用图 3-3-3 进行具体表示。

数据的压缩处理的核心是压缩算法,现今,除了传统的方法以外,许多新颖的方法相继出现,如基于小波变换(Wavelet Transformation)的压缩算法,它通过把数据在相应的小波基中展开,进而对相关的小波基上的系数进行处理,通过这样的压缩处理方式,可获得很高

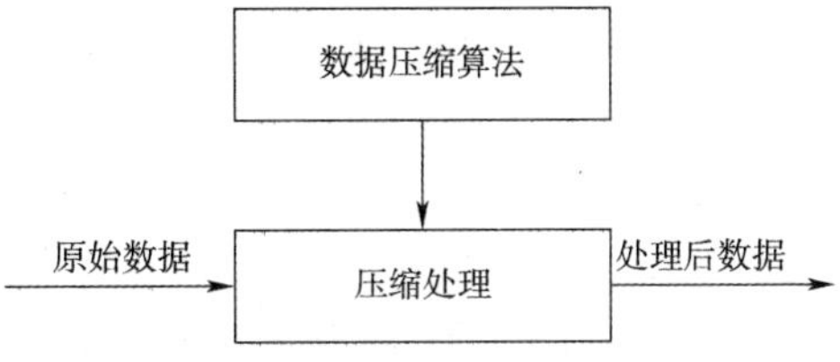

图 3-3-3　交通数据基于有效性的预处理

的压缩效率。此外，基于离散余弦变换（Discrete Cosines Transformation），还有短时Fourier变换，Radon-Wigner变换分析，Gabor展开分析以及各种压缩算法的有机融合所形成的复合算法等，在实际中，把所要采用的压缩算法的具体处理方法的特点与数据的特点进行有机地结合，在满足所给定的误差条件下，便可获得最佳的压缩效果的预处理，为接下来的数据传输、数据处理等提供必要的保障。

随着理论和技术的进一步发展，现在已经有了针对语音、图像及多媒体等的压缩处理的标准。对语音信号来说，音频压缩编码的标准主要有基于参数编码、波形编码和混合编码的具体标准，而面向图像的压缩编码的标准，大致有基于JPEG的标准算法和基于MPEG标准的算法，其中，JPEG是针对静态图像压缩编码的，它是Joint photographic experts group针对静态图像进行压缩编码所规定的具体的算法标准，成为一般的静态图像压缩变换的通用算法；同样的，MPEG则是由Moving picture experts group针对活动图像压缩编码所提出的具体算法，也已成为对活动图像进行压缩处理的通用算法，并成为具体的标准，现在已经公开的标准至少有MPEG-1，MPEG-2以及MPEG-4等。

3.4 数据处理技术

数据处理是一个非常宽泛的概念，它可被看成是所有处理方式的总和，在这里，数据处理主要指通过针对基于交通背景的相关数据等的变换、推导、控制、判断等处理，以获得最终的对交通状况、过程或预测目的等的描述及指令，并直接作用和影响交通的过程这是一系列处理过程的集成，并需要借助于各种必要的信息处理技术和信息处理的工具，这里简要论述在交通数据处理中经常要用到的几种具体的处理方法，它们分别为：数据挖掘，数据的信息预测、数据融合及信息控制等，这些方法本身各自包含了很多种具体的算法，它们自己还处在不断地演进发展之中。

3.4.1 数据挖掘（Data Mining）

数据挖掘是一种形象的说法，它的实质就是在一堆包含各种特质的数据中，通过适当的手段，提取（Extract）隐含在该数据集合中的有用的信息和知识的过程，它又被称为数据库中的知识发现（Knowledge Discovery From Database；KDD）。这种基于复杂背景条件下的有用信息和知识的提取，非常类似于在复杂成分构成中的矿石中开采有用的物质，所以数据挖掘也用了mining这个单词。

作为数据库中的知识发现，它有一个统一的处理模型，具体可表示为图3-4-1。

从图3-4-1中不难看出，整个过程中，从复杂的集合中提取有用的信息和知识的表示的核心就是具体的数据挖掘算法,算法的好坏直接影响到数据挖掘的效果,在数据挖掘领域,常用的算法有决策树方法、遗传算法、基于粗糙集理论的算法、统计方法、聚类(Cluster)算法及基于神经网络理论的算法等。在数据挖掘处理中,它们既可以单独使用,也可以组合使用,以达到最佳的效果。

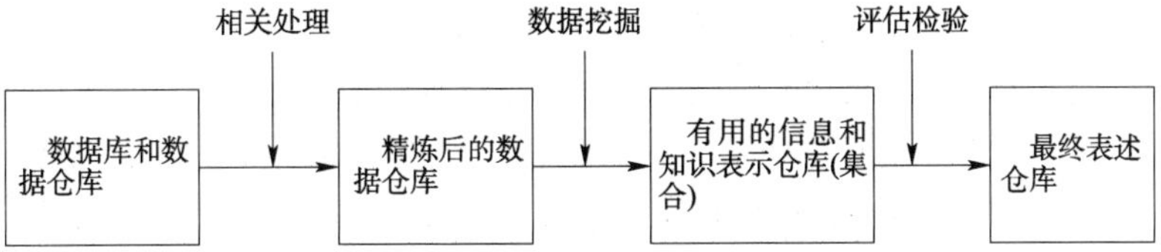

图3-4-1 数据挖掘处理的一般流程

还需指出,数据挖掘包含了诸如数据库技术、模式识别、机器学习、数据可视化、图像与信号处理以及空间数据分析等众多学科,通过这些学科的有机融合,以及其他的相关的辅助技术的共同作用,才能获得最佳的数据挖掘效果。

3.4.2 数据融合(Data Fusion)

数据融合又称为信息融合,具体可描述为多个不同来源的数据在一定准则下进行自动分析等处理,在此基础上完成所需的决策和评估等的过程,在整个实施过程中,不仅能协调多个数据库源中的数据,更能对所选数据进行有效的处理分析,整个过程具有很高的智能性,所以在多变的环境中,它具有较好的判别和决策能力,从这一点来看,数据融合技术的发展前景是非常广阔的。

数据融合技术本身就是一个复杂的数据和信息的处理过程,它所依据的相关理论有:卡尔曼滤波(Karman filtering)理论、神经网络(Neutral Network)理论、Dempster-Shafer证据推理以及Zadeh的模糊逻辑(Logic)理论等。这里,卡尔曼滤波的实质是用线性的随机系统的状态空间模型来描述滤波器,线性随机系统由状态方程和观测方程组成,它利用状态方程的递推性,在最小均方误差(MMSE)准则下,设计具体的代价函数(Cost Function),并求它的极值,所得到的估值是线性无偏的。神经网络是一种有结构的并行计算方法,它不仅对多个节点(Node)的输入—输出进行规划,并通过某种规则进行整个网络节点在某一时刻的输入—输出运算,进而获得某种具体的推演,如比较成熟的Hopfield神经网络,它就是利用能量函数的特性来求得迭代最优解的。利用神经网络的理论进行数据融合,可较好地利用外部环境的信息,实现知识的自动获取和联想推理,尤其通过学习推理及样本训练(Sample Train),把复杂的不稳定的环境中的知识,融合成系统能够确切理解的准确信号。此外,神经网络理论中的并行计算,为系统具有很高的计算速度做了最有力的保证。所以神经网络理论在数据融合领域中的应用也越来越广泛。Dempster-Shafer 证据推理方法实际上是贝叶斯(Bayesian)估计方法的具体扩展,它把在贝叶斯统计方法中所需要的确定的独立条件下的概率值用一个指定的不确定性区域代替,这样避免了对先验概率的确定性表示,从而克服了指定的先验概率与实际的概率之间的不一致性。而美籍印度裔科学家 Zadeh 所提出的模糊逻辑的理论,它最核心的就是关于集合中元素的隶属度由原来的仅取两值的集合{0,1}拓展到取区间[0,1]中的任意值,从而实现了元素对集合的隶属程度的更精准的描述。近年来它在模式识别、模糊控制、模糊聚类分析等应用方面得到了长足的发展,业已形成了模糊综合评判、决策和预测等系统。它们在交通数据的处理中可发挥重要的作用。

3.4.3 信息控制(Information Control)

信息控制实际上由一些条件所组成的控制因子对具体的过程进行控制,它是工程活动中最基本的要素之一,宽泛的意义上讲,控制是自然界和人类社会中一切活动赖以完成的基本要件之一。

控制可分为两类,一类是前馈控制,一类是反馈控制,前馈控制也被称为正向控制,而反馈控制是逆向控制,它往往给控制系统增加一个调整适配的系数,以确保整个系统不出现异常。现今,控制理论已经由自动控制逐步向智能控制演进,业已出现了基于智能控制为基础的各种控制体系,如智能决策系统、学习控制系统、神经控制系统、模糊控制系统、智能规划系统以及智能故障整治系统等。先进的控制系统包括专家控制系统、神经控制系统和模糊控制系统等。

一般的专家系统为控制模式的工作流程可用图 3-4-2 表示。

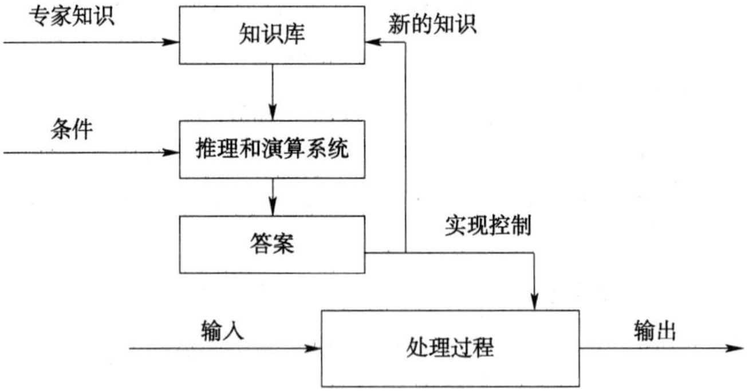

图 3-4-2 以专家系统为控制模式的控制过程

这里的专家系统实际上是一个控制决策库,它根据不同的条件,经过必要的推理演算,然后获得必要的答案,这个答案一方面成为控制的要素,直接用到具体的控制过程中,另一方面,它也有可能成为推理演算后的新的专家知识,因此成为知识库中的新内容。

神经控制系统可以借用 Hopfield 神经网络来具体加以说明,Hopfield 神经网络的基本结构如图 3-4-3 所示。

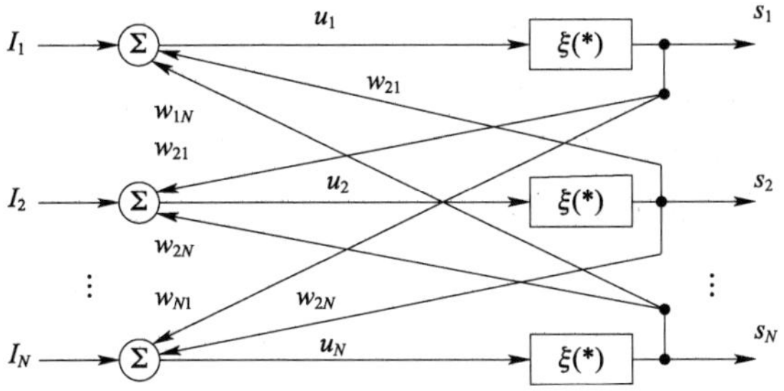

图 3-4-3　一般的 Hopfield 神经网络的结构图

这里 $I_1,I_2,\cdots,I_N$ 是神经网络系统的输入值;$s_1,s_2,\cdots,s_N$ 为具体的输出值;$u_1,u_2,\cdots,u_N$ 为各个神经元中的输入总值;w_{ij}为第由第 j 个神经元到第 i 个神经元之间的系数,且满足 $w_{ij}=w_{ji},w_{ii}=0$,$\xi(*)$为非线性硬性门限函数或 Sigmoid 函数。整个网络的控制过程可表示为:

$$\boldsymbol{S}^{+}=\mathrm{sgn}_{\boldsymbol{T}}\{\boldsymbol{W}\boldsymbol{S}^{-}+\boldsymbol{I}\}$$

式中,$\boldsymbol{T}=\begin{bmatrix}T_1\\T_2\\\vdots\\T_N\end{bmatrix}$,$\boldsymbol{W}=\begin{bmatrix}0 & w_{12} & \cdots & w_{1N}\\w_{21} & 0 & \cdots & w_{2N}\\\vdots & \vdots & & \vdots\\w_{N1} & w_{N2} & \cdots & 0\end{bmatrix}$,$\boldsymbol{S}=\begin{bmatrix}s_1\\s_2\\\vdots\\s_N\end{bmatrix}$,$\boldsymbol{I}=\begin{bmatrix}I_1\\I_2\\\vdots\\I_N\end{bmatrix}$。

模糊控制系统的具体流程可用图 3-4-4 表示。

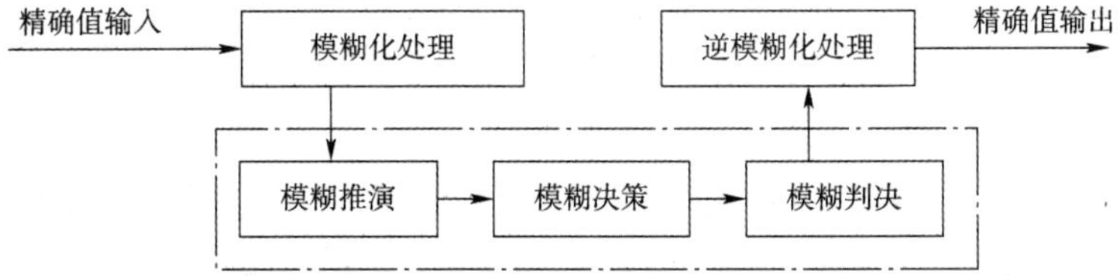

图 3-4-4　模糊控制系统的工作流程

3.4.4　信息预测(Information Prediction)

预测和估计也是数据分析处理的重要内容,准确的预测和估计不仅反映了处理技术的效果,在智能交通中还可为选择合理的管理或处理方案提供重要的时间保证,不仅可提高具体的效率,还可以在多方面发挥智能交通的作用,因此,它们也成为在智能交通中数据处理的重要内容。具体的预测和估计的方法有很多种，对预测来说，大致可分为线性预测和非线性预测两种。线性预测相对简单，而非线性预测的预测函数是非线性的，它相应的运算复杂度要高，但也因此带来了相对较高的精度；对于估计（estimation）来说，一般的估计可分为无偏估计、有偏估计等，它实际上是对交通数据的真实值的一种近似，它往往反映了观测、测量等的技术水准。

除了上述的有关数据处理的相关技术外，还包括其他一系列的相关技术，这不仅包含有别于以上所论述的方法的具体技术，而且就是上述的方法也在不断地演进和发展之中，性能卓越的具体算法还在不断涌现。

3.5 信息显示技术

智能交通中还需用到信息显示技术，在很多时候，信息处理后的相关结论，需要通过显示的方式告知与交通有关的人员，不仅包括交通管理者，还包括交通的参与者。随着信息化水平等的不断提高，把相关的交通现状及预测结果等通过一定的媒体形式发布出来，使之指导交通的管理者和参与者做最佳的管理方案和出行方案，并达到最佳的效果，不仅是交通管理者和参与者所需要的，也是智能交通本身所需要的。

面向交通的信息显示技术，大致可以分为三类。第一类是针对交通信息的发布中介，它构成专门化的交通信息显示系统。第二类是借助于其他平台的信息发布和显示，各种具体的发布、显示方式包括电视、广播、网络、报纸等一系列已经存在的显示设备和体系。第三类可称为虚拟专门的交通信息发布体系，比较具体的实例如电视中的专门的关于交通信息发布的频道，广播中的专门关于交通信息发布的波段等。通过这三类不同的发布、显示设备的协作，能最大限度地发挥交通信息的显示功能，实现面向最大众的信息显示。尤其值得指出的，借助已经存在的信息显示体系，不仅能有力地促使交通信息的及时、快捷、直观的发布和显示，还可以尽可能地减少交通信息显示功能实现的经济投入，更可依托信息显示体系业已存在的庞大的信息受众量，从而使得更多的人员接收到所发布的信息，所以借用业已存在的信息显示体系作为交通信息的发布媒介，可更好地实现真正意义上的双赢和多赢的目标。

现今，具有稳定质量的显示器的种类已经有很多，如利用二极管构成点阵模块所组成的LED（Light Emitting Diode）显示屏，利用液晶显示器件做成的LCD（Liquid Crystal Display）显示屏以及由阴极射线管CRT（Cathode Ray Tube）组成的CRT大屏显示屏和由等离子体显示器件组成的PDP（Plasma Display Panel）显示屏等，这些由不同原理组成的显示屏，它们的性能和价格也各不相同，具体适用的条件和环境也不尽相同，这种多样性的存在，为选择适应不同种类的交通信息的发布的显示设备创造了条件，为选择出最经济的显示设备，并达到最佳的显示效果，为实现最优性价比的交通信息显示体系提供了可能。

对以用组装显示屏体系来构建完备的交通信息显示的技术来说，除了选择符合环境条件的、具有稳定性能的信息显示产品，使之具有最佳的性价比，此外还需考虑如何选择显示产品的安装地点，使得整个交通体系中的每一个角落都被显示屏系统所覆盖，以达到交通信息的显示没有盲区和盲点，同时也不存在很大区域中的信息显示的重复，从而获得完备的信息覆盖效果。这个过程实际上就是一个典型的求最优解的过程。在交通系统中自主安装显示屏的地方，可以选择交通基础设施，也可以选择附近的与交通相关的大型公众聚集地，如广场、大型商场、交通枢纽和中转地等，除此外还可以在交通工具上加载显示屏，如车载导航设备 GPS 上加载交通信息显示，为交通的参与者提供便捷的信息，以便根据交通实时的状况做出合宜的选择，达到最佳的预期效果。

基于智能交通的信息显示技术，可以被看成是一般的信息显示技术在交通和智能交通领域中的具体应用，结合交通中的主体的不同，信息显示所面向的受众也是不同的，而且信息显示的内容也可有所不同，对于交通参与者或出行者来说，他们所关心的信息仅是对所要经过的道路等的具体状况就可以了，而对于交通管理者来说，所需要的信息至少包含他们所管理区域中的所有交通信息，更进一步，对于交通研究和决策者来说，他们所关心的交通信息是一段时间内的所有交通信息。因此交通信息的显示也需要有多种的模式，来满足不同的需求，结合不同的需求和特性，则显示设备大致可被分为移动的和固定的两大类，其中车载的或驾驶员等所携带的交通信息显示设备，可归为移动的，而如道路上的电子显示牌等设备、交通枢纽及大型广场等公共场所以及其他的人员集散地等的交通信息显示，可被归结为固定的信息显示。

3.6 数据传输与网络技术

交通(Transportation)的本意就有时空转换的意思，因此它的重要的附属意义之一就是传输(Transmission)，而准对交通数据和信息来说，所对应的传输就是通信，因此，交通与通信具有内在的联系性，它既涉及传输的理论，又涉及传输的具体实现。

3.6.1 传输技术

信息传输系统包含传输信息内容的样式、传输媒介、具体的接入传输技术等要件。传输信息内容的样式,实际上就是具体数据的表示方式,一般有基于语音的、数据的、图像的及多媒体的形式(Multimedia Form)等,这些不同样式的数据表述,所对应的信号的带宽等特性也不尽相同。而因不同的数据表述样式,则相应的传输媒介就不尽相同,传输媒介大致可分为有线的与无线的两大类。有线媒介就是通过具体有形的物质来传递信息,如双绞线、铜缆、光纤等,而无线媒介主要包括微波等无线电传输媒介,具体有用于无线广播、地面微波、微信通信所用的无线电波等,很多时候,具体的媒介不同,所需要的传输技术也要做必要的改变,这一点非常重要。

一般的传输模式,可以用三个具体模块加以建构,他们分别为发射模块、中继和传输模块以及接收模块,可用图 3-6-1 进行具体归纳。

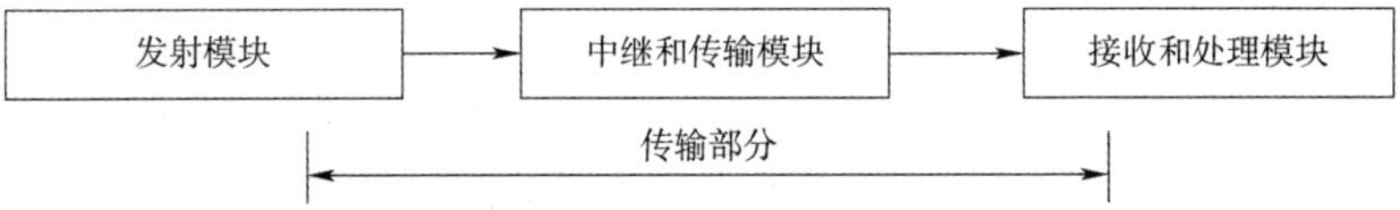

图 3-6-1 传输技术的实现图示

具体的传输模式大致可分为模拟传输和数字传输两种,结合具体的媒介不同,则有有线的模拟传输系统、无线的模拟传输系统、有线的数字传输系统和无线的数字传输系统等具体的模式。对于模拟传输系统来说,它的最本质的特点就是采用模拟调制方式,这些调制方法包括线性调制的幅度调制和非线性调制的角度调制,幅度调制有双边带调制、单边带调制和残留边带调制等;而角度调制则包括相位调制和频率调制等,结合模拟调制,一般采用频分复用技术来提高基于模拟调制的传输系统的传输效率,所对应的传输系统就成了频分多址(Frequency Division Multi Access;FDMA)系统。数字传输的实质就是以数字信号作为传输的对象,所对应的调制方式包括在确定的进制下的调频、调相等,除了传统的二进制的调制外,还有多进制调频、调相、综合调制及时频调制等,结合数字调制,可采用时分复用技术及码分复用技术来提高传输的效率,所对应的传输系统就是时分多址(Time Division Multi Access;TDMA)系统和码分多址(Code Division Multi Access;CDMA)系统。此外,随着信息传输技术的发展,光传播已经成为信息传输的重要手段之一,光纤具有非常宽的带宽,它们作为传输的媒介,可携带更多的信息量,而所对应的光波分复用(Wavelength Division Multiplexing;WAM)技术更为光纤传播多路信号提供了理论和技术的支持,所形成的波分复用(WDMA)系统更成为一种重要的信息传输系统被广泛地应用。采用不同的调制方式和复用技术的系统,它们的适用条件不尽相同,抗噪声的能力各有差异,相应的系统实现及抗噪声能力等的具体分析,可参考相关的文献。

一般来说,模拟传输系统中的信号的最高频率相对较低,而数字信号通过具体的调制,可用载波把所需传输的信号在很高的频段上进行传输,并具有很好的传输效果。

通过采样定理(Sample Theorem),模拟信号可以转换成数字信号,这就是 A/D 变换,这种变换的具体方式有多种,其中,以脉冲采样、量化及编码为一体的 PCM 方式最为常用,它已经形成具体的产品,可在实际中直接加以使用。

信息传输技术中还包括具体的信道编码,不同的媒介,实际上对应于不同的信道,由于不同的信道的特性也不尽相同,选择与之匹配的信道编码,可最大限度地提高传输的速率和可靠性等性能指标,因此,根据信道特性,进行信道编码是确保高质量的信息传输的必要保证。目前,根据 Shannon 信道编码定理,具体的编码技术已出现了很多,如分组码技术、循环码技术、Turbo 码技术、甚至代数几何码也有出现,各种类型的信道编码技术不仅可有效实现检错功能,还有必要的纠错功能,在数字传输系统,只要连着错的比特串不要太长,就可通过信道编码的方法获得具体的纠正,这就提高了信息传输的可靠性等。

以无线媒介为信道的传输技术,由于无线信道大多不是恒等信道,除了调制编码技术外,还需要一种以信道修补为目的的均衡技术的支持。

还需指出,接收模块中还涉及最佳接收的问题,也就是通过接受滤波器等处理,可使得接收信号在接收端达到最优值,从而实现最佳的接收效果。

典型的信息传输技术可用点对点的通信模式加以概括,智能交通中的传输技术也不例外,它由信息源、发送设备、信道、接收设备和接收信息者等成分组成,它们的全体组成发送方、传输方和接收方。

图 3-6-2 是点对点模式下的传输。

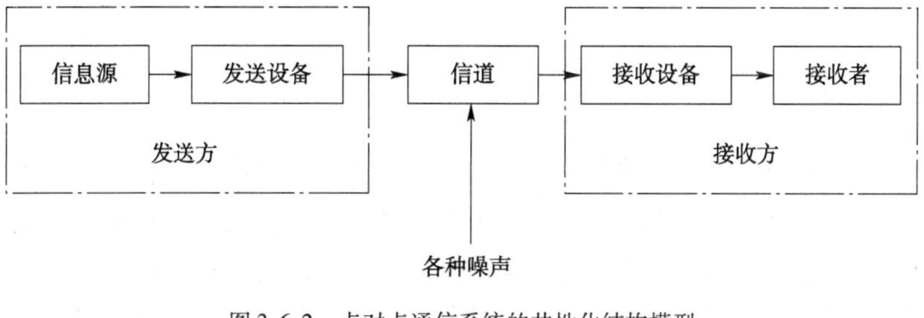

图 3-6-2　点对点通信系统的共性化结构模型

模拟及数字传输系统的具体组成结构分别如图 3-6-3 及图 3-6-4 所示。

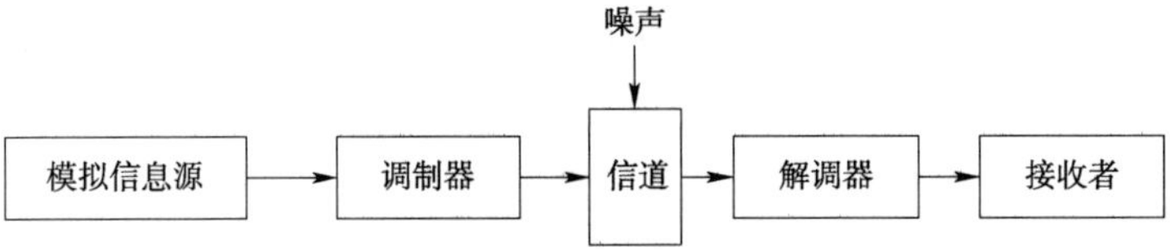

图 3-6-3　模拟通信系统结构

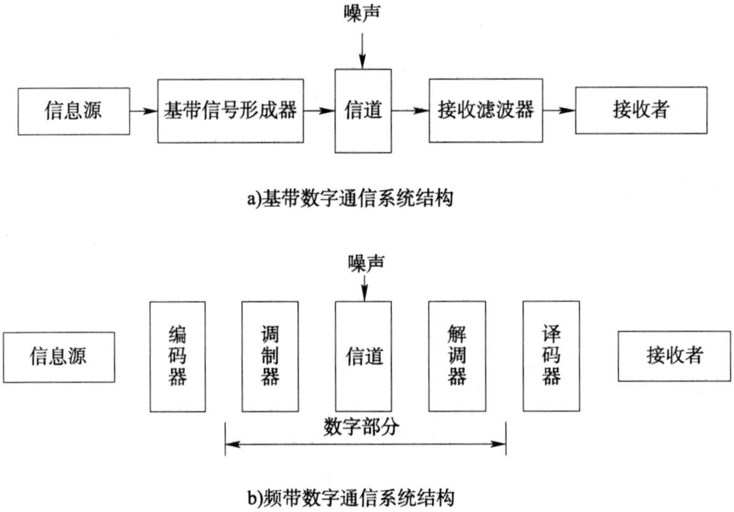

图 3-6-4　频带数字通信系统结构示意图

此外，根据点对点通信系统中的信息传输的方向是否是单双向的条件，传输系统可分为单工(Single Duplex)传输系统、半双工(Half-double Duplex)传输系统和双工(Double-duplex)传输系统。对于数字通信来说，它还涉及传送信号码元的排列方式，一般可分为串行传输和并行传输，串行传输(Serial Data Transmitting)就是所传送的码元按照时间顺序在单一通道中鱼贯式地传送，而若把信号码元序列分割成两路或多路，然后同时在信道中传输，这样的方式被称为并行传输(Parallel Data Transmitting)。

3.6.2　网络技术

以传输技术为基础的传输网络能够实现大范围、多层次、复合式的信息传输，它是信息传输的主要载体和平台，交通信息的传输离不开信息传输网络。虽然信息传输网络的种类有很多，如广播网、有线电视网、电话网、计算机网络等，但从宽泛的角度来总结，它们都可被看成通信网。通信网是一个复杂的系统，它不仅表现在网络的物理组件的多样和复杂，还表现在技术的复合应用和集成，也就是说，在网络技术中，不仅仅包含有关传输技术,其他相关的信号处理、控制以及安全性能的保障技术等都需要用到。这一小节着重讨论信息传输的网络技术,或简称为通信网技术。

1)通信网的基本概念、结构及分类

网络或通信网(Communicational Network),顾名思义就是用来通信的网络,它的组网结构、技术支持和相应的协议规范等是确保系统正常运行的主要支持和保障。因此,有必要先了解"通信"的含义,国际电联(ITU)对通信有四种定义。其中之一的定义是:通信,是根据一致同意的约定的信息传递(英文原文为:Communication, The transfer of information according to agreed conventions)。那么通信网的基本定义可以理解为:至少在两个不同节点之间为信息传递而连接的集合,是为实现"通信"目的而所具备的一切条件的总和。这些条件应该包含软件、硬件和一切协议、规范和各样的措施和设备等。

电信是利用有线、无线或其他电磁系统来发送、传输和接收代表符号、书写体、影像和声音或其他任何能承载情报的媒体的信号,由此可简单地定义电信网为以电磁为媒介的传递信号的设备和系统的总和,它是由链路(Link)和节点(Node)组成,多个节点和链路通过连接(Connection)构成网路,因此,电信网络是指至少在两个不同的已规定的点之间用来实现电信业务而连接的集合。

通信网的概念比电信网的概念更宽泛,它包含电信网,或者说,电信网是通信网的一种具体的体现形式。但是在很多场合,通信网与电信网被等同地对待,甚至有人把这两者混二为一。

通信网早已经成为重要的社会公共基础工程,它的先进程度成为衡量一个社会或地区的科技进步和社会进步的重要指标之一,也是信息科学和信息产业(IT)发展的重要引擎之一。它的发展大致经历了三个阶段,第一阶段是以语言和文字为主要媒质的通信阶段。第二阶段是以电通信为基本特征的阶段。第三阶段则可认为是以电子信息通信为主要特征的阶段。

网路的基本结构可以分为端点设备、传输设备、交换设备和存储设备等部分,可用图3-6-5表示。

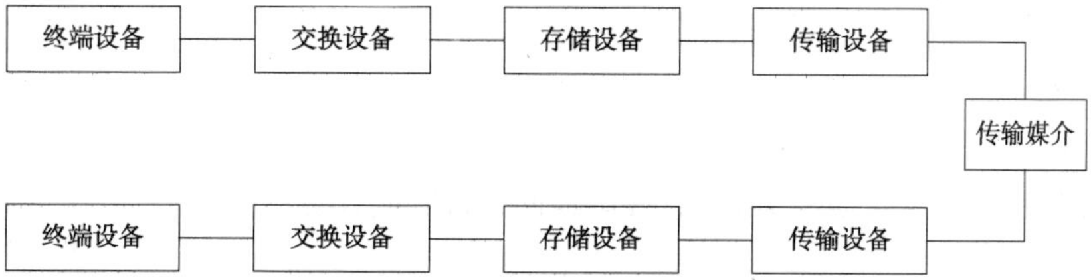

图3-6-5　通信网基本构成图

图 3-6-5 中的相关设备的相应功能实现的情况如下：

终端设备是通信网络的起点和终点，除了对应于输入和输出的信源信宿外，还包括了一部分的变换器和反变换器等，变换器（Converter）和反变换器（Inverter）就是为实现相应信号的变换处理的设备。

传输系统可以描述为完成信息传输的媒介及相应设备的总和，它包括用户环路、干线、电路、路由、连接等。传输系统类似于信道，在通信系统中主要是实现信息传输的功能。

交换节点实现信息交换功能，它是链路之间的分配点，根据寻址信息和网络控制指令，形成链路连接或信号导向，以在通信网中的多个用户之间建立信号通路。

存储设备有存储器、磁盘等，信息在传输、交换等过程中，还需要实现适当的存储功能，对应于实现存储功能的设备构成存储设备。

通信网技术发展非常迅猛，按照不同的标准可以把通信网分成不同的种类，分析通信网的分类特性，为深入了解通信网提供了不同的观察角度，很多时候，所需分类的标准是最能体现网络特色的，常见的分类如下：

①依据网络服务的对象不同，通信网可分为公用网、专用网和虚拟专用网，其中虚拟专用网是指在公用网中建立专用的网络。

②依照传输的媒介不同，通信网可分成有线网、无线网和混合网，其中有线网中最多的传输媒介有铜轴电线、双绞线、电缆和具有广泛发展前景的光缆等，无线媒介包括长波、中波、短波、微波等。混合网具体指部分网络是由无线做媒介，而另外的部分则由有线做媒介的网络。

③依据通信传输的信号处理的形式进行分类，则可以分为数字网、模拟网和既有数字又有模拟的混合网。有必要指出，这里针对信号的模式的分类，根据国际电信（ITU）的定义，应该专指电信网的分类。

④依照通信的性质分类，网络可以分成业务网、传输网和支撑网等。

⑤依照网络的接入功能等分类，网络可分为接入网和骨干网。

⑥依照网络的功能特性分类，则可分成业务网和管理网（TMN）等。

⑦依照网络存在的状态来划分，则可以分成现存的网络（Existing Network）和未来网络（Future Network），或当代网和下一代网络等。

另外，依据终端是否固定，网络可分为固定网和移动网；依据通信的范围大小，网络可分为局域网和国际网等。

通信网的发展越来越向着智能化、综合化等方向发展，这些都将在网络的技术层面、建设管理层面、网络的运行层面以及网络的用户层面等方面得到具体的体现。

从技术层面上来归纳通信网的发展趋势，不难发现，通信网向宽带化和多样化发展的趋势明显,宽带是一个相对的概念,随着技术的发展,通信网的带宽已经从最初的K量级向M量级和G量级演进,之所以能实现G量级甚至10G、100G的带宽,是因为网络不仅向着以光纤为主要传输媒介的方向发展的同时,还同时具有如下的基本特征:首先,网络交换技术的分组化方向发展,为宽带化提供技术支持。一方面,它可有效降低信息传输的延时,另一方面它实现了链路的统计复用,更应分组后每一个分组包相对独立,易于实现差错控制和建构灵活的通信环境,提高系统的有效性。其次,各种网络的融合,促使了网络业务的互相融合,从而对网络的宽带化提出了新的要求,成为促使网络向宽带化发展的动力。同样的,网络接入的多样化和网络业务的数字化等要求,也促使网络需要足够宽的带宽为实现这些要求的基础前提。

从网络的建设和管理层面分析,不难发现,网络建设趋于全球化发展的同时,网络的分布更趋向合理,尤其以Internet为基础的网络,它不仅很好地把各种形式的局域网通过网际相连的方式连接起来,达成了全球覆盖的Internet网,以实现"5W"为目标,即任何人(Whoever)在任何地点(Wherever)、任何时间(Whenever)与任何人(Whomever)进行任何业务(Whatever)的有效通信。因此,网络不仅包括陆地,还包括海洋,它更以先进的空间技术为支持,以卫星、星座等为基站,通过卫星与卫星之间、卫星与地面设施之间的链路构成,形成天地一体化的综合通信系统。此外,由于人口分布的不均匀性,地区的不同,网络的建设也不尽相同,正态呈现出网络分布与网络使用相协调的态势,展现合理性分布的特质,具体体现在既没有在同一区域中的重复建设,也没有大范围区域中的盲区出现。此外,网络的管理向着综合化方向发展,ITU-T对电信管理网络(TMN)的要求之一就是要实现各种管理系统的平滑过渡,以保证通信网络高效、可靠和安全地运行,所以网络管理实现综合化是必须具备的条件之一。

从网络运行的层面分析,网络经营向着专业化方向发展,即向着"业务与控制分离、控制与承载分离"的方向发展的同时,网络运行及相关的维护越来越向着智能化方向发展,网络运行人员的专业化素养的层度越具有专业化和高层次化方向发展的趋势。此外,网络发展最终所应面向的是网络的使用,即需要面向广大的网络用户,网络发展的一个重要的方向是使网络用户使用起来更方便、更高效,资费更便宜,因此,网络用户选择服务的自由化和网络资费的市场化等是一种必然的趋势,尤其作为公用和商用的网络,在打破垄断的前提下,资费由市场的调节来推动,服务更加人性化等成为网络生存和发展的先决条件。

2)典型通信网络分析

通信网种类繁多,而且发展迅猛,各个时期同时涌现各种不同的网络及相应的技术,很难对所有的网络进行一一分析并逐一归纳各种网络的特点。但总的说来,从接入网、支撑网和传输网以及加载在这些之上的网络等方面来分析通信网是一条可行的途径;通过对典型的通信网络的进一步分析,能归纳通信网的技术要点,更重要的还在于通过梳理通信网的发展脉络,在总结经验和发现规律的基础上,对研究新型的下一代通信网络技术有重要的借鉴和启迪作用。这里着重介绍有线电话网、互联网及 ATM 网、移动通信网及叠加在网络之上的智能网和网管网等。

(1) 典型有线网络

以双绞线、铜线以及光纤光缆等作为传输媒介而组成的有线通信网,因其历史悠久,且使用相对稳定的传输媒介,展现较稳定的性能特性,所以早已作为主要的网络实现被广泛使用,此外,随着光纤通信中的进一步发展,全光网等相继出现,使得有线网络的宽带化的特性表现得非常突出,光纤通信的前景非常被看好。在这一小节里,以主要的有线网络作为研究对象,对其结构和功能实现进行论述。

①有线电话网。

最早,人们对通信的认识是从固定电话开始的,支持固定电话的话音等业务的网络就是固定电话网,它是一个不断演进的,迄今仍在广泛使用的网络。其中,公用电话交换网(PSTN)是最具有代表性的有线电话网。

PSTN 组成部分主要包括终端设备、传输系统、交换设备以及相应的信令系统和协议、规范等。终端设备、传输系统和交换设备是固定电话网络的硬件设备,而信令是实现网内通信的基础,协议、规范等是构成网络系统的准则,使得用户与交换设备之间,不同的交换设备之间以及不同的用户之间具有共同的语言和连接规范,促使网络的正常运行,实现不同用户之间的信息交流。

图 3-6-6 展示了有线电话网的主要结构。

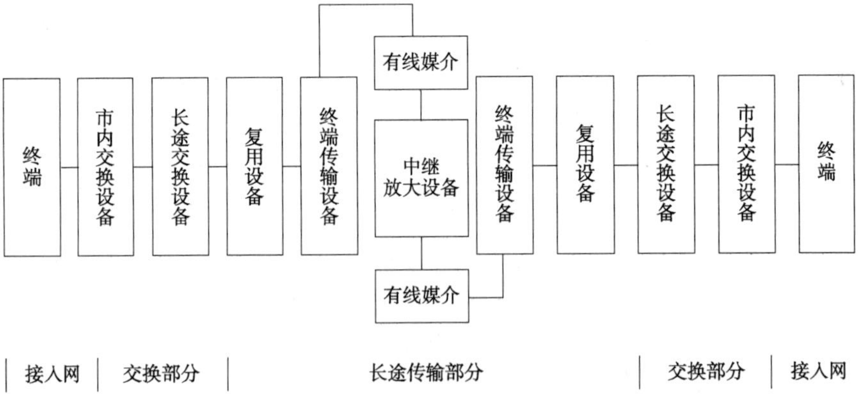

图 3-6-6 有线电话网结构图

此外,固定电话网一般都有分级交换结构,以我国的固话电话网为例,在1997年以前,固定电话网分为5级交换,分别为:大区中心级(省际中心局,C1级);省中心级(省中心局,C2级);地区中心级(地区中心局,C3级);市县中心级(市县中心局,C4级);最后是终端级(端局,C5级)。后来随着技术的进步,简化交换的级数,我国的固定电话网络由原来5级交换体制向2级交换体制转化,也就是把C1级与C2级合并,C3级与C4级合并。另外,也有把电话网络大致划分为长途电话网和本地网,其中本地网的结构分成汇接局和端局结构,汇接局之间由基干电路群连接构成网状结构,并使之处于平行分布状态;一个汇接局可连接多个端局,汇接局与端局之间由基干电路群构成星形结构;而长途电话网向着无级的方向演进,所谓无级,就是在长途电话网中,路由的选择过程中的节点,它们之间是平行等级的,没有隶属关系。

固定电话网的路由实行电路连接。

除了公用电话网,还有专用电话网,它也可作为用户交换机的形式接入本地公网,接入本地网的中继方式,大致可分为半自动直拨、全自动直拨以及混合三种。

专用网进入公网的组网方式大致有三种,分别为以汇接局方式进入本地网、以端局方式进入本地网以及由用户交换机的方式进入本地网。

②互联网。

互联网已经逐步成为当今规模最大,资源最多,用户数量最庞大的超大型网络,它引领网络技术的演进和发展,不仅包含各种类型的计算机网络,还包含异质或异构的各种不同的通信网络。

互联网作为网络的一个集合体,它的内容非常丰富,这里仅涉及互联网的体系结构和协议分析。

互联网的体系结构组成大致可认为是相对独立的网络之间的互联,而相对独立的网络根据规模大小可分为局域网、广域网等,这些网络本身就是多节点之间具有星形、Y形或三角形等拓扑结构的多连接体,它们自身通过网关、网桥或路由器等设备,在遵循局域网协议的前提下进行有效通信。

根据地理范围和环境,管理能力以及运营要求等具体条件,互联网的结构组织一般也进行等级划分,通常情况下,把整个互联网划分为一级骨干网、二级网和IP城域网等各种类别的子网。其中,一级骨干网主要以核心节点作为骨干路由节点,并通过全网状连接的形式组成,提供包括国际业务等在内的IP数据包的转发,实现诸如网络安全机制等功能;二级网一般由多个城市或地区的多个节点组成不完全的网状结构;而城域网只是城市范围内的节点互联构成的网络,它接入到二级网,二级网再接入到一级骨干网。对于一个二级网来说,它的节点至少要与一级骨干网中的两个核心节点相连接,同样的,对于一个 IP 城域网,它的节点也要至少连接到二级网中的两个不同节点。

为实现互联网的正常工作,必须引进网络中通信双方必须共同遵守的规则和约定,这些规则和约定的总和,就是协议,网络的协议是开发和设计通信系统的基础,因此,互联网的体系结构往往体现在如何定义和规划相应的协议。协议主要由语法、语义和定时等组成,所谓语法,就是相应的符合要求的形式。而语义的意思是指协议中所包含的具体内容,它包括用于协调的控制信息和差错控制等。定时是指速率匹配和排序等在时间上先后排序的要求。针对协议,现在比较通行的有 OSI 参考模型和 TCP/IP 协议参考模型。

国际标准化组织(International Standard Organization; ISO)制订了开放系统互联参考模型,它为直接接入网际网提供了一种具体的途径,也就是按照该个标准设计和建设的计算机网络系统,可以无妨碍地接入国际网,进而可直接入网互联,所以该参考模型具有良好的开放性和包容性,它是促使现今互联网一网独大的一个主要原因。这个模型把互联网协议从逻辑上分成物理层、数据链路层、网络层、传输层、会话层、表示层和应用层,具体如图 3-6-7 所示。

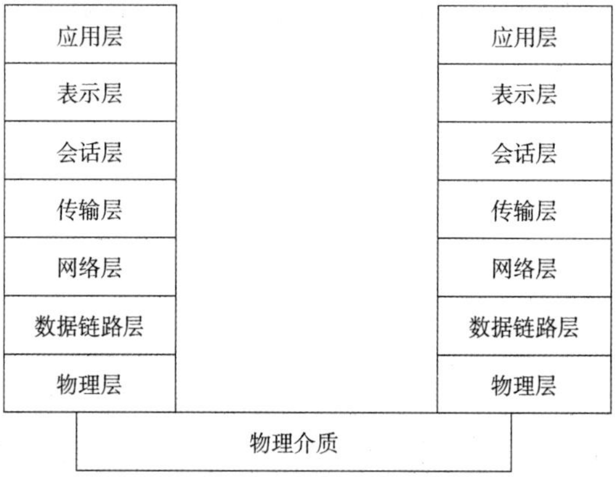

图 3-6-7　OSI 参考模型图

这个模型看似对等的层之间可以直接通信,其实不然,通信的实现都必须通过底层物理层的连接才能完成。

OSI 开放模型把相似功能的协议进行归类,形成协议栈(Protocol Stacks),它的每一层的主要功能可归纳如下:

物理层,主要功能集中在通信线路上的信息比特流的传输问题,主要涉及物理连接的建立和结束、传输的方式、信号发送的电平要求,码元的设计以及物理连接器插脚的数量和功能等。

数据链路层，它主要涉及数据链路中的帧等的分组（Packet）传输问题，涉及数据包构成帧结构的形式，以及帧的构成、结构、类型、格式和位（比特）的填充技术，数据链路的建立与结束、数据流的控制、关于数据帧的丢失等的差错控制等。

网络层，主要功能是处理分组（Packet）在网络中的传输问题，它的功能主要有选择路由、数据包的交换、网络层面的连接、根据数据链路层关于差错的报告所进行的错误检测及恢复、分组的次序的确定及分组拥塞的控制等。

这下三层协议构成了网络互联互通的基础，同时也建构了网络通信的基础的协议平台，是网络性能得到保证的先决条件。

传输层，传输层协议主要涉及报文从信息源到目的地之间的传输规范，其主要功能有：把传送层的地址变换为网络层的地址，传送连接的建立和终止，在网络连接上对传送连接进行多路复用，端到端的顺序控制，信息流控制，错误的检测和恢复等。

会话层，会话层主要涉及会话双方之间把会话地址转换为传送地址，以及会话连接的建立与终止，会话连接的同步和控制等。

表示层，顾名思义，表示层主要涉及应用实体之间的数据和信息的表示，涉及应用实体之间的交换数据的语法，解决格式和数据表示的差异，通过表示层的协议，把计算机中的不同的文件格式经过适当的处理，使之在计算机中得以兼容。

应用层，它实际上可以理解为在网络下三层协议之上的，除传输层、表示层和会话层协议之外的，为实现用户网络应用的所有功能的协议的总和，它包括的具体协议有虚拟文件协议、虚拟终端协议和公共管理信息协议等。

在 OSI 模型的协议分层结构中，一般总是一个特定层为它的上一层提供服务，下面的层为它相邻的上一层提供服务，它通过下一层所提供的服务访问点（SAP）作为相邻两层的逻辑接口。在每一层中，都存在很多个独立的以进程或子程序等作为形式的实体，在同层的实体之间的联系，须由同级协议控制，而不同层之间的实体，它们之间的联系则遵循下层通过服务访问点为上层提供服务的原则。

OSI 七层协议的参考模型对于通信网的规划和应用有重要的作用，它分层的协议思想，既包含很多同类的归纳，又可实现对部分协议进行更新和替代而不影响全局的目的，还有重要的作用在于为能够包容异构和异质的网络设备和协议提供必要的保障。

在互操作通信的协议标准的体系结构中，还有一种叫作 TCP/IP 的协议模型，它在互联网中也有广泛的应用。

TCP/IP 协议模型也是采用分层结构的，它把整个网络分成五层，从下到上分别为物理层、网络接入层、网间层、传送层和应用层，它的基本分层结构表示如

图 3-6-8 所示。

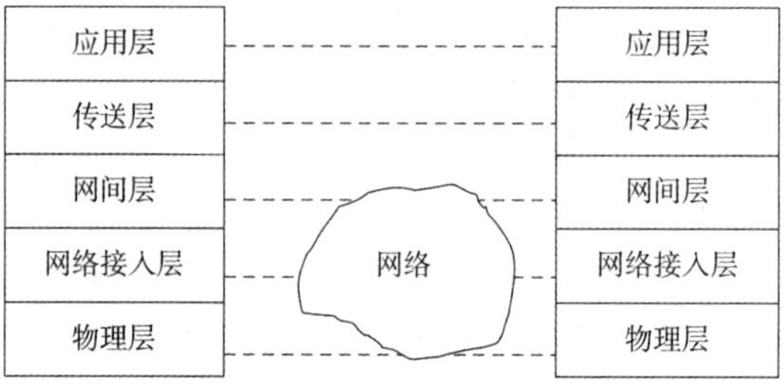

图 3-6-8　TCP/IP 分层协议模型图示

TCP/IP 协议模型不仅仅针对网间层的 IP 协议和传送层的 TCP 协议,它实际上是整个互联网系统的协议集,它已经成了工业标准,相应的基本协议已经被完全确定下来,图 3-6-9 是 TCP/IP 协议集所包含的基本协议。

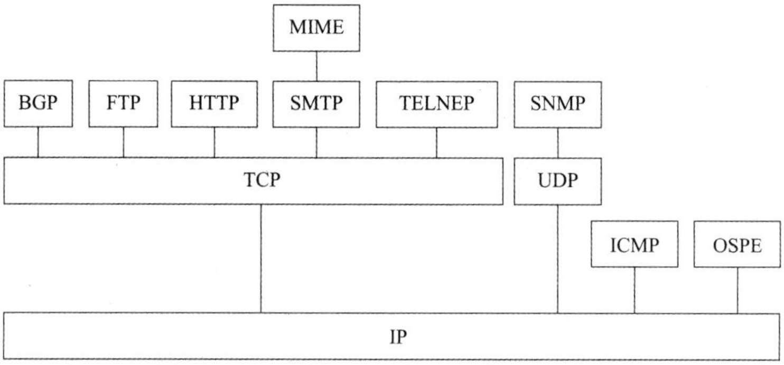

图 3-6-9　TCP/IP 协议集结构图

TCP/IP 协议模型中各层的基本功能如下:

物理层,主要涉及比特流的传输问题,从具体的物理媒介层面来解决传输问题,包括了诸如机械的、电气的等方面的特性。

网络接入层,实际上就是通信子网层,它的主要功能是实现对 IP 数据的传送,网络接入的含义是指 IP 终端通过通信子网接入到 IP 网络中去,如帧中继网、以太网和 ATM 网等都可以看成是通信子网,而相应的通信协议主要集中在地址解析协议(Address Resolution Protocol;ARP)和逆地址解析协议(Reverse Address Resolution Protocol;RARP)等。

网间层,也就是 IP 层,它也可以称为 Internet 层,功能与 OSI 通信协议模型中的网络层基本相同,主要功能可归纳为:规定 IP 层中的数据单元的数据存在形式和具体规格;确定 IP 地址的格式及地址分配规律;根据网络节点的分布,确定相应的路由表和 IP 数据路由的选择算法;数据格式与通信子网之间的适配调节。主要的通信协议有 IP 协议、互联网控制消息协议(Internet Control Message Protocol;ICMP)和互联网组管理协议(Internet Group Management Protocol;IGMP)等。

传送层,它涉及网络中端点到端点的数据传送协议,它的作用是弥补从网络层得到的实际服务与用户对服务质量的期望要求之间的差距,对于服务质量良好的网络层来说,它只需要简单的传送层协议,但对于服务质量较差的网络层服务,就需要功能齐全和强大的传送层协议的强烈补充。尤其对于无连接的不可靠服务,更需要具有良好的检错、纠错功能的传输控制协议(TCP)来保证数据传输的质量。传送层中的协议主要有传输控制协议,用户数据报协议(UDP)以及互联网控制协议等。

应用层,是为用户提供各种网络应用的分层,针对该层的协议为用户提供各种应用服务,在 TCP/IP 协议族中,能提供应用服务的协议较多,如超文本传输协议(Hypertext Transfer Protocol;HTTP)、文件传送协议(File Transfer Protocol;FTP)、远程注册协议、简单网络管理协议(Simple Network Management Protocol;SNMP)、域名服务协议(Domain Name Service Protocol;DNS),等等。

TCP/IP 通信协议模型虽有别于 OSI 的七层协议模型,但它们之间存在一定的对应关系,这些关系首先体现在基础层或物理硬件层之间的对应,其次,TCP/IP 通信协议模型中的应用层大致对应于 OSI 模型中的会话层、表示层和应用层这三层的总和,而网络核心特质的网间层与传送层基本对应于 OSI 通信协议模型中的网络层和传输层。

此外,TCP/IP 通信协议模型是针对实现通信而建构的协议族,它是一个基础,在此基础上,为针对实现通信中的某项性能指标而附加的协议,可在对应的某些层中进行具体加载,这样就可以形成一种类似于嵌套型的协议结构,比如,为实现安全性能指标,在相应的协议层中的通信协议之上加载上安全通信协议即可,这也是现今安全通信协议的设计的基本条件。

③ATM 网络。

异步转移模式(Asynchronous Transfer Mode;ATM)网络是一种结合异步时分复用和快速分组交换技术的有线网络,它用异步复用(Asynchronous Time Division)代替了同步复用,从而提高了网络的灵活性;用快速分组交换技术来代替传统的分组交换技术,有效地融合了电路交换和统计复用,提高了系统的速度和有效性。国际电信联盟对 ATM 的定义为:ATM 是一种传递模式,在这一模式中,信息被组织成一定格式的信元,包含一段信息的信元不需要周期性地出现,从这个意义上讲,这种传递模式是异步的。

ATM 的异步传输模式采用面向连接的电路传送模式,它把信息比特进行固定长度的分划,再外加一个信元头(Cell Head)形成一个完整的 ATM 信元,所以 ATM 信元的长度和格式是固定的,一个完整的 ATM 信元共有 53 个字节,其中前头 5 字节长的部分为信元头,余下的 48 个字节长的信息比特为所要传输的信息内容。ATM 信元在占用时隙的过程中采用时分统计复用的方式把不同来源的信元汇集成一个信息流,然后进行发送;而接收方则根据 ATM 信元中的信元头的差别来分辨 ATM 信元,从而达到有效传递信息的目的。ATM 的通信连接不等同于电路交换中的连接,它是建立在虚通路(Virtual Path;VP)和虚信道(Virtual Channel;VC)之上的一种虚连接。ATM 技术业已成为宽带网络的重要支持技术。并由此形成了具有很好服务质量控制(QoS)的宽带的 ATM 网络。

ATM 网络是以 ATM 技术为基础的,并以 ATM 交换机和传输媒介为主要构成成分的网络。在整个网络中,ATM 交换机所起到的作用不是完全相同的,它大致可包括为 ATM 骨干交换机、ATM 边缘交换机和 ATM 接入交换机等。ATM 骨干交换机作为骨干节点,能提供大容量、高可靠性和低时延的 ATM 传送能力;ATM 边缘交换机则负责较次级的 ATM 业务;而 ATM 接入交换机可看成因外界非 ATM 业务进入 ATM 网络时进行适配处理成 ATM 业务的节点接口。一个普通的 ATM 网络的系统结构可用图 3-6-10 表示。

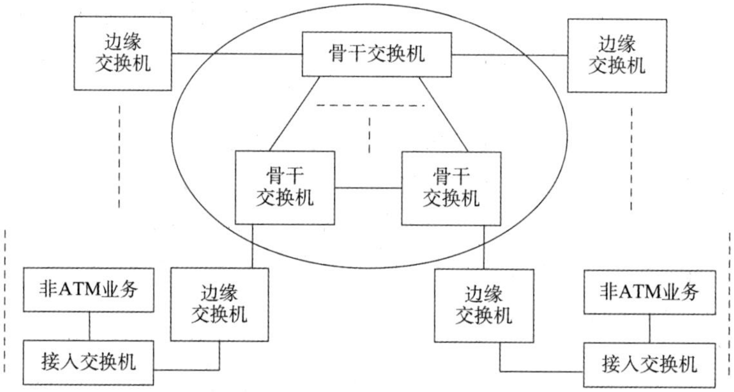

图 3-6-10 ATM 网络结构图

ATM 网络大致可以分为公用 ATM 网、专用 ATM 网和 ATM 网作为接入的通信子网。ATM 网络中的终端设备之间的接口互联的设备与标准也是组建 ATM 网络的重要条件,这些接口大致可分为三类:一类是用户与机器的接口(User-Network Interface;UNI),它定义了用户选择物理线路和接口与 ATM 网连接的标准;一类是 ATM 网中两个交换机之间的接口(Network to Network Interface;NNI),它规范了交换机之间互联的标准;第三类是数据交换接口(Data Exchange Interface;DXI),它规范了数字终端设备与数字连接设备之间的连接要求。

ATM 网络的协议参考模型不同于互联网的 OSI 模型和 TCP/IP 模型,以 ITU-T 为主导的协议参考模型是一个三面四层的立体分层模型,用"面"来描述网络中可以支持的不同功能,"层"表示网络功能的实现模型,并与 OSI 七层模型建立对应关系,如图 3-6-11 所示。

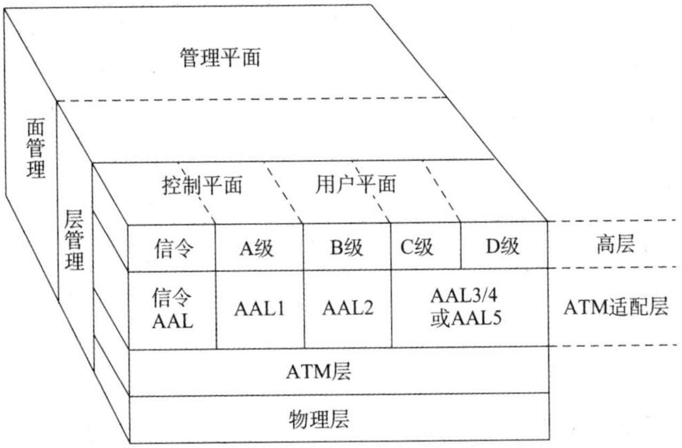

图 3-6-11 ATM 协议参考模型图

从这个模型中不难看出,它的纵向有 3 个功能平面,分别为控制平面、用户平面和管理平面。控制平面提供呼叫和连接的控制,采用分层结构负责建立网络连接和管理连接,处理寻址、路由选择和接续等相关功能,对网络动态的建立起到关键作用。用户平面的主要功能是实现网络中传输端到端的用户数据、信息流量控制和恢复操作。管理平面的主要任务是提供操作和管理功能。从横向看,它可以分成 4 层,分别为物理层,ATM 层,ATM 适配层和高层。下面介绍每一层的基本功能。

a. 物理层

主要负责制定物理媒介,通过通信线路的比特流传送功能实现 ATM 信元的传输,从而完成传输信息的功能。它包含两个子层,分别为物理媒介子层和传输汇聚子层,这两个子层交换的数据需满足互相信元同步。传输汇聚子层(Transmission Convergence Sub-layer;TC)负责汇聚物理层操作,大致有五大功能,分别为:传输帧的产生和提取;传输帧的适配;信元界定;信头处理,对信头差错控制信号的产生和证实的过程,称为信头处理;信元速率去耦,所谓信元速率去耦,就是指接收端抑制由发送端为达到连续传输比特流而外加的空闲信元的过程。

物理媒介子层(Physical Medium Sub-layer;PM)的功能依赖于传输媒体的材质

等特性，它主要有三个功能：传输导线等物理媒介上传递识别电信号和光信号；给传输信号产生定时信号，并为接收信号提取定时信号；线路编码和解码。

此外，物理媒介子层中还涉及接口类型的确定问题，这些已经成为ATM技术中的相关标准，被具体规范。

b. ATM层。

它实质是物理层与ATM适配层之间的接口提供者，仅处理ATM信元的信头，这种简化处理对于告诉传输链路保持同步是非常重要的。ATM层主要执行ATM网络中的交换功能，它利用物理层业务在对等层进行以信元为单位的通信，为ATM适配层提供服务。ATM层的主要功能如下：

a)信元的复用和解复用。它在ATM层和物理层的TC层接口处完成，在发送点负责对多个虚连接的信元进行复接，并在接收端对所受到的信元进行分解。

b)相关信头的操作。主要在每一个ATM节点对信头进行标注和识别(Identification)。

c)一般流量控制。用于控制终端到网络的业务流量。

d)ATM的交换。ATM层对接收的信元进行复用或分路处理。

c. ATM适配层。

ATM适配层(AAL)的基本特性就是为异构、异质的信息适配成符合ATM信元的格式，所以它介于ATM层和高层之间，不仅支持用户平面的高层功能，也支持控制平面和管理平面的功能，它转接高层协议与ATM之间的信息，包含两个子层，分别是信元分段或重组子层(SAR)和汇聚子层(CS)，图3-6-12表示了它的结构。

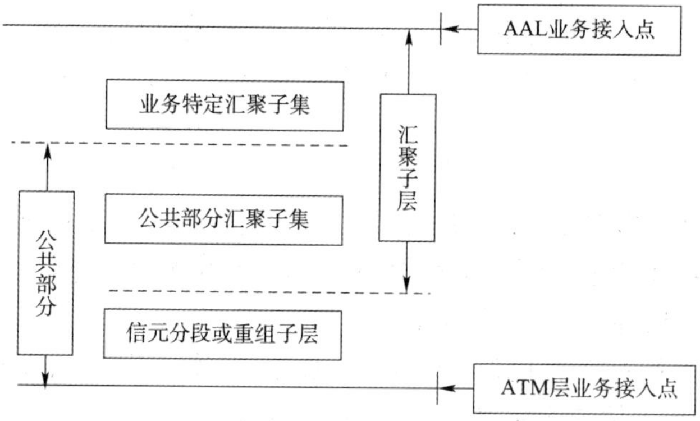

图3-6-12 ATM适配层结构图

信元分段或重组子层的功能是将高层协议的信息分段为ATM信元传到ATM层，并将从ATM层传来的信息重新组装成高层协议的格式送入高层。而汇聚子层的功能主要是执行信息识别时钟恢复功能。

在 ATM 适配层中还涉及业务等级的定义，ITU-3 根据源点与终点定时关系、比特率是否变化和接续方向这三个要素，把 ATM 适配层协议分为四种类型，分别记为 AAL1，AAL2，AAL3/4 和 AAL5，而各种对应的业务分别记为 A、B、C、D 类业务。AAL 业务分类表如表 3-6-1 所示。

AAL 业务分类表 表 3-6-1

AAL 分类	AAL1	AAL2	AAL3/4	AAL5
业务分类	A	B	C	D
源端与终端定时	要求	要求	不要求	不要求
比特率	固定	可变	可变	可变
连接方式	面向连接	面向连接	面向连接	无连接

为满足进一步发展的需要，AAL 业务种类也有新的增加，除了上述四类外，还有 X、Y 两类业务。

d. 高层。

它是 ATM 协议模型的最高层，它实际上包括了所有的应用协议，并根据不同的业务特点完成高层功能，如对信息编码等服务性的功能实现等。

ITU 所提出的立体协议模型，横向层面上的分层协议虽只涉及四层，但它实际上也完整地涵盖了从物理传输到具体用户业务应用的全过程。把横向的层协议结构与 OSI 七层协议模型进行对比，能看出 ATM 协议模型的特点，它用 ATM 层和 ATM 适配层协议把数据连接层和网络层等相应的功能进行了汇集，突出了 ATM 网络的异步交换模式的特点，并用高层来囊括面向网络用户的所有协议，实现 OSI 模型中的诸如会话层、表示层、应用层等的协议所定义的功能，整个协议模型具有结构紧凑，简约之美。图 3-6-13 给出了 ATM 协议模型与 OSI 协议模型之间的对比关系。

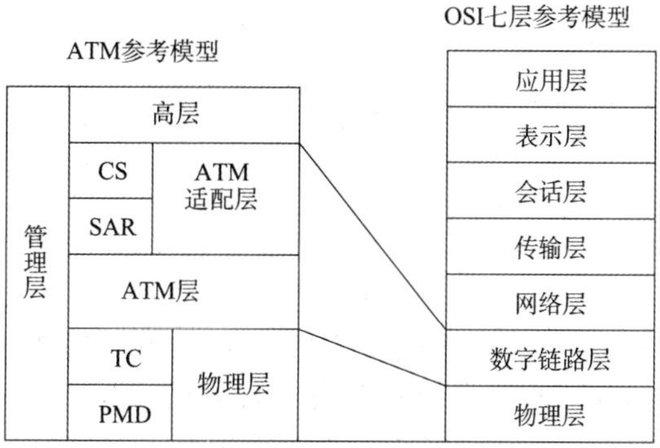

图 3-6-13 ATM 参考模型与 OSI 参考模型比较示意图

ATM 网络还涉及相应的用于实现控制功能的信令等，这部分实际上是一种特殊形式的网管网，它也具有一定的结构和特点。

④自动交换光网络（ASON）。

近来光网络的发展势头很强劲，从一般的 PHD 逐渐向全光网络演进的进程日益加速，光网络不仅能提供巨大的传输频带，也能增加网络节点的吞吐量，在以传输为主的网络中得到广泛的应用。自动交换光网络（Automatically Switched Optical Network；ASON）是一种新颖的光网络，它支持电子或光交换设备动态地向光网络申请带宽资源，而且能迭代地适应网络中业务分布模式的变化。

ASON 的结构大致可以分为用于功能实体实现的传送层和用于实现管理和控制的管、控层所组成，由此，ASON 的结构可分为控制层、管理层和传送层。其中控制层用来实现对传送层的灵活控制，完成信令转发、资源管理、连接和传送控制、呼叫控制等功能；而管理层实现对传送层和控制层的管理，采用 TMN 的架构；传送层则是由一系列的传送实体组成，包括了诸如提供子网络连接（SNC）的网元（NE），传输层支持多粒度光交换技术，而多粒度光交换技术是 ASON 实现流量工程的重要物理支持技术。

ASON 的体系结构示意图如图 3-6-14 所示。

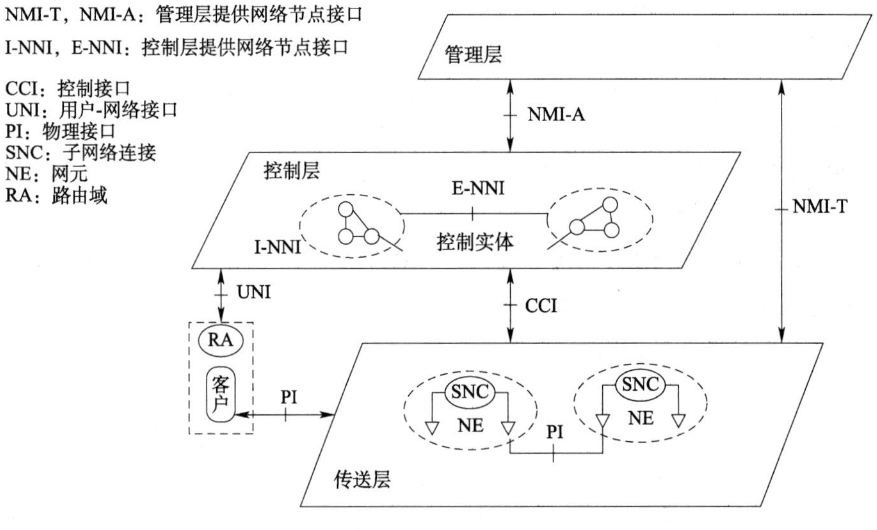

图 3-6-14　ASON 体系的结构示意图

在 ASON 体系结构中所需特别指出的是，它所用的以传送层、控制层和管理层综合新型的结构，构成了一个集中管理与分布智能相结合的，面向管理层维护管理需求与面向用户的动态服务需求相结合的综合化的光网络管理体系，使管理层技术与控制层技术互相补充,可充分实现对网络资源的动态配置、路由规划、故障处理及性能检测等功能。

ASON中的节点与链路之间的连接一般可以分为三种,一种被称为交换连接(SC),它由控制层独立完成,先由源端用户发起呼叫请求,然后由控制层中的信令实体间的信令交换建立具体连接。另一种被称为永久连接(Perpetual Connection;PC),它是由管理层支配的,是一种传统的光网络中的典型连接类型,管理层根据连接要求以及网络相关资源利用情况预先计算并确定连接路径,然后通过网络管理接口等向网元发送连接命令,进而完成永久连接的创建、调整以及释放等过程。再一种是软永久连接(Soft Perpetual Connection;SPC),它由控制层和管理层共同完成,实质是一种分段的混合连接方式,一般用户到网络接入部分由管理层直接配置,网络到网络部分的连接则由控制层来实施完成。

ASON网络的用户之间的呼叫功能的实现可由三步完成:先由源用户发出呼叫建立请求,然后通过ASON网络节点逐一传出,到达目的用户,目的用户接收到源用户的呼叫建立请求后,向源用户发送呼叫建立指示,最后,再由源用户发送呼叫建立证实来回应,整个过程就是一个典型的三次握手过程,具有很好的安全防护功能。

ASON是一个向下兼容的光网络,所以它的组网有很多的方案,例如ASON与SDH混合组网,ASON与IP混合组网等。这样处理的目的是提高网络的智能化水平,增强网络的安全性,降低维护和运营费用等,以促进现有的网络向ASON过渡和演进。

(2)典型无线通信网络

无线通信系统的发展非常快,从传统的纯话音业务的无线电话系统到现今的无线综合业务系统,无线网络已经成为网络的一个重要分支,它本身不仅可成为组网的独立要素,组建覆盖范围很广的无线网络,还可以作为子网成为互联网的一个重要部分,所以了解无线网络的组成、结构和特性,有利于深入了解网络的本质。对于无线网络来说,最具有代表性的是无线局域网和无线广域网,无线局域网的拓扑结构大致有自组织模式(又称ad-hoc模式)和基础模式两种形式,自组织模式是分布式无中心的,而基础模式则是以接入点为中心的组网方式。无线局域网的设备主要包括:网络适配器,接入点器件,中继器,网桥,交换机,路由器,网关以及为无线发射和接收的天线。无线广域网则可理解为一种使用无线技术互联的互相独立的局域网(LAN),一种用来交换发射数据的大范围的网络,它的设备组成包括接入服务器、路由器和WAN交换机。这里简要介绍无线局域网的标准,以及GSM无线网络、CDMA无线网络和卫星网等。

①无线局域网标准。

无线局域网是任何一个使用高频无线电波在节点之间进行通信的局部网络，它的标准被称为 IEEE802 标准，因为在 1980 年 2 月成立了制定无线局域网标准的委员会，被称为 802 委员会，该委员会所制定的标准就以这个名字命名。IEEE802 标准是一个系列，迄今已经有的标准有 IEEE802.11，802.11a，802.11b，802.11g，802.11n，802.11r，802.15，802.16，802.20 等，其中 802.16 是无线城域网的标准，802.20 是关于无线宽带的标准。

在无线网络中，尤其重要的是无线应用协议（Wireless Application Protocol；WAP）。无线应用协议是一个具体的协议模型，该模型把整个协议族分成五部分，分别为：应用层、会话层、事务层、安全层和传输层，外加一个用于承载的网络。WAP 协议的分层结构如图 3-6-15 所示。

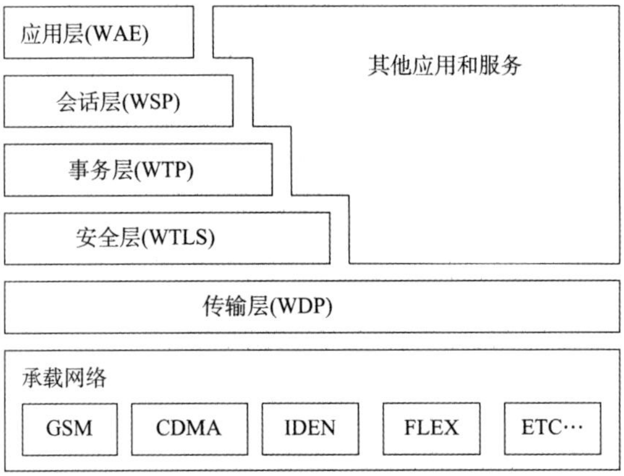

图 3-6-15 无线应用协议（WAP）结构图

WAP 协议的各层基本功能大致可概括为传输层、安全层、事务层、会话层和应用层，它们的功能特性如下：

a. 传输层。它是 WAP 的最底层，支持无线数据报协议（WDP）规定运输载体的接口，支持下面的承载网络，如 GSM 网、CDMA 网、综合数字增强网（IDEN）、TDMA 等。传输层所支持的 WDP 具有检查纠错能力。

b. 安全层。包含无线传输层安全（WTLS），它规定了数据的保密性、完整性和可用性的大三角（C.I.A）以及认证等保护性机制。

c. 事务层。它提供无线事务协议（WTP），该协议提供可靠的请求和响应事务，并支持无保证的和有保证的传递业务。

d. 会话层。WAP 协议模型中的会话层，包含无线会话协议（WSP），WSP 为具有连接方式的会话服务和无连接的会话服务这两种类型的会话服务提供一致的接口。它提供的服务如下：

a)客户机和服务器之间连接的建立和释放。

b)利用一个简便的编码方案在客户机和服务器之间进行数据交换。

c)客户机和服务器之间的会话的暂定和释放功能。

e.应用层。它直接面向用户，包含无线应用环境(WAE)协议。

②CDMA 网络

所谓 CDMA 网络，它的实质就是以码分多址为空间接口的无线网络，由于码分多址成为第三代移动通信中的核心技术，且组建的网络性能相对先进，被各界所广泛关注。CDMA 系统组网的参考模型大致如图 3-6-16 所示。

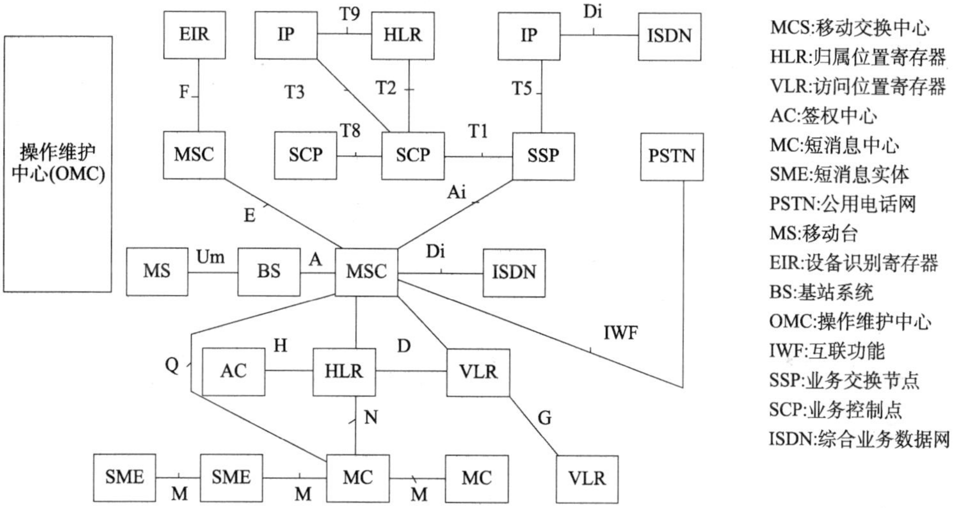

图 3-6-16　CDMA 系统的网络结构图示

CDMA 网络的结构与 GSM 网络的结构很相似，它同样可作为互联网的相对独立的子网。另外，它同样有 A 接口和 Um 接口。

现今，第三代移动通信系统的发展很迅速，尤其以 TD-S-CDMA、WCDMA 和 cdma2000 为主要标准的第三代移动通信被广泛关注，由这些技术为支撑的 CDMA 网络也业已形成，与传统的 CDMA 网络相比较，在网络结构上基本相同，只是在通信过程中的某些功能实现的方法不尽相同而已。

3G 的组网涉及诸如对分组数据传输网(GPRS)等的平稳过渡和演进，以 WCDMA 为例，它的基本网络结构就是利用现有的 GPRS 和核心网(CN)，重新设计安装无线接入网(UTRAN)，所以整个组网中，涉及 UE、UTRAN 和 CN 三大块。同时它可成为构建 WAN 的独立子网,成为互联网的一部分。

③卫星通信网。

卫星通信的实质就是利用远离地球的人造卫星作中继站转发微波信号,实现远距离通信。分析卫星通信的链路特点,不难发现,从地面到卫星之间的链路是无线连接的,因此卫星通信网也可看成无线通信网的一种,又因为卫星远离地球,相应的无线链路都非常长,故通信中具有时延大的特性。

用人造卫星作中继站,在大范围的区域内建构疏密有致的网络,实现“5W”的目标。所以卫星通信网对于人口稀少的地区和浩渺的海洋面上的通信网络的建设,具有实现的重要性。

卫星通信由通信卫星、地球站、监控管理系统以及跟踪遥测指令系统所组成。而由多个卫星通信系统所组合的系统就构成了卫星通信网。迄今,有 VSAT(Very Small Aperture Terminal)卫星通信网,它由中心站、卫星转发器和许多远端 VSAT 小站组成,可直接与用户终端连接,显得非常的简便;另外还有低轨道移动卫星通信网,如美国的 Motorola 公司提出的铱(第 77 号元素)系统,也就是用 77 颗卫星组成数字化的个人通信系统。其他比较著名的还有美国的 Globalstar 系统等。

④无线传感器网络。

无线传感器网络是一种低能耗的,用来实现信息采集、数据处理及无线通信等功能的自组织网络系统。传感器、感知对象和观察方成为无线传感器构成的三要素。它是微电子技术、无线通信技术和计数机技术进步的产物。

无线传感器网络由传感器节点、汇聚节点和管理节点组成,其中传感器节点相当于探测器的探头,它们被部署在监测区域,通过自组织方式形成最佳的点阵结构(The Construct of Array and Lattice)进行信息的采集,并作一定的数据处理。汇集节点是用来汇集传感器所采集的信息的节点,它有较强的存储能力、处理能力和通信能力,也是传感器节点所构成的自组织点阵结构通过通力合作所获得的数据信息与互联网等外部网络建构通信链路、实现信息传输的关键节点,类似于一般网络的网关或网桥。管理节点是起到对无线传感器网络的管理、控制的作用。

图 3-6-17 是无线传感器网络物理连接结构示意图。

无线传感器网络的网络协议结构可分成五层,分别为物理层、数据链路层、网络层、传输层和应用层,以及外加能量管理平台、移动管理平台和任务管理平台。由此不难发现,它的分层结构可用类似于 ATM 网络的分层结构来具体表征,具体可用图 3-6-18 表示。

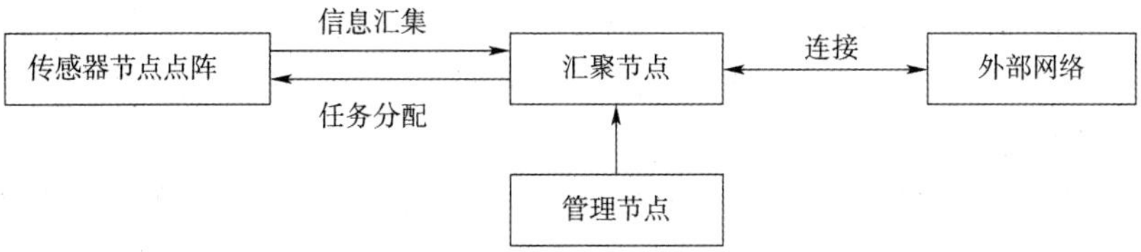

图 3-6-17 无线传感器网络物理连接结构示意图

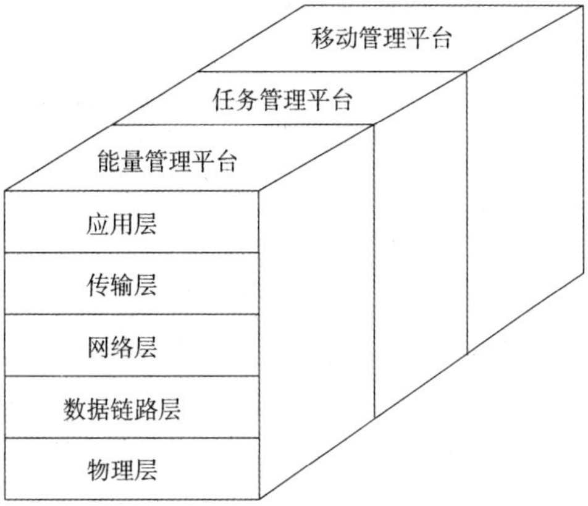

图 3-6-18 无线传感器网络分层结构图示

无线传感器网络的各层协议及管理平台的功能实现分别为：

物理层，主要提供无线连接及信息传输中的具体处理，如调制、压缩等。

数据链路层，主要建构基于逻辑连接的功能实现，包括数据帧的组成、检测、差错控制等。

网络层，主要实现路由的生成及选择等功能。

传输层，它的功能实现包括数据流的传输控制、流量控制以及 Qos 等。

应用层，是用来保证网络的各种具体应用得以实现的，针对不同的网络应用，就有对应的或配套的应用协议和程序等。

能量管理平台，因为无线传感器的能耗是确保其工作时间的根本保障，所以以能量管理平台的方法，为尽可能的节能提供最优化的解决方案。

任务管理平台，它可有效实现任务分配、调度等功能。

移动管理平台，它可有效实现传感器节点在无线环境下，基于自组织原理的移动的功能，也包括其他节点的移动功能的实现。

无线传感器网络作为多维度的、动态的、实时的、低能耗的信息采集网络，它以数据传输为主,是认知(感知)物理世界的重要工具,是构成包括物联网在内的很多新颖网络的重要子网络,因而被广泛应用,它本身的网络拓扑结构、协议分层等都可作为新颖的、低能耗的网络建构的参考模型,具有很好的示范作用。

(3) 智能网和网管网

有别于业务型网络,还有一类功能附加网,它是建构在业务网络之上的,是用于对业务网络通信实施监控、管理或增减业务等功能的网络,如用于电信业务正常运行的数字同步网,管理网和信令网,以及在原有网络的基础上,为用户快速提供新业务的智能网等都属于这类网络。其中信令(Signaling)是网络内部以及网络与用户之间互联互通的一种"语言符号",它虽不是直接的包含业务信息的比特流,但因信令的传输和处理,能保证业务的正常传输和处理,以前较多的采用随路信令模式,但随着信令技术和装备的发展,慢慢过渡到公共信道信令系统,并发展成为具有适用范围广、功能强、传送速度快和信息量大等特色的公共信道信令七号系统(No.7),并由此形成覆盖整个通信网的信令网。这里简要介绍智能网和网管网。

①智能网。

以灵活、可靠和开放为特色的智能网(Intelligent Network;IN),它的组成部分除了智能网业务交换节点(Service Switching Point;SSP),业务控制点(Service Control Point;SCP)和信令转接点(Signaling Transfer Point;STP)外,还有智能外围(Intelligent Peripheral;IP)、业务管理系统(Service Management System;SMS)和业务建立环境(Service Creation Environment;SCE) 等组成部分,各部分的功能如下。

业务交换点:用于接收用户信息,识别是否对 IN 呼叫,并与业务控制点保持协调一致,以及与智能网的外围环境保持协同。

业务控制点:存储用户数据和服务逻辑,对 SSP 送来的查询信息后,要进行比较、验证、地址翻译、验证后再发出处理命令等。

信令转接点:实现沟通 SSP 与 SCP 之间的信号联络功能。

智能外围:顾名思义,用来提供各种外围设备元件等。

业务管理系统:它涉及具体的操作、维护和管理的功能。

业务建立环境:它的功能是建立新业务生成所需要的环境支持,它应灵活和开放,能符合运营商推出新业务的需求,也要符合用户使用新业务的需求。同时,要有符合添加新业务的功能,也要有删除旧业务的功能。

一般的智能网的结构如图 3-6-19 所示。

实现智能网的模式大致有三种,一种以独立的业务控制点 SCP 为核心,SCP 与 SSP 之间用信令和智能网应用规程连接,SCP 与业务管理系统之间用分组网实现互联,这是一种主要的模式。另一种用计算机控制几台承担不同业务处理任务的前置处理机,并与也受计算机控制的专用交换机相连,实现交换接续功能,而其他的交换机只要与该交换机互联,就能实现智能网的全覆盖。第三种模式就是在已有的交换机上加强 SCP,使之成为智能网的核心交换机,而交换机本身与全网相通,则由此也实现智能网的全网覆盖,这种模式有很好的可操作性,往往通过程序修改等使用软件改变的方式实现,能很好展现智能网的灵活、便捷和开放等特性。

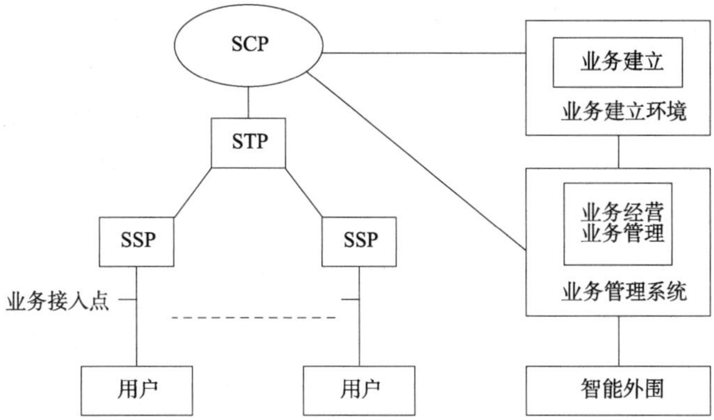

图 3-6-19 智能网结构示意图

智能网可以分成智能层和传输层,智能层主要实现业务和设备控制及网管,由 SCP 和 SMS 组成。传输层由业务交换点和传输链路组成,这两层是两大功能实体模块,互相用信令(如 No.7 信令)互联。相应的模型如图 3-6-20 所示。

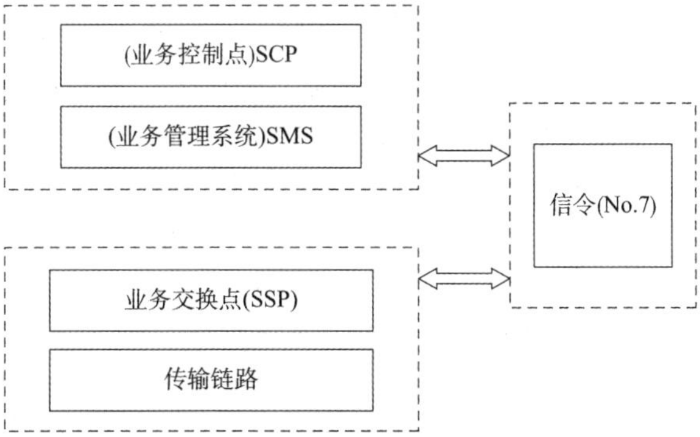

图 3-6-20 智能网分层结构图示

为更好地理解智能网的概念,以便用较统一的方式发展智能网,ITU 的前身曾经提出了智能网的概念模型,它用"平面"的概念把整个智能网分成四个平面,每一个平面集中相关的功能,实现功能的模块化集成。

智能网的概念模型分成四个平面,分别为"业务平面"、"全局功能平面"、"分布功能平面"和"物理平面",每一个平面都有基本的功能和协议族。

a. 业务平面。

业务平面描述了一般用户业务的外观,它不涉及具体的业务实现途径,仅包含业务属性,一个业务由一个或多个业务属性组合而成。

智能网业务可以根据业务控制情况分成两类,一类是单端点和单控制点的业务,另一类是非单端点和单控制点的业务,第一类,称为 A 业务,其余的称为 B 业务。单端点业务,指业务的所有特征仅与呼叫过程中的一方相关,而与这次呼叫的另一方的业务和网络布局无关。在整个呼叫过程中,只要呼叫的各方之间业务不发生互相影响,则呼叫的各方用户可以拥有相同的或者不同的单端点业务特征。而所谓单点控制,就是指呼叫的各个方面,只受一个业务控制功能的影响。

业务平面中,自然就涉及业务的种类,迄今,智能网概念模型中的业务平面中的业务种类由国际电联发布,大致公布了 38 种业务特征和 25 类业务,它构成智能网能力集 1(IN CS-1),后来,根据智能网的发展,尤其根据智能网面向 PSTN 和宽带综合业务数字网的实际需要,又加入了移动网络及其业务,又提供了 11 类业务。这样智能网概念模型中的业务平面总共包含两个智能网能力集提供的 36 种(25 种 IN CS-1 类业务加上 11 种 IN CS-2 类业务)业务,它们分成了 A 类和 B 类。

b. 全局功能平面。

全局功能平面(Global Functional Plane;GFP)把智能网中的业务交换点、业务控制点、外部环境等进行整合,也就是把智能网看成一个整体,面向业务设计者进行功能界定,采用独立的“与业务无关的建构块”(Service Independent- building Block;SIB)来组合成具有不同的业务属性的业务种类,这些 SIB 由原国际电联所定义,它可以被重复使用,IN CS-1 共计定义了 14 个 SIB,还可以根据这些被定义的 SIB 块进行组合,构成补充的 SIB。

国际电信联盟建议 IN CS-1 定义的 14 个 SIB 的具体列表见表 3-6-2。

IN CS-1 定义的 14 个 SIB 一览表 表 3-6-2

序号	SIB 类型	序号	SIB 类型
1	算法 SIB	8	筛选 SIB
2	鉴权 SIB	9	业务数据管理 SIB
3	计费 IB	10	状态通知 SIB
4	比较 SIB	11	翻译 SIB
5	分配 SIB	12	用户交互作用 SIB
6	记录呼叫信息 SIB	13	核对 SIB
7	排队 SIB	14	基本呼叫处理 SIB

将这些 SIB 组合,并进行有效连接,就可以成为所确定业务的"全局业务逻辑"。具体实现全局逻辑关系的方式为:以启动点和应答点作为业务的主叫和被叫,在基本呼叫处理平台上用多个 SIB 连接,构成一个完整的逻辑业务的完成过程。SIB 业务逻辑连接示意图如图 3-6-21 所示。

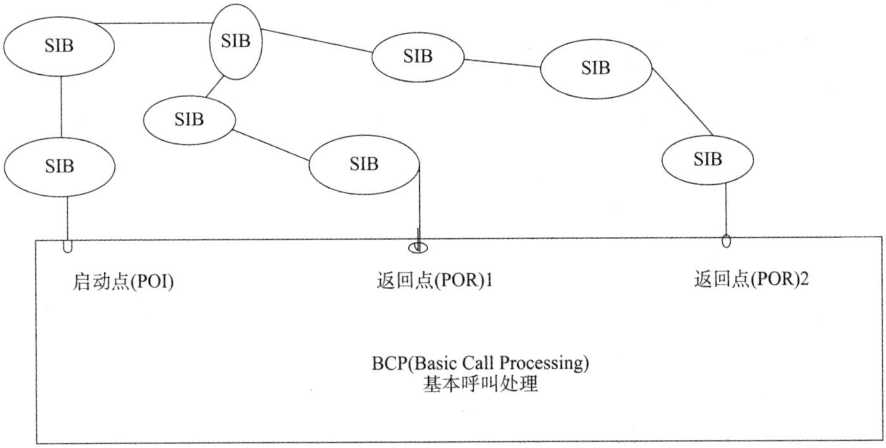

图 3-6-21 SIB 业务逻辑连接示意

c. 分布功能平面。

分布功能平面对智能网的各种功能进行划分,它由一组被称为实体的软件单元组成,每一个实体完成智能网中一部分功能,实体之间用标准信息流进行连接,这些信息流的集合构成智能网的应用程序接口协议,它大致有 9 种功能实体,具体如下:

呼叫控制接入功能(CCAF),是用户与通信网之间的接口,通常是终端呼叫设备。

呼叫控制功能(CCF),它能识别出由智能网处理的业务。控制所有的呼叫业务。

业务交换功能(SSF),处理呼叫控制功能块与业务控制功能块之间的通信。

业务控制功能(SCF),实现智能业务的调控。

业务数据功能(SDF),是智能网中的数据库,存放各种数据。

专用资源功能(SRF),实现智能网中智能外设应具有的功能。

业务创建环境功能(SCEF),根据用户需求,生成新业务的业务逻辑等。

业务管理功能(SMF),实现智能网的业务、数据和设备等的管理。

业务接入管理功能(SMAF),因接入业务所需的界面等的管理。

d. 物理平面。

物理平面（Physical Plane;PP），它所包含的物理节点是支持功能实体实现的基点，具体的要求是单个物理节点可以支持单个到多个功能实体，但单个功能实体不能由两个或两个以上的物理节点共同支持。物理节点的组成可以是智能网功能部件的SSP、SCP和IP等。

完整的智能网概念模型如图3-6-22所示。

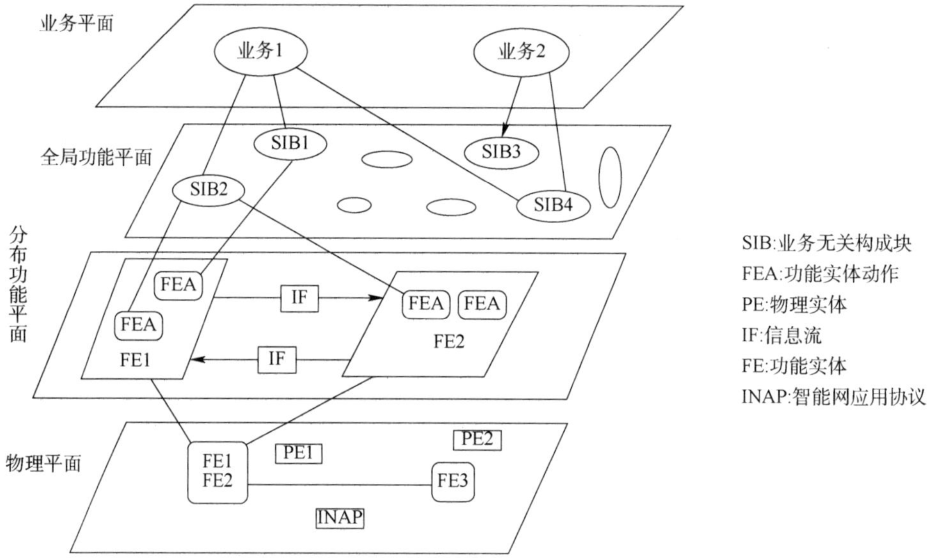

图3-6-22　智能网概念功能模块图示

此外，智能网的应用协议（INAP）已经由国际电联所规定，它定义了智能网中各个功能实体之间的应用层接口协议、操作以及各功能实体接收到智能网应用协议的信息后所必须遵守的操作进程等过程。

智能网的技术发展很快，其中一个发展方向为实现业务控制和业务管理层面的综合，由此引入了综合业务控制点和综合业务管理点相结合的综合宽带智能网，ITU-T对它给出了严格的定义：综合宽带智能网是基于B-ISDN宽带网络平台上的智能网体系。

智能网技术是实现网络灵活加载或删除增值业务的重要途径，在下一代网络技术中也将扮演重要的角色。

②电信管理网（TMN）。

电信管理网（TMN）是旨在全面、协调、有效地管理整个网络的建构在具体的业务网络之上的系统，它有别于一般的网络。实际上，针对不同的业务网络，就有不同的TMN，它们各自对具体的业务网络的运行和业务服务起到管理和监控作用，

TMN具有鲜明的特点,这为统一地描述TMN带来困难。这里介绍一种通过数字数据网(DDN)CHINADDN来实现TMN的数据通信网的例子,给出它的图示结构并简要说明它的组成部分,以及相应模块的功能实现。

通过CHINADDN的TMN的具体结构可用图3-6-23表示。

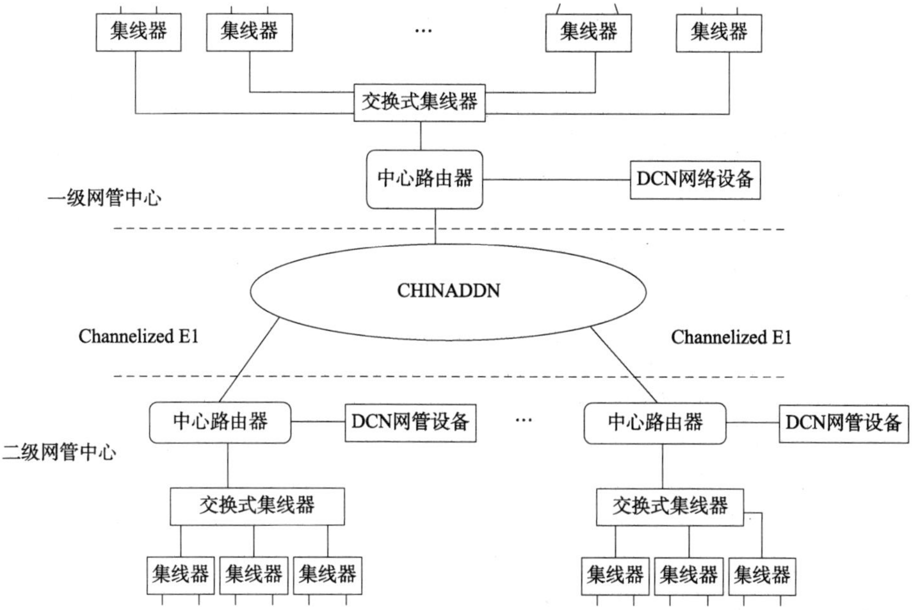

图3-6-23　通过CHINADDN实现的TMN结构图示

这样的TMN的基本功能模块及其功能实现如下:

网络单元(NE):它由受控制的电信设备和支持设备组成,为电信网用户提供相应的网络服务。

操作系统(OS):顾名思义,用来实现操作和监控各种管理信息。

中介设备(MD):中间连接体和连接设备的总和。

工作站(WS):功能包括安全接入、登录、识别和确认输入等。

数据通信网(DCN):提供通信手段。

3.7 交通数据的管理技术

交通数据和信息的管理技术也是智能交通中的重要支撑技术,对于与智能交通相关的众多数据和信息进行分门别类地有效管理,不仅是其他相关技术得以顺利处理的必要保障,同时对数据和信息的管理本身来说,科学有效的管理也具有非常重要的实际意义。

针对智能交通的数据和信息的管理技术,比较有效而先进的有数据库技术和专家系统管理技术等,其中数据库技术可以理解为数据被一种所确定的方式进行存储的仓库,而专家系统可理解为具有相对专业背景的,集相当处理能力、判断能力的数据信息管理集合。它们有序、便捷、科学的数据信息管理,对数据的保存、处理、传输等产生积极的影响。

按照一定的组织方式,把数据进行分门别类的存储并加以管理,这就是数据库的基本功能实现,对它来说,不仅可减少相同数据的重复出现,而且可方便地实现数据共享,这从某种角度上体现了数据库技术的优越性——可有效节省存储的空间。此外,数据库技术还可实现存储与应用程序的分离,对数据库的维护更新以及功能检测等操作时,只要系统进行统一的具体操作运行,就能确保数据的完整性和前后的一致性。

总的说来,数据库技术包括数据库中的数据结构的定义,具体数据的查询、调用和更新,用户访问数据库的串行或平行的调度,数据库的维护以及基于安全性、完整性等性能条件的检测,数据库的故障后的广泛含义上的“灾后恢复”等具体功能。这些具体功能的实现,需要一套完整的管理软件,这套用来建构、维护和管理等功能实现的数据库软件,成为数据和信息的管理技术的重要组成部分。目前,数据库的结构以分布式的方式居多,它结合数据库及通信技术,把所确定的数据库看成一个可用通信网络加以传输的文件,所以,借助于通信网络或分布式的计数机网络节点所具有的信息处理功能,可方便地拷贝或传输相关的数据及相应的管理软件,使得网络上的多个节点同时拥有数据库和相对应的管理软件,为数据库的共享、分布式调用以维护完整性、统一性等提供良好的保障。结合网络的结构,分布式数据库的结构大致可分为三种,一种是统一的全局形的分布式数据库,一种是用户—服务器(Client-server)体系结构的数据库,还有一种是以本地数据库拓展为全局数据库的一部分的结构体系,这种类似于局域网组成全域网的子网的方式的结构,因能从局部出发,且又易于实现,因此,这种结构模式的数据库使用最广泛。

在智能交通的研究和应用中,相关的交通数据都是在相对独立的子系统的研究中获得的,把这些数据信息进行基于分布式结构的数据库处理,不仅对智能交通的整体的数据信息的保存和子系统中的数据共享和互联提供现实的可能,更通过一系列的结构整合协调和标准化和规范化等处理,实现更高层面上的管理效率。更重要的作用还体现在数据库的管理,不仅为不同地理位置上的交通数据的共享提供信息平台,更为智能交通研究中的大数据分析提供了基本的保证,从这层意义上讲,数据库管理技术的重要性也是不言而喻的。

数据库中数据信息的共享和互联,可用图3-7-1具体表示。

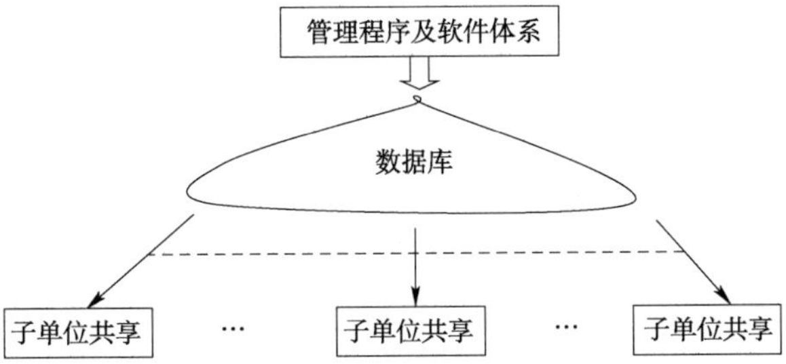

图3-7-1　数据库的数据信息共享图示

随着数据库技术的发展,现已出现了实时及动态的数据库技术,这些数据管理的技术在智能交通中有更直接和便捷的使用,对相关的信息处理、数据分析等产生积极影响。实时的数据库处理技术,把数据的存在作了关于时间的函数,一旦数据有变化,它可以类似于同步处理的方式,在数据库中得以体现。由此,智能交通可根据实时的数据变化,做实时的处理,进而可以最真实地反映智能交通在具体应用中的性能特征的表现,如应用智能交通技术来预测城市道路的拥堵状况,就需要在各个时段的交通实际状况的数据,而这个数据是动态的,需要实时更新,采用动态数据库技术,就可以很好地解决这个难题。移动数据库技术可采用网络技术得到很好的解决,它在智能交通技术的研发中的大数据分析等方面可发挥作用。

虽然对专家系统的定义有不同的形式,更由于具体的着眼点不同,对专家系统的理解就会产生差异,在很多时候,它被看作为基于知识的智能控制,但从数据和信息的管理技术的角度来看,专家系统则可被理解为具有一定控制、推理及判断等处理能力的数据库技术,也可被看成数据管理技术与信息处理相结合的产物,更可被看成数据库智能化的体现,因此在智能交通中有广泛的应用。

一般的专家系统的结构,可用图3-7-2表示。

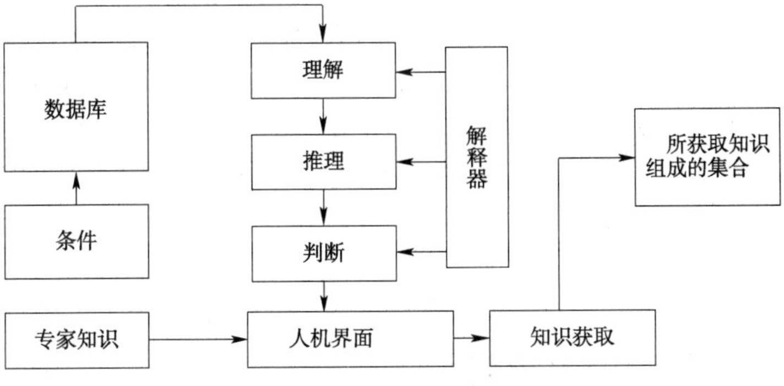

图3-7-2　专家系统的结构图示

在智能交通领域，专家系统不仅可以用来实现具体的知识表示，还可进行卓有成效的自动推理，实现较高层面上的智能化处理，可在交通道路状态的自动判断，交通事件(Traffic Incident)的自动诊断以及交通疏导系统等方面发挥积极的作用。

3.8 交通数据的I.A.S准则

在智能交通研究中，数据不仅是表征交通状态的重要依据，更是携带相关信息的主要载体，某种程度上讲，智能交通的整个研究过程就是相关交通数据的处理过程，因此交通数据在智能交通的研究中具有核心的地位。

只有具备一定条件的交通数据才能在智能交通的研究中被具体使用，这些条件可概括为完整性(Integrity)、可用性(Availability)和安全性(Property of Security)，它们就是交通数据所应遵循的I.A.S准则。

完整性(Integrity)：它体现在数据的结构和表述的完整，也就是数据在结构上没有缺陷，表述上没有遗漏，在具体的处理过程中，数据的结构和表述没有被有意或无意地改动，保持前后的一致和兼容。完整性还表现在数据的内部与外部的一致，以及数据的内部信息在所有的子实体中始终保持一致，以达到数据结构中的内部信息与真实世界和外围环境的一致。

可用性(Availability)：也就是交通数据可以作为材料和资源加以使用，可用性既是对数据完整性的进一步补充，也是检验数据是否完整的重要指标和条件，所获得的数据再多，数据的质量再好，如在实际中不能作为资源加以使用，这些数据就是废物(Junks)一堆，失去了它作为交通数据中的资源的资格，理应摒弃。数据的可用性还表现在数据与使用者和设备之间的适配上，也就是交通数据、数据使用者、使用数据的工具和设备三者之间的协调。

安全性(Property of Security)：安全性顾名思义就是确保交通数据的不被破坏，也就是数据所处状态是安全的，不仅体现在交通数据存在结构的安全，还体现在交通数据的不被泄漏，这涉及具体的保密性(Confidentiality)问题，交通数据也具有非常明确的所属性，一般说来，谁采集处理，谁所拥有。在某种意义上，数据需要保密，数据在处理过程中，尤其在传输过程中，因为通过网络，就很有可能被拥有网络特权的相关人员泄漏，此外安全性还体现在数据存储、处理等设备和工具的安全等方面。

交通数据所应具备的这三个具体条件，虽从不同的方面来要求交通数据，但彼此还是相辅相成，或彼此互为条件和因果的，进而从整体上要求交通数据所应遵循的基本准则，从而构成铁三角式的I.A.S准则。

与完整性、可用性及安全性相对应的则是交通数据的缺陷性(Defectiveness),破坏性(Destructibility)和危险性(Property of Danger),交通数据存在缺陷,则表现为不完整,也就是交通数据的结构等被破坏,自然导致数据的可用性被破坏,至于危险性,更多地体现在数据的不安全,所以这些相反的特性可被总结为 D. D. D 准则或 triple Ds 准则。它们从反面说明了交通数据存在的各种问题。

如何通过有效的手段或处理方式,使得交通数据符合 I. A. S 准则,是一个重要的问题,它不仅关乎交通数据的各个性能特性,更可从根本上影响智能交通研究的全局。一种可行的方式是把交通数据的整个处理过程看成是一种信息处理过程,那么对应的系统就构成具体的信息处理系统,由此,通常意义下的信息系统所应遵循的规则同样适合于交通数据处理系统。而信息处理中的具体模型也可被交通数据处理所具体采用,迄今,信息处理的模型已相对成熟,比较重要的模型有:访问控制模型、完整性模型和信息流模型等。访问控制模型的实质就是定义了一种可控的对信息系统的访问模式,它大致有三种具体的模式,分别为:访问矩阵、利用有向图的 Take-Grant 模型和利用多级分层的 Bell-LaPadula 模型。在完整性模型中,形式化的完整性模型得到了长足的发展,它规范了针对信息系统的完整性的性能指标的优化程式,并给出了完整性的具体目标表述,它们分别为:保护数据免受未授权用户的修改,保护数据免受授权用户的未授权修改以及确保数据内部与外部的一致性,也就是数据库中保存的数据必须内部平衡,并与外部真实世界的情况相契合。比较成熟的完整性性能指标的优化模型有 Biba 完整性模型和 Clark-Wilson 模型等。其中 Biba 模型的基本思想与 Bell-LaPadula 模型相类似,它将对象分成不同的完整性等级,并采用包含带有最小上界(Least Upper Border;LUB)和最大下界(Greatest Lower Border;GLB)的偏序集合来定义“格子”,使用小于或等于关系来进行逻辑推导,实现具体的针对完整性性能指标的优化;Clark-Wilson 模型的开发了一个用于现实世界里商业环境中的框架,它也涉及上面所述的三个完整性目的,并具体定义了约束数据项、无约束数据项、完整性验证过程和转换过程等术语,来具体实现完整性目标的优化。此外,借鉴于信息论中的通信系统模式分析的特点,基于具体的状态机特性,也可以建构信息流模型,比较著名的信息流模型有无干扰模型和合成理论下的模块结构模型等。

这些具体模型的结构、实现、功能和性能特点等的详尽论述,在相关的文献资料中可以找到。在交通数据的处理过程中,可借鉴这些信息处理的模型加以具体分析,这样不仅可构建合理而高效的处理途径,更可保障所处理的交通数据完全符合 I. A. S 的基本准则。

3.9 本章小结

在本章中，分析了智能交通研究和产品开发所需要的支撑技术，这些技术大多基于电子、信息、通信和自动控制等具体的学科门类，它们涉及具体的智能交通中信息的采集、存储、处理、传输、控制、管理等各个方面，本章就这些支撑技术在智能交通中的具体应用，进行了必要的归纳和深入的分析，获得了一系列的具体成果：

①根据智能交通研发的特点，给出了智能交通研发的一种具体模型。

②分析比较了多种信息采集技术的性能，并指出了信息采集技术的发展方向。

③归纳了交通数据存储的几种关键技术的具体实现方法。

④在具体分析了交通数据的预处理的基本特征的基础上，给出了预处理具体实现的途径。

⑤分析了交通数据的不同处理方法，尤其对数据挖掘、数据融合、信息控制、信息预测的处理模型、特性等进行了分析。

⑥分析了信息显示技术。

⑦分析了信息传输和网络技术，尤其对网络技术做了多层次、立体式的论述。之所以对它做了深入的分析，原因之一是它们本身的资料非常丰富，其二是它们涉及信息的传输，本身是各种重要技术的集成者，它们对于智能交通技术来说，不仅仅是理论、方法等方面的支撑作用，更是直接建构智能交通理论和技术体系的基石(corner stone)，其重要性是不言而喻的。

⑧分析了交通数据的管理技术，这对有效、规范地处理相关数据，具有重要的保障作用。

⑨给出了交通数据的 I. A. S 准则，它从理论的高度，给出了交通数据和信息所应遵循的基本要求。它实际上从数据和信息形式的角度，给出了判别它们是否符合具体要求的一种范式，意义巨大。

参考文献

[1] Huanjiong Zhang. Some Novel Methods of Modern Signal Processing[M]. 北京：国防工业出版社，2014.

[2] 杨兆升. 基础交通信息融合技术及其应用[M]. 北京，中国铁道出版社，2005.

[3] 张树京，董德存. 信息传输原理[M]. 上海：同济大学出版社，2004.

[4] 杨兆升，王爽，马道松. 基础交通信息融合方法综述[J]. 公路交通科技，2006，

23(2),111-116.

[5] Ronald L. Krutz, Russell Dean Vines. 信息安全基础[M]. 盛思源,成功,译. 北京:机械工业出版社,2005,2.

[6] 樊昌兴,张甫翊,徐炳祥,等. 通信原理[M]. 北京:国防工业出版社,2012.

[7] 张海军,杨晓光,张钰,高速公路入口匝道控制方法综述[J]. 同济大学学报,2005,33(8),1051-1055.

[8] 张树京. 信息论与信息传输[M]. 北京:清华大学出版社,北京交通大学出版社,2005.

[9] 张颖新. 车型自动识别系统研究[J]. 交通与运输,2006,(7),45-48.

[10] 熊超. 模式识别理论及其应用综述[J]. 中国科技信息,2006(6),171-172.

[11] 宋传平. 我国高速公路交通控制系统的发展趋势[J]. 公路交通技术. 2004(2)82-85.

[12] 李诚. 环形线圈车辆传感器的研究[J]. 西安公路交通大学学报[J]. 1995,15(2)56-59.

[13] 欲得新. 非常态下道路交通异常状态信息获取技术[M]. 北京:中国铁道出版社,2013.

[14] 高学英. 城市道路路段行程时间估计及融合方法研究[D]. 长春:吉林大学,2009.

[15] Seri Park. Vehicle monitoring for traffic surveillance and performance using multi-sensor data fusion [D]. Irvine: Doctor dissertation of University of California. 2004.

[16] 杨兆升. 新一代智能化交通控制系统关键技术及其应用[M]. 北京:中国铁道出版社,2008.

[17] Bobba Rohini. Predicting speeds on urban streets using real-time GPS data [J]. masters abstracts international,2000,41,1137.

[18] 张祎. 浮动车 GPS 采集交通信息数据质量评估关键技术研究[J]. 交通过程,2011,11(21);63-66.

[19] 张存保,杨晓光,严新平. 基于浮动车的交通信息采集系统研究[J]. 交通与计算机,2006,24(5)31-34.

[20] 欧冬秀. 交通信息技术[M]. 上海:同济大学出版社,2007.

[21] 孙大林,蒋大明. 信息融合技术在智能交通安全系统中的应用[J]. 中国安全生产科学技术,2006,4.

[22] 董志勇. 论信息融合[J]. 情报指挥控制系统与仿真技术,2001,7.

第4章　智能交通技术中的若干新算法研究

智能交通具有非常宽泛的研究领域和相对分散的研究对象，主体不同或研究的目标不同，所对应的研究方法和手段也不尽相同，以一人之力，想穷尽智能交通研究的方方面面，这是根本不可能的。本章根据作者的研究，就智能交通的具体领域中的相关研究成果进行归纳，所涉及的具体算法，都是由作者最先提出。

4.1　引言

对交通实践中所遇到的问题进行提炼，根据相关理论依据，建构具体的模型，在此基础上进行具体分析推演，获得解决问题的具体思路和步骤，实现对所遇到的实际问题的解决，并应用到实际中，产生积极的功效，这是智能交通研究的重要内容。在这些基于模型的研究分析中，其他学科和门类的相关方法都可以成为解决交通实践中所遇到的问题的“他山之石”。这些就构成了智能交通中很重要的算法研究。

现今，在智能交通的研究领域中，针对解决某些实际问题的具体方案为基本内容的算法研究，成了研究的热点，虽然具体的算法所依据的理论各不相同，实现的具体步骤也各有差异，呈现多姿多彩的特色，但究其本质，大多是对所确定的性能指标的具体优化。分析业已出现的以各种不同的性能优化为目标的算法，不难发现，针对道路交通状态的相关性能的算法和交通安全性能的算法相对较多，尤其以交通事件(Traffic Affairs)为纽带，综合交通状态和交通安全性能优化的算法因特点鲜明，而被广泛关注。此外，由于高速公路网的相对完备、汽车作为交通工具的相对普及，外加城市道路上的交通工具相对集中等原因，以高速公路和城市道路上的交通状态等的优化算法的研究，相对较多。尤其在城市道路中，因为有上下班等原因，导致城市交通中的交通流出现明显的潮汐效应，因此，关于城市交通状态的研究就涉及短时的道路状态优化的算法分析，它也构成具体算法分析所关注的重要内容。

在本章中，首先，分析了可在“时—空”角度反映交通状况及特性的变量，它们是智能交通算法研究所必备的基本条件；然后，就交通行为的特性做了基于统计意义上的分析，这是因为，对于个体的交通载体来说，它处于某种具体的交通状况是完全随机的，也就是它什么时候在什么样的交通基础设施上处于行驶状态或停顿状态都是不确定的，但把这些交通工具的具体状态看成一个个样本点，并从宏观的角度加以考察，它们就一定可遵循某些具体的规律，这不仅反映在某一确定的交通基础设施上（也就是表现在空间上），同时还表现在一定的时间分布上。接下来，着重就高速公路中的交通状态的实时预测及检测、交通事件的检测、城市道路的短时预测与检测、安全举措的具体设计及防范、交通网络的优化融合及自愈等诸多具体领域中的算法实现展开讨论，它们不仅涉及交通流中的变量的选择和构造，还涉及随机过程及随机微分方程分析等具体的相关数学理论，所获得的具体新算法（algorithm）既可以作为智能交通技术在具体交通实践中的具体应用，为改善及提高相关性能发挥积极的作用，还可作为智能交通进一步研究的新起点，为后续的技术进步打下扎实的基础。这些新算法是作者近几年来基于智能交通相关课题研究的重要理论成果的总结，是创新性成果的集中体现，能很好地展现智能交通技术改善交通性能的巨大威力，应该有极其广阔的发展前景。

4.2 交通研究中的变量分析

在智能交通研究中，针对具体的问题进行深入研究，并提出新方法、新算法来获得问题的解决，是一种典型的研究方法。在这个思辨和科学分析的过程中，首先要确定具体的问题，然后根据问题的不同，选择相关的变量，通过分析变量及其函数的变化，来获得解决问题的具体途径，因此，在智能交通研究中，相关变量的选择是非常重要的一环，研究问题所需的变量选择得好，对于解决问题可起到积极的促进作用。

在智能交通中，变量的选择大致可分为两类，一类是直接的，业已存在的变量的选择，一类是复合的，构造性的变量选择。

一般说来，直接的变量与交通要素及具体所关注的内容有关，具体关注内容不同，相应的变量的选择也不尽相同。对交通来说，它不外乎交通设施的分析，交通工具在时间中的变化和在空间中的转移，而对与交通相关的人员来说，则大多涉及人员的交通参与时间和安全等要素，以及其他与交通相关的经济性变量、涉及能耗的变量和环保的变量等。对这些做进一步的分析，则不难发现，直接的变量包括了关于交通流分析的变量，关于经济指标分析的变量、关于安全性分析的变量等。下面对各种具体的变量进行提纲挈领式的分析。

涉及交通流的变量一般有流量、速度和密度，这三者是定量分析的基础，它们分别从时间、空间的角度展现交通的具体状况和相应的特性。

4.2.1 流量(Flow)

流量可定义为在单位时间内通过某一个道路横断面的车辆数量,设考察的时间为 T,通过某确定横断面的车辆数为 n,那么相应的流量 r 应满足:

$$r=\frac{n}{T} \tag{4-2-1}$$

这种针对某一个特定的道路横截面的流量可被称为点流量,在此基础上可定义平均流量,可记为 $\bar{r}$,它可被定义为在某一个区域内,相同确定时间间隔条件下的点流量的平均值,具体表示为:

$$\bar{r}=\frac{\sum_{i=1}^{K} r_i}{K} \tag{4-2-2}$$

这里,K 为点流量的个数,r_i 为所确定区域中的点流量。

除了这种意义下的平均流量的表述外,还可以用基于统计平均意义下的平均流量的表述,它可表示为:

$$\bar{r}_s=E(r_i)=\sum_{i=1}^{K} p_i r_i \tag{4-2-3}$$

其中,p_i 是对应点流量的概率表示,它满足 $p_i \geqslant 0$ 和 $\sum_{i=1}^{K} p_i=1$。基于统计意义下的平均流量,反映了所确定的道路区域中的整体的车辆行驶状况。

4.2.2 速度(Velocity)和时耗率(The Ratio of Time Consumption)

速度也是表征交通流特性的重要变量,它不仅能反映交通流在时间上的变化状况,还可用来定量表征在空间位置改变上的转移特性,速度还可以微观地表征交通流的状态。以某一个确定的交通工具为对象,它在某确定的点的速度 v,可定义为:

$$v(t)=s'(t)=\lim_{\Delta t \to 0}\frac{s(t+\Delta t)-s(t)}{\Delta t} \tag{4-2-4}$$

在现实中,这种反映具体交通工具在确定地点的瞬时速度,是用来判别该交通工具是否超过限制速度的最直接的依据,因此,它是十分重要的。同时,它也是评估整体的平均速度的前提条件,更是获得具体速度变量的根本前提。还有一种用来表征区域中交通工具整体性的时刻转移的平均速度,在某一个时段内,对各时刻的速度进行基于时间平均,这种平均速度可反映某确定地点的交通状态。通过对一段道路中的关键几点的基于时间平均的平均速度的检测,就可判断该路段是通畅还是拥堵。设基于时间平均的速度为 $\bar{v}_{\text{time}}$，而在该监测点基于不同时刻的瞬时速度为 $v_i, i=1,2,\cdots,K$，那么：

$$\bar{v}_{\text{time}} = \frac{\sum_{i=1}^{K} v_i}{K} \tag{4-2-5}$$

还有基于空间平均的速度，对于确定的某一个区域来说，在某一时刻 T，选择 N 个不同的观测点，获得不同观测点上的瞬时速度为 $v_j(j=1,2,\cdots,N)$，那么，该区域中，T 时刻的平均速度为 $\bar{v}_{\text{space}}$ 可定义为：

$$\bar{v}_{\text{space}} = \frac{\sum_{j=1}^{N} v_j}{N} \tag{4-2-6}$$

进一步，既在时间上，又在空间上反映的平均速度 $\bar{v}_{\text{average}}$ 可表示为：

$$\bar{v}_{\text{average}} = \frac{\sum_{i=1}^{K} \bar{v}_{\text{space}}}{K} = \frac{\sum_{j=1}^{N} \bar{v}_{\text{time}}}{N} \tag{4-2-7}$$

具体的条件不同，速度的定义也不尽相同，但它的物理量纲“距离/时间(m/s)”是不变的，如要考察在长度为 l 的道路上的 M 辆车的平均速度，则可根据各车辆的速度 $v_n(n=1,2,\cdots,M)$，得到各车辆通过该路段的时间 t_n，由此可求得平均行驶时间 $\bar{t}_{\text{average}}$ 为：

$$\bar{t}_{\text{average}} = \frac{\sum_{n=1}^{M} t_n}{M} \tag{4-2-8}$$

进而得到长度为 l 的道路上的平均时间 v_{mean} 为

$$v_{\text{mean}} = \frac{l}{\bar{t}_{\text{average}}} = \frac{l}{\frac{\sum_{n=1}^{M} t_n}{M}} = \frac{Ml}{\sum_{n=1}^{M} t_n} \tag{4-2-9}$$

又根据

$$t_n = \frac{l}{v_n} \tag{4-2-10}$$

代入(4-2-9)式，可得到：

$$v_{\text{mean}} = \frac{l}{\bar{t}_{\text{average}}} = \frac{l}{\frac{\sum_{n=1}^{M} t_n}{M}} = \frac{Ml}{\sum_{n=1}^{M} \frac{l}{v_n}} = \frac{M}{\sum_{n=1}^{M} \frac{1}{v_n}} \tag{4-2-11}$$

进而有：

$$\sum_{n=1}^{M}\frac{1}{v_n}=\frac{M}{v_{\text{mean}}}\Rightarrow\frac{1}{v_{\text{mean}}}=\frac{1}{M}\sum_{n=1}^{M}\frac{1}{v_n} \tag{4-2-12}$$

若定义行驶单位距离所花的时间为时耗率,记为 u,那么:

$$u=\frac{\mathrm{d}t(l)}{\mathrm{d}l}=t'(l) \tag{4-2-13}$$

其中,$t(l)$表示为以时间干预距离的函数,$t'(l)$为$t(l)$的导函数。不难看出,时耗率反映了交通工具空间转移过程中的时间消耗能力。显然,在空间转移中,时间消耗越小,对应的速度就越快;反之,时间消耗越大,对应的速度就越慢。根据定义,可得到瞬时时耗率 $u_n=\frac{1}{v_n}$,以及平均时耗率 $u_{\text{mean}}=\frac{1}{v_{\text{mean}}}$,由此得到:

$$u_{\text{mean}}=\frac{\sum_{n=1}^{M}u_n}{M} \tag{4-2-14}$$

虽因具体定义速度变量的条件不同,具体的表述式子也不尽相同,但速度变量作为表征交通工具在"时—空"中的特性,它们之间不仅是互相联系,还可互相推导和转换,以反映在时间上平均速度 $\bar{v}_{\text{time}}$ 与反映在空间上的 v_{mean} 之间的关系为例,由 J. G. Wardrop 推导出了它们之间的关系为:

$$\bar{v}_{\text{average}}=v_{\text{mean}}+\frac{\sigma_{\text{mean}}^2}{v_{\text{mean}}} \tag{4-2-15}$$

这里,σ_{mean}^2为 v_{mean}的方差。

4.2.3 密度(Density)和车占率(The Ratio of Vehicles Occupation)

单纯地从交通工具在平面(空间)占有的角度来分析,可以用密度或占有率作为分析问题的变量,密度原来是一个物理学中的概念,它可分为好几类,如针对体积的密度、针对面积的密度和针对长度的密度等。在交通中,考虑到简化问题的需要,在不考虑道路宽度的前提下,仅考虑在单位长度上所占的车辆(交通工具)的数量,所以它实际就是一种线密度,反映了交通工具的空间拥堵程度,不妨用ρ表示,设长为 l 的路段中,有 N 辆具体的交通工具,那么有:

$$\rho=\frac{N}{l} \tag{4-2-16}$$

它反映了在所确定路段上的车辆分布的状况,所以在研究交通流等方面是一个基本的变量。

(线)密度ρ与其他变量之间存在内在的关系,假定在 l 长度内,交通工具的数量为 N,这也就意味着在 l 长的起点的横断面上,在确定的时间 T 内,行驶过了 N

辆交通工具,此时对应的有:

$$\rho=\frac{N}{l}=\frac{N}{v_{\mathrm{mean}}\times T}=\frac{1}{v_{\mathrm{mean}}}\times\frac{N}{T}=\frac{r}{v_{\mathrm{mean}}} \tag{4-2-17}$$

它反映了这几个基本的变量之间的内在的关系,这三者之间,只要有两者已知,那么另一个变量就可通过上式得以获得,此外,上式提供了另一种具体的求解密度的方法。

虽然密度变量可以定量地描述交通工具在道路上分布的情况,但它不能更精准的分辨出交通工具的累加长度所占道路的比例,以及交通工具之间的相对距离的分布情况,因为它仅考虑了交通工具的数量,即实际上只做了类似于物理学的"质点模型"化的处理。交通工具之间的间距以及交通工具本身的长度累加所占的比例等可更好地反映道路的状态分析,由此,需要引进车占率等变量。

设某所考察的道路长为 l,在某一时刻,该道路上的车辆总数为 N,每一辆车辆的长度为 $l_i(i=1,2,\cdots,N)$,那么在该时刻,所考察道路上的车占率(The Ratio of Vehicles Occupation)ζ 为:

$$\zeta=\frac{\sum_{i=1}^{N}l_i}{l}\times 100\% \tag{4-2-18}$$

不难看出,由于 $\sum_{i=1}^{N}l_i\leqslant l$,$0\leqslant\zeta\leqslant 1$ 总是成立的,它不仅反映了所考察道路上的交通工具的数量,还反映了它们在空间(平面)上的拥堵等属性,假定在时刻 t_1 和 t_2 对同一道路进行检测,获得该道路上的交通流的密度分别为 ρ_1 和 ρ_2,且 $\rho_1<\rho_2$,但由此不能推导出 $\zeta_1<\zeta_2$,也就是说,相比较于密度为 ρ_2 时的状况,很可能在密度为 ρ_1 时,该道路显得更拥堵一些。

随着电子、无线通信以及 GPS 等技术的应用,曾经相对困难地一次性检测出所确定长度道路上的所有交通工具的长度,业已变得相对容易,所以式(4-2-18)所定义的车占率是有实际意义的。此外,除了采用该方法来定义车占率外,还可以通过在确定道路的横截面上,用车辆行驶所占时间与总的检测时间的比例来定义车占率,它表示为:

$$\gamma=\frac{\sum_{i=1}^{N}T_i}{T}\times 100\% \tag{4-2-19}$$

这里,T 为总的检测时间,T_i 为第 i 辆交通工具行驶过该检测横截面所花费的时间,因为 $\sum_{i=1}^{N}T_i\leqslant T$,所以,$\gamma\in[0,1]$ 也总是成立的。

在确定的道路上用相邻交通工具之间的间隔距离表征道路的拥堵程度,也不失为是一种合理而可实现的方法，因此，车辆之间的间距也可作为分析变量而加以利用。设 l 长的道路上，在某一时刻共有交通工具 N 辆，而车占率 ζ 为已知，那么车辆之间的平均间距 δ 可表示为：

$$\delta = \frac{l}{N}(1 - \zeta) \tag{4-2-20}$$

与车占率的具体表述有所不同，δ 是一个以"米(Meter)"为量纲的变量，它反映了在所选定的道路上的某一瞬间的交通工具拥堵与否的具体状况。显然，δ 越大，对应的 ζ 越小，相邻的交通工具之间平均间距就越大，在道路上行驶就越通畅。类似于车辆行驶时间的多少来反映该确定路段上的车占比例，也可用两相邻交通工具的行驶某横断点（该点可通过诸如磁感应线圈、超声波检测器、红外检测器等具体检测设备，对行驶该点的交通工具进行实时检测，而且可得到很高的精度）之间的时间间隔来分析彼此之间的间距的大小，结合式(4-2-19)，设平均时间间隔为 τ，那么它可通过式(4-2-21)求得：

$$\tau = \frac{T}{N}(1 - \gamma) \tag{4-2-21}$$

τ 是量纲为"秒(Second)"的变量，它同样可定量地描述相邻交通工具之间的间隔，因此用它来反映交通状态是否拥堵也是合宜的，此外，它与 γ 相对应，由于 γ 相对容易检测，所以它的优越性也比较明显。

交通流的相关基础变量的选择，虽从本质上看，它们都无外乎涉及"时间—空间"的具体变化，但在工程实际中选择一个"好"的变量，并非是一件容易的事情，究其原因，变量所对应的数值的检测的可操作性程度，往往成为制约相关变量的使用的最直接的因素，也就是说，所确立的变量，虽然非常好，但因诸如难以测量等原因致使难以操作，这往往从根本上制约了该变量的具体使用，由此，需要考虑与之相对应或等价的其他变量加以代替，如用 γ 代替 ζ，或用 τ 代替 δ，也不失为是一种可行的好方法。

4.2.4 变量之间的关系分析

流量、密度和速度作为交通流在时空中的特征的表述，它们彼此之间是互相联系的，它们之间的大量关系可作如下的推导，根据式(4-2-1)，有：

$$r = \frac{n}{T} = \frac{n}{\left(\frac{l}{\bar{v}}\right)} = \left(\frac{n}{l}\right)\bar{v} = \rho\,\bar{v} \tag{4-2-22}$$

这里，T 是持续的时间，l 为确定路段的长度，$\bar{v}$ 满足 $\bar{v} = \frac{l}{T}$，可理解为 l 长度内，

持续时间为 T 时的平均速度。

式(4-2-22)表征了流量、速度和密度之间的大量关系，所以当确定具体的观测路段后，只要获得这三个变量表示的其中两个变量的数值，另一个变量就可根据式(4-2-22)而得到。但是这必须看到，这个公式中的变量是有实际的取值范围的，所以它也受实际条件的制约。

对密度 ρ 来说，它的取值范围可表示为 $[0,\rho_0]$，其中 ρ_0 满足：

$$\rho_0\bar{l}_{\text{traffic}}=l \tag{4-2-23}$$

式(4-2-23)表示整个考察路段都被车辆占满，车辆之间没有空隙，而 $\bar{l}_{\text{traffic}}$ 表示在该路段的车辆的平均长度。因此，若密度 $\rho=0$，这意味着该路段没有车辆，此时，相应的流量 $r=0$；若取 $\rho=\rho_0$，也就是从空间的角度来看，此时完全是堵塞状态，交通流量的值取决于具体的交通速度，式(4-2-23)成为关于平均速度(也是每一个车的速度)的线性函数。

同样的，对平均速度 $\bar{v}$ 来说，也有具体的取值范围，当 $\bar{v}=0$ 时，意味着两种情况，一种是该路段没有车子，另一种情况是该路段的车辆处于停止状态，此时流量就为零。理论上，当速度区域无穷大时，意味着经过确定路段的时间为趋于零，相应的流量值也可趋于无穷大。

在具体的交通管理实践中，对流量、速度和密度等变量值有具体的限制要求，式(4-2-22)成为灵活地调控这些变量值的理论依据，如在某个路段需要对流量进行调节和控制，可通过对相关的速度、密度等的调节来达到具体的要求，也就是根据实际情况，制订基于速度控制、密度控制和基于速度—密度联合控制的方案来解决具体问题。

还需指出，式(4-2-22)成为人们研究相关模型的理论依据，现今，以“流量—密度”、“速度—流量”以及“速度—密度”等为基本考虑对象，研究两者之间的内在联系的同时，获得对交通行为的相关特性的具体表征，并揭示其中的内在规律，进而为交通管理和控制等提供理论依据。

除了对流量、密度和速度等基本变量的直接分析以外，还可通过对这些基本变量的适当构造，形成新颖的、复合型的变量作为交通研究的切入点，这些复合型的变量可同时兼顾多个角度上的交通流的变化，因此，它们可从更深入的层面来反映交通流的具体特征和变化规律，用它们中的某一个变量的变化来反映交通状况的具体特征，从某种意义上说，这些成了智能交通研究的新的发展方向和发展动力，更由此形成新的研究分支。在后续的具体算法研究中，对具体的复合型变量的构造及其具体的应用分析等相关工作，将作深入讨论。

4.2.5 其他变量

安全,作为重要的性能指标,越来越受到人们的重视,这不仅体现在它所涉及的具体领域越来越宽广,更体现在它本身的内涵处于不断地深化之中,所以,有越来越多的学科涉及与安全相关的性能指标,这几乎可用"无所不在(Ubiquitous)"加以形容。在交通领域中,安全也是一个十分重要的性能指标,更是智能交通研究的重要课题,它已成为一种衡量交通工程体系结构和交通实践的最主要的性能指标。对交通研究来说,安全分析不仅仅是狭义上的交通人所涉及的危险和伤亡,它还涉及具体的工具、基础设施等的不被损坏等具体内容,安全分析成了最核心的分析内容之一。

在交通安全分析中,相关的变量的选择需要反映与损伤等有关的数量的变化或比例的变化,由此,比较直接的变量可选择为以所确定的道路为前提下的单位时间内的伤亡数为内容的伤亡率 α,它可定义为:

$$\alpha = \frac{m}{h \times l} \tag{4-2-24}$$

这里,l 为所确定道路的长度,以公里或 100km 为单位,m 为伤亡的具体个数,h 为时间,一般以年或月等为单位。根据这些条件,α 可表示为每一年(月)中单位公里上伤亡的个数,它可定量地反映出具体的安全等级及状况。与此类似,若以具体的交通工具及基础设施的损坏的数量作为安全性分析的考察变量,记为 β,那么可定义为:

$$\beta = \frac{n}{h \times l} \tag{4-2-25}$$

这里的 h、l 与式(4-2-22)的相一致,而 n 为具体的损坏的个数。显然,它也可定量地反映相应的安全性能。

除此外,安全性能与可靠性等有关,交通工具或交通基础设施的安全使用的年限,既可被看成是一种安全性能的体现,同时也可被看成可靠性或鲁棒性(Robustness)的体现,这时,往往可用具体的安全使用的时间 t 作为变量来加以处理,毫无疑问,安全使用的时间越长,相应的交通工具或基础设施的安全性能就越好。此外,在涉及系统安全性能分析时,还可以根据系统性能展现的程度为自变量,而达到该程度时的时间为变量的分析方法,尤其以半最佳程度时的时间(也就是半值状态持续时间:假定刚开始时的状态值为 1.0,到它的状态值为 0.5 时的持续时间)作为衡量该系统的安全性能好坏的具体指标,也能较好地反映所考察系统的安全程度。

还必须指出，安全性能分析是一个相对宽泛的范畴，具体的研究对象不同，研究的出发点或具体思路的差异，就可以由不同的变量选择来定量地描述相关的安全性能，除此外，还可以通过构造新颖的复合型变量，进行有针对性的行安全分析。

在智能交通研究分析中，涉及经济性分析的变量也有很多，如成本、利润、投资回报率、年损耗、折旧及折旧率等。此外，与诸如环保、碳排放等相关的变量也有很多，这些具体的变量的分析，在后续论述智能交通的性能评价等的章节中将会作详细分析，这里就不作具体论述了。

4.3 交通分析中的相关概率分布模型

在智能交通研究中，既要对特定的交通工具的交通行为进行分析，也要对众多的交通工具在某一时间、空间（交通道路）中的行为进行预测、评估、检测和相应的管理干预等处理。对于个体的交通工具来说，它的交通行为是随机的，因此，把它看作是一个具体的随机变量，那么，可用概率分析的方式来获得基于整体的统计特性，所以，相关的概率分析也是智能交通研究的重要理论基础。

对交通特性的统计分析的前提是需要把交通工具的交通行为中的相关变量看作具体的随机变量，以随机变量的具体行为特征作为约束条件，进而获得该随机变量的具体的概率分布（Probability Distribution）的模型，随后根据具体的参数，以获随机变量所表征的交通特性的基于统计的分布规律，为交通设计、管理等服务。

随机变量在离散的条件下，所对应的概率分布也是离散的，比较重要的离散分布有二项分布、负二项分布、Poisson 分布等。而对应于连续型的随机变量来说，相应的分布有负指数分布、正态分布等。此外，当随机变量是时间的函数，那么，相关的概率分布需要考虑时间的参数，由此形成随机序列或随机过程（Random Processing），常用的随机序列或随机过程有 Poisson 过程、Gauss 过程等，根据概率论中的中心极限定理，它们最终都趋向为 Gauss 过程。

二项分布可表示为：

$$P(X=x)=\mathrm{C}_n^x p^x(1-p)^{n-x} \tag{4-3-1}$$

这里的 X 为随机变量，x 表示 X 在样本集合中的取值，即满足 $x\in\{0,1,2,\cdots,n\}$，$p=\dfrac{\lambda t}{n}$，且满足 $0<p<1$，λ 为参数，t 为事先确定的常数，它在交通实践中可被理解为确定的时间间隔。二项分布可理解为在规定的时间间隔为 t 的条件下，到达某确定横截面（点）的交通工具的具体数量为 x（$x\in\{0,1,2,\cdots,n\}$）的概率的具体表述，由此，它满足：

$$0 \leqslant P(X=x)=\mathrm{C}_n^x p^x(1-p)^{n-x} \leqslant 1 \tag{4-3-2}$$

以及

$$\begin{aligned} P(X \leqslant x) &= \mathrm{C}_n^0 p^0(1-p)^n+\mathrm{C}_n^1 p^1(1-p)^{n-1}+\cdots+\mathrm{C}_n^x p^x(1-p)^{n-x} \\ &= \sum_{j=0}^{x} \mathrm{C}_n^j p^j(1-p)^{n-j} \end{aligned} \tag{4-3-3}$$

和

$$\begin{aligned} P(X \leqslant n) &= \mathrm{C}_n^0 p^0(1-p)^n+\mathrm{C}_n^1 p^1(1-p)^{n-1}+\cdots+\mathrm{C}_n^n p^n(1-p)^0 \\ &= \sum_{j=0}^{n} \mathrm{C}_n^j p^j(1-p)^{n-j}=[p+(1-p)]^n=1 \end{aligned} \tag{4-3-4}$$

二项分布的数学期望及方差分别为 np 和 $np(1-p)$，在实际中，数学期望虽是基于统计平均的，但可用具体的实际观测值的平均值加以近似，而方差也可通过观测值等相关数据加以近似，它们可表述为：

$$E(X)=np \approx \frac{\sum_{i=1}^{K} x_i}{K} \tag{4-3-5}$$

和

$$D(X)=np(1-p) \approx \frac{\sum_{i=1}^{K}\left(x_i-\frac{\sum_{i=1}^{K} x_i}{K}\right)^2}{K-1} \tag{4-3-6}$$

这里 x_i 表示第 i 次观测值，K 为总的观测次数。

以事先确定的时间间隔内到达某横截面或点的交通工具的具体数量作为随机变量，确定参数 $p(0<p<1)$ 和 $n(n \in N)$，那么，负二项分布可表示为：

$$P(X=x)=\mathrm{C}_{x+n-1}^{n-1} p^n(1-p)^x \tag{4-3-7}$$

这里 $x \in \{0,1,2,\cdots\}$，负二项分布的数学期望为$\frac{n(1-p)}{p}$，方差为$\frac{n(1-p)}{p^2}$。

除了上述两种离散分布，还有 Poisson 分布，它实际上是在确定的时间（距离）间隔内，以事件发生的具体次数为随机变量，所形成的一种离散型的概率分布，可表示为：

$$P(X=x)=\frac{(\lambda t)^x \mathrm{e}^{-\lambda t}}{x!} \tag{4-3-8}$$

这里，$x \in \{0,1,2,3,\cdots\}$，$0!=1$，t 为具体的计数时间的参数，λ 为参数，表示单位时间内的平均发生的次数，e 为自然数，它满足 $\mathrm{e}=\lim\limits_{x \to 0}(1+x)^{\frac{1}{x}}$，式(4-3-8)表示在以 t 为计数时间内，随机变量取值为 $x(x \in \{0,1,2,3,\cdots\})$ 的概率，把它应用到交通中，就表示为在 t 计数时间内，到达某指定横截面或点的交通工具的数量为

$x(x\in\{0,1,2,3,\cdots\})$的概率。进而有：

$$0\leqslant P(X\leqslant x)=\sum_{k=0}^{x}\frac{(\lambda t)^k e^{-\lambda t}}{k!}<1 \tag{4-3-9}$$

和

$$P(X\leqslant\infty)=\sum_{k=0}^{\infty}\frac{(\lambda t)^k e^{-\lambda t}}{k!}=1 \tag{4-3-10}$$

进一步分析 Poisson 分布，不难发现，它的数学期望及方差分别为 λt，即为：

$$E(X)=\lambda t=D(X) \tag{4-3-11}$$

当所选的随机变量是连续变量的时候，它对应于连续的概率分布、连续型的分布有多种，在交通领域中常用到的有负指数分布、正态分布等，对负指数分布来说，设连续的随机变量为 X，它的取值范围为区域（区间）Ω，设 $x\in\Omega$，那么连续型概率分布可表示为：

$$P(X\leqslant x)=\int_{-\infty}^{x}f(\xi)\mathrm{d}\xi=\int_{-\infty}^{\infty}f(\xi)\mathrm{d}\xi-\int_{x}^{\infty}f(\xi)\mathrm{d}\xi=1-e^{-\lambda x} \tag{4-3-12}$$

这里 $f(x)$ 就是分布函数（Distribution function）的密度函数（Density function），它满足：

$$f(x)=\frac{\mathrm{d}P(X\leqslant x)}{\mathrm{d}x}=\frac{\mathrm{d}}{\mathrm{d}x}\int_{-\infty}^{x}f(\xi)\mathrm{d}\xi \tag{4-3-13}$$

λ 为正的参数，在交通实践中，它可被看成在单位时间内，交通工具达到某确定横截面的平均值，由此，则不难得到负指数分布的数学期望为$\frac{1}{\lambda}$，方差为$\frac{1}{\lambda^2}$。

除了负指数分布，还有一种非常常用的连续分布，它就是正态分布，对一维正态分布来说，记它的数学期望为 a，方差为 σ，那么对应的概率密度函数可表示为：

$$f(x)=\frac{1}{\sqrt{2\pi\sigma}}\exp\left[-\frac{(x-a)^2}{2\sigma^2}\right] \tag{4-3-14}$$

此外，若把具体的交通工具的交通状态类比于通信领域中的呼叫，同时借鉴于通信领域中的呼损率分析等理论，在交通领域中也可用爱尔兰分布。

设反映交通工具拥挤程度的参数为 K，连续型随机变量为 X，则对于 $x\in\Omega$（Ω 为样本集合），则概率 $P(X\leqslant x)$ 可表示为：

$$P(X\leqslant x)=1-\sum_{i=0}^{K-1}\left(\frac{Kx}{T}\right)^i\frac{e^{-\frac{Kx}{T}}}{i!} \tag{4-3-15}$$

这里，T 也是正值的参数，特别的，令$\frac{K}{T}=\lambda$，那么爱尔兰分布可被看成是负指

数分布,由此,可以把爱尔兰分布看成是负指数分布的一种推广。爱尔兰分布的概率密度函数可表述为:

$$f(x)=\frac{\left(\frac{Kx}{T}\right)^{K-1}}{T(K-1)!}e^{-\frac{Kx}{T}} \tag{4-3-16}$$

对应的数学期望为 TK,方差为 T^2K。

此外,结合通信中的呼损分析等相关理论,来分析交通中的相关特性及智能交通中的新算法的实现,还将在本章的其他部分进行论述。

4.4 道路交通状况检测的若干新算法

关于道路交通状况的预测、检测的相关理论和技术,在智能交通的研究中占有十分重要的地位,这是因为,一方面,道路交通状况的预测和检测是解决道路交通问题的基本前提,只有在充分了解道路交通状况的条件下,才能针对性的解决道路交通状况所遇到的问题。另一方面,通过道路交通状况的检测,对于深入了解道路的状况和分析具体的特点无疑是道路众多分支中重要的内容。对道路交通状况管理的前提条件就是需要实时动态地了解所确定路段交通的具体状况。除此外,对于相关路段的交通状况的预测,可事先制订可行的管理预案,形成实际的干预措施,使之在实际使用中发挥积极有效的功效,以确保道路保持良好的交通状态,这是非常必要的。

这一节,针对不同的交通道路,就其具体的交通状况的预测、检测等展开论述,在此基础上,提出几种切实可行的检测算法。

4.4.1 基于收费信息的高速公路交通状况的检测新算法

现今,随着汽车的相对普及及高速公路网的相对完善,高速公路网在道路网络中的主导地位日益突出,它们成为道路交通的首选,随之而来的以高速公路为对象的交通问题也日益突出,相应的交通拥堵等状况发生的频率日趋增高,这为实时检测高速公路网上的交通状况提供了现实的需求,唯有实时、动态地进行交通状况的检测,为接下来的根据具体的道路状况,实施有针对性的管理提供必要的准备,才可确保所管理的高速公路段上的交通畅通。

道路拥堵状况可以用交通流的相关变量来加以具体表征,一般说来,在确定的路段内,若车辆数越多,也就是对应的线密度值越大,道路拥堵的可能性越大,但这仅是一个必要条件,在很多时候,在所考察的道路上,虽然交通流的线密度值较大,但因车辆都具有较快速度,道路的通畅状况还是很好的。但反过来,假如所考察的路段的交通状况处于拥堵,那么相应的交通流的线密度值一定是很大的。

对高速公路来说,它是收费的,当行驶车辆进入高速公路时,它首先需要与收费站进行必要的信息交换,只有这样才能在相应路段上被允许行驶。同样的,当驶离该高速公路路段时,也总是需先与收费站进行必要的信息交换,这就为借助收费站及收费信息来获得所考察路段上的交通数量提供了便利,更进一步,由于收费还涉及具体车辆的重量甚至是车辆的具体长度,这对获得确定路段上的车占率也有直接的帮助。此外,随着电信等技术的发展,收费站及收费系统的相关设备的网络互联,为通过收费系统获得在该路段行驶的车辆的具体信息提供了极大的便利,为对确定道路上的交通状况进行实时检测提供了强劲的技术保障。

1)检测算法的原理分析

实际上,整个高速公路网可以被看成是由点(Node,节点)和线(Line,干线)所组成的网络,这里的节点实际上就是高速公路的入口和出口。对于某个确定的高速路网,它的入口和出口以及连接入口、出口的线路(或者叫作链路)是固定的,而且可以被具体标号。一般的,收费站或收费设施都建在入口和出口处,因此它们也可附带被标号,这样,整个高速公路网的所有位置都通过数字统一标注后,对于相关路段的交通状况的考察,可转化为考察该段线路上的交通车辆的数量及其分布的状况。

设包含所要考察的路段在内的高速公路网的所有路线及入口点和出口点都已经标注,那么,高速公路的各个入口的收费站,在履行具体的收费信息记录的同时,还可以就车辆的数量及相应的车辆状况进行登记。同样的,对于该高速公路的每一个出口处,相应驶离的车辆的具体情况也进行登记,它们可同时进行。所获得的数据在本地做简单的处理后可上传到相关的高速公路处理中心,为处理中心进行下一步的分析处理做好信息及数据的采集准备。

进一步,根据事先对高速公路的编号标注,每一个入口及出口处的驶入及驶出的车辆可以分别计数,它们实际上就是时间的函数,假定在 $t=0$ 时刻设编号为 1 的入口处的车辆登记数为 $s_{\mathrm{r},1}(t)$,编号为 1 的高速公路的出口的驶离车辆的数目为 $s_{\mathrm{c},1}(t)$,根据同样的方法,则编号为 i[设总的标号数为 $n(1\leqslant i\leqslant n)$]的车辆入口处的登记车辆数为 $s_{\mathrm{r},i}(t)$,出口处的车辆登记数为 $s_{\mathrm{c},i}(t)$。为了便于处理,不妨假定在 $t=0$ 时刻,高速公路是处于关闭状态的。

考察路段的结构图示如图 4-4-1 所示。

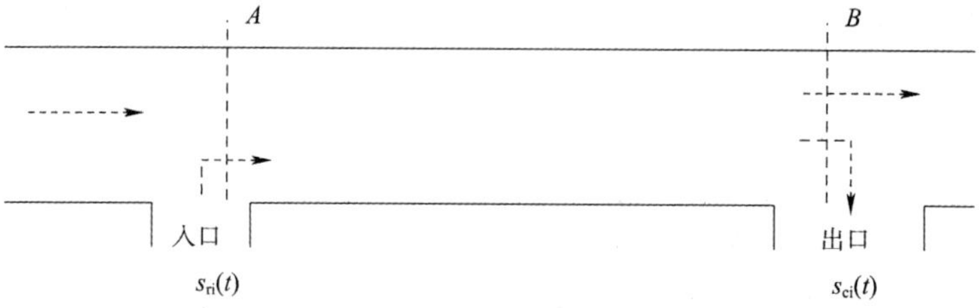

图 4-4-1　考察路段的结构图示

由此,如图 4-4-1 所示,由于高速公路都是单向的,它的行车的方向总是 $A \to B$,所以路经 AB 路段的车辆包括两部分,一部分是由原来在高速公路上的车辆,另一部分则是由 A 端的入口而进入高速公路,而不妨设 A 端的高速公路入口为第 i 个入口,B 端的出口的编号为第 i 个出口,而且以高速公路的车流方向的起始点为标号的起端,那么在 AB 路段行经的车辆总数目 $s_{i,\text{total}}(t)$ 可表示为:

$$s_{i,\text{total}}(t) = \sum_{k=1}^{i} s_{r,k}(t) - \sum_{k=1}^{i} s_{c,k}(t) \tag{4-4-1}$$

对应的,可求得关于 AB 路段上的车辆的线密度,根据式(4-2-16),在已知 AB 端的长度为 l 的前提下,得到线密度 ρ_{AB} 为:

$$\rho_{AB} = \frac{s_{i,\text{total}}(t)}{l} \tag{4-4-2}$$

更可由此得到具体的车占率的计算公式,根据高速公路的入口和出口的收费站信息的采集,可得到在 AB 段行驶的车辆的具体特性,这些特性包括车辆的重量和长度等,不妨记在 AB 段行驶的车辆的长度为 ρ_j,那么,根据式(4-2-18),就可以得到:

$$\zeta_{AB}(t) = \frac{\sum_{j=1}^{s_{i,\text{total}}(t)} \rho_j}{l} \times 100\% \tag{4-4-3}$$

这里的车占率实际上也是关于时间的函数,因此当具体的检测时刻确定后,相应的车占率也可具体获得。

此外,也可对所计数的车辆的长度做平均,可得到 $\bar{\rho} = \dfrac{\sum_{j=1}^{s_{i,\text{total}}(t)} \rho_j}{s_{i,\text{total}}(t)}$,这样,用平均数代入式子(4-4-3),则有:

$$\zeta_{AB}(t) = \frac{\sum_{j=1}^{s_{i,\text{total}}(t)} \rho_j}{l} \times 100\% = \frac{s_{i,\text{total}}(t)}{l} \times \bar{\rho} \times 100\% \tag{4-4-4}$$

车辆线密度及车占率是反映车辆在空间上的特性的变量,因此,通过衡量这两个量值的大小来具体判别所考察路段的道路交通状况,而且计算这两个量值的原始数据可由收费信息提供。

2）检测算法的实现

相关的算法可做如下的具体归纳。

首先，根据历史的记录及相关资料分析，把道路交通状态分成几个具体的等级：通畅，基本通畅，轻度拥堵，拥堵，重度拥堵等。对应于每种状态，对应的密度值和车占率的值的分解区间可以根据具体的历史记录加以具体确定，而且还可做进一步的调整，这些可事先完成。

其次，根据收费站提供的原始信息，针对所确定的路段，展开实时检测，把所得到的数据进行处理，获得实时的密度值和车占率的值。

再次，由实时计算获得的密度值及车占率与相应区间划分的值进行比较，进而获得被检测道路的实时交通状况。

最后，把最终检测结果反馈给道路管理中心，道路管理中心根据实时的检测，为必要的干预管理等提供最直接的依据。

分析整个过程，不难发现，事先确定划分区间的临界值至关重要，它们关系到所获得的检测结果是否符合实际情况。假定密度变量的临界值由大到小分别为 $\rho_1,\rho_2,\rho_3,\rho_4$，那么对应的分划区间可表示为：

$$\begin{cases}(\rho_1,+\infty)\rightarrow \text{jammed}\\(\rho_2,\rho_1)\rightarrow \text{light jammed}\\(\rho_3,\rho_2)\rightarrow \text{light unobtructed}\\(\rho_4,\rho_3)\rightarrow \text{unobstructed}\\(0,\rho_4)\rightarrow \text{very unobstructed}\end{cases}\tag{4-4-5}$$

同样的，假如车占率的临界值也已经确定，它们由大到小的值分别记为 $\zeta_1,\zeta_2,\zeta_3,\zeta_4$，那么对应的区间分化为：

$$\begin{cases}(\zeta_1,1)\rightarrow \text{jammed}\\(\zeta_2,\zeta_1)\rightarrow \text{light jammed}\\(\zeta_3,\zeta_2)\rightarrow \text{light unobtructed}\\(\zeta_4,\zeta_3)\rightarrow \text{unobstructed}\\(0,\zeta_4)\rightarrow \text{very unobstructed}\end{cases}\tag{4-4-6}$$

在区间划分的过程中，式（4-4-5）中的大于 ρ_1 的区间的上限设为∞，这完全是为了表述的方便，实际上，在确定路段上的线密度的最大值不可能取到∞，因为它的极限就是该路段全部被车辆覆盖。此外，在涉及计算值刚好与临界值相一致时，此时两种相邻的状态都可以被判断，一种可行的方法是尽量把它归属为情况较差的一类。

从式(4-4-5)、式(4-4-6)中不难看出,在这里,道路交通状况的判别,虽然分别用了密度和车占率等变量,但这两者是具有相同的倾向性的,也就是密度值大,对应的车占率的值也大,当密度值较小时,相应的车占率的值也较小。之所以把这两者都作为道路交通状态检测的变量,一个重要的考虑因素是,以它们的一致性来获得相关检测结果的可信度的提高,也就是通过不同的侧面来互相印证具体的检测效果,当检测所得到的结果彼此不符合时,可做进一步的多重检测,以获得更加精准的检测结果,并能更好地为后续的交通管理等服务。

整个检测过程的结构流程如图 4-4-2 所示。

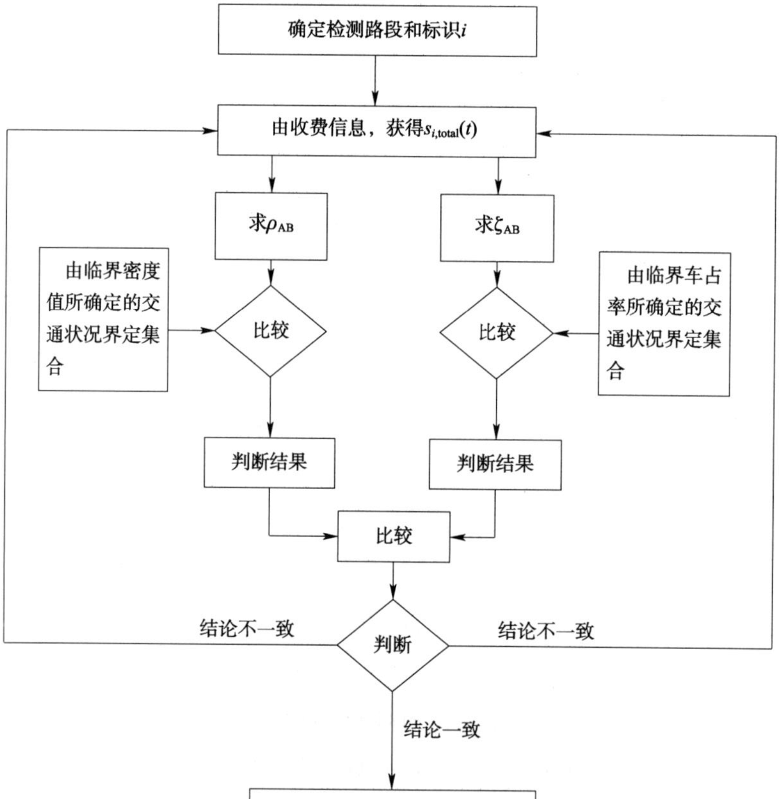

图 4-4-2　基于收费信息的高速公路状态检测算法实现

从图 4-4-2 中还可以看出,若单独以密度为变量或单独以车占率为变量,进行道路交通状况的检测也可以,所以,从某种意义上讲,该检测方法包含了多个相对对立的基于收费信息的高速公路确定路段的道路状况检测方法。

在图 4-4-2 中,求 ζ_{AB} 的方法,既可以用式(4-4-3),也可以用式(4-4-4),这可根据实际情况加以灵活选择。若相对精度要求不是很高时,也可以用估计值加以代替 $\bar{d}$,而估计值可以通过其他途径获得。

根据检测结果,可对相关道路的交通状况进行管理。一般来说,当检测结果是拥堵(Jammed)或轻度拥堵(Light Jammed)时,交通管理部门就需要进行适当的干预,以确保相关道路的畅通,这需要对 $s_{i,\text{total}}(t)$ 进行必要的调节,根据式(4-4-1),不难发现,可以以控制高速公路入口的车辆数目的控制加以具体调节,也可以通过控制入口中通行的车辆的种类加以调节,这样可确保所检测路段的道路交通处于通畅的状况。

3)小结

随着收费信息采集、处理等技术的进步,该算法在实际中的使用前景会越来越好。美国等国家在高速公路和城市收费车道上,大多建立入口管控系统,实际上就是在入口匝道上控制进入高速路网或收费车道的数量,由此来改变相应的车流密度和流量,确保高速路网和收费快速车道的最佳的通行效率。

4.4.2 基于车辆牌照信息的高速公路交通状态检测新方法研究

高速公路交通拥堵状况的好坏严重影响着道路的交通运输能力,如何实时的检测道路的交通状况,对于各种可能的状况进行及时而又有效地干预和疏导,避免或减轻道路的拥塞状况,提高行驶效率、减轻交通环境负荷等具有非常重要的现实意义。据美国加州的运输局报告,即使在非高峰的自由流条件下,若能提前一秒钟进行交通道路管理疏导,所减少的交通延误至少可达四到五分钟。因此,致力于道路状况的估计和检测研究,成为智能交通的重要内容之一,关于道路交通阻塞与否的自动检测技术的研究,更成为研究的热点和难点。

迄今,关于高速道路交通状态的自动检测的研究有了很大进展,人们通过分析交通流参数与道路拥塞状态的内在关系,根据交通流参数值的变化情况,实时地判别道路的拥堵状况,并为交通管理部门提供科学管理的依据。交通流的参数大致有交通量、速度、交通密度、占有率及排队长度等。人们通常以单一断截面或多断截面为具体的观察基点,分析所选定基点上的相应参数值的大小与拥堵状态的内在关系,并确定这些参数的量值作为具体界定道路拥堵与否的临界门限指标,进而获得具体的判别条件。自动检测的具体算法也呈现多样化的趋势,有基于神经网络理论的算法、基于支撑向量机的算法以及基于传统的线性系统理论的算法等。

随着模式识别等认知技术的发展，关于车辆的车牌的捕获和识别的技术已经有了长足的进步，基于车牌识别数据的交通信息采集技术和自动检测技术也相继出现，因基于车牌识别数据的交通信息采集技术具有精度高、数字化程度高等优点，研发以车牌信息为对象的高速道路自动检测技术具有很好的实际应用价值。

本文以采集到的车牌信息为基本的研究对象，通过构造相应的判别函数的方式，提出了高速公路拥堵的判别方法，该方法不仅能从根本上反映道路拥堵的本质特性，更能根据实际情况的不同，进行灵活的调整，因此具有很高的灵活性。此外，实际的小样本试验表明，该方法具有很好的检测性能，能很好地为实时的道路疏导和管理提供科学依据。

1）检测算法的原理分析

假设在某一高速公路路段中实时检测道路的拥堵情况，这里所谓的拥堵，就是车辆在该路段中的线密度大，而所谓线密度，它定义为在某时刻，l 长的路面上的车辆的个数，可以用式(4-4-7)表示：

$$\rho_l = \frac{m}{l} = \frac{\sum_i 1}{l} \tag{4-4-7}$$

其中，m 是在某时刻在 l 长的道路上的车牌照数，它通过牌照的识别和计数可得到，而 l 是一个事先所给定的参数，它一般要远小于所要检测道路的长度。同时，我们把所需检测道路看成一个处理系统，如图 4-4-3 所示。

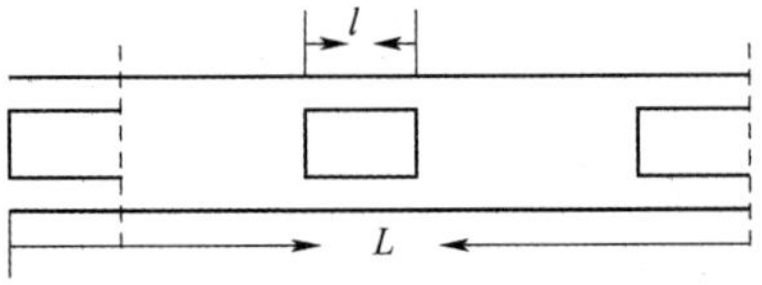

图 4-4-3　需检测道路结构示意图

以 ρ_l 为研究对象，把全路段 L 作为一个处理器，则图 4-4-3 可看成如下的一个输入输出系统，所选择的路段上车辆拥堵时，一个非常显著的特点就是车辆数多，且行进速度慢，而车辆数目多就体现在 ρ_l 的值大，由此设定一个有关 ρ_l 的阈值 ρ_{l_0}，当 $\rho_l \geqslant \rho_{l_0}$ 时，则道路处于拥堵状态，当 $0 \leqslant \rho_l < \rho_{l_0}$ 时，则道路处于畅通状态。对于处于拥堵状态来说，它实际上仅仅是车辆在道路上分布的一种静态表述，而道路拥堵的概念还应包含“堵”的含义，“堵”最直接的表达就是通过道路的速度慢。一般说来，当 ρ_l 很小，甚至为零时，表现在高速路上车辆很少，因此，拥堵的情况就不会发生，通常情况下，进入该高速路段的车辆的速度就可以较大；但 ρ_l 增大到 ρ_{l_0} 附近时，道路上的车辆分布密度较大，相应的车速也会很自然的慢下来，但有一种特殊情况，虽然满足 $\rho_l \geqslant \rho_{l_0}$，但车速仍旧较大，表现为车辆还是能很顺利地通过相应路段，这时相关的路段还是不能被认定为拥堵的。鉴于此，当满足 $\rho_l \geqslant \rho_{l_0}$ 条

件时，还需获得 l 长路段内的车辆平均速度，它具体可用式(4-4-8)来表述：

$$v_E = E(v_i) = \frac{\sum_{i=1}^{\rho_l} v_i}{\rho_l} \tag{4-4-8}$$

根据 v_E 值，再来判别该道路是否处于拥堵状态。

2)检测算法的实现

根据以上分析，高速公路上的道路状态检测的算法的实现，可以用图 4-4-4 来归纳。

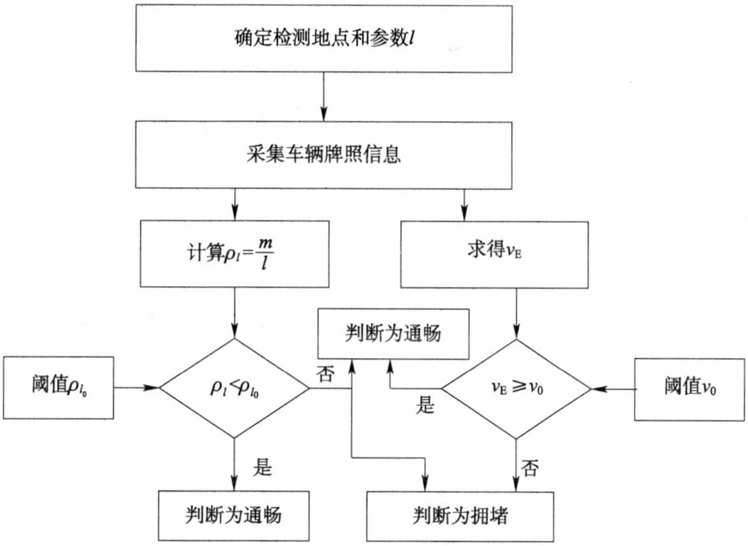

图 4-4-4 基于车辆牌照信息的道路自动检测技术算法图示

这里需要说明的是，阈值 ρ_{l_0} 和 v_0 可以通过大量到达数据积累和分析得到，对不同的道路和交通状况进行分析，得到合乎要求的阈值，然后根据这些阈值来进一步进行道路拥堵状态的自动检测。此外交通的拥堵状况实际上也是一个时间的函数，在不同的时段中，它们的值可以不相同，所以对应的阈值也可以看成时间段的函数，随着时间段的不同，相应的阈值也可以进行调整。

3)检测算法的实验分析

为了进一步说明所提的自动检测方法的有效性和可靠性，分别用有效率 $\eta = \frac{m_1}{M}$(其中 m_1 表示检出的个数，M 为总的个数)和正确率 $\beta = \frac{m_2}{M}$(m_2 表示检测正确的个数，M 为总个数)来具体衡量。所做小样本的实际试验为：设一段总长为 20km 的单向高速公路上进行道路拥堵的自动检测试验，其中取 l 为 1 000m，计算 ρ_l 和

v_E,并事先给出阈值为 $\rho_{l_0}=20$ 和 $v_0=70\text{km/h}$,再由图 4-4-4 的算法进程进行具体运作,得到具体的检测结果,并对结果的有效率 η 和正确率(可靠性)β 进行分析,进而评价所提出的新型自动检测算法的性能。在测试过程中事先确定 60 个拥堵的状态,其中有 10 个状态接近于临界(相关参数在阈值附近),用所提出的检测方法进行具体检测,它共计检测出了 58 个,而检测正确的个数为 57 个,根据这些条件,得到该检测方法的有效率为 $\eta=\frac{m_1}{M}=\frac{58}{60}$,正确率为 $\beta=\frac{m_2}{M}=\frac{57}{60}$。

从小样本的实际试验可以看出,该检测方法具有很好的性能,进一步分析造成漏检的原因,不难发现,这是在临界状态下,因计算误差等原因致使检测的判决出错,这种情况虽对算法的性能指标有不利影响,但对道路拥堵的实际判别不会产生重大的误判后果,因为此时,道路的状态处于拥堵的临界状态,同时,由于道路状态是以一种动态的过程展现,随着实际状态与临界状态的差异变大,该方法就能很快获得正确的检测结果。

实际试验中需要大量的车辆等设备及条件,它是一件很复杂的大工程,所以难以进行大样本的实验,一种可行的方法是把该自动检测算法直接用到高速道路管理中,让它的检测结果作为参考值,与其他的检测方法进行比较,分析可能存在的缺陷,并在试验过程中进行完善,以期获得性能卓越的检测方法,为在实际中使用打好基础。

4)小结

根据车辆的牌照数据以及车辆在选定的道路片段中所占的密度和相关车辆的平均速度,给出了一种"以偏概全"式的检测拥堵的自动检测方法,这个方法之所以有效,还在于依据随机变量在各态历经性的条件下,统计平均等同于时间平均的基本条件。小样本的实际试验虽不足以强有力地证明该自动检测方法具有卓越的性能,但试验结果证实了该算法具有很高的有效性和可靠性。

4.4.3 基于复合变量的道路状况检测新算法

道路交通拥堵状况的好坏严重影响着道路的交通运输能力,如何实时的检测道路的交通状况,对于各种可能的状况进行及时的有效干预和疏导,避免或减轻道路的拥塞状况,提高行驶效率、减轻交通环境负荷等具有非常重要的现实意义。据美国加州的运输局报告,即使在非高峰的自由流条件下,若能提前一秒钟进行交通道路管理疏导,所减少的交通延误至少可达四到五分钟。因此,致力于道路状况的估计和检测研究,成为智能交通的重要内容之一,关于道路交通阻塞与否的自动检测技术的研究,更成为研究的热点和难点。

迄今,关于高速道路交通状态的自动检测的研究有了较多的进展,人们通过分析交通流参数与道路拥塞状态的内在关系,根据交通流参数值的变化情况,实时地判别道路的交通状况,并为交通管理部门的具体管理提供决策依据。交通流的参数大致有交通量、速度、交通密度、占有率及排队长度等。人们通常以单一断面或多断面为具体的观察基点,分析所选定基点上的相应参数值的大小与拥堵状态的内在关系,并确定这些参数的量值作为具体界定道路拥堵与否的临界门限指标,进而获得具体的判别条件。自动检测的具体算法也呈现多样化的趋势,有基于神经网络理论的算法、基于支撑向量机算法以及传统的线性系统理论的算法等。

通过对交通流参数特性的深入分析,可得出两个基本的认识:其一,单一的参数往往难以从本质上反映道路拥堵的状况,比如,车辆的交通密度、占有率等都不是能直接反映道路是否处于拥堵状态的依据,应该采用诸如向量形式的综合性的参数指标;其二,在某一段确定的高速公路上,交通是否处于拥堵状态应是一个相对整体性的概念,不能单纯地以个别车辆的相关参数作为基本的依据。根据这些基本观点,在本小节中,设计了一个新的用来衡量交通拥堵的物理量,并在此基础上提出了一种新颖的自动检测算法,它能很好地实时检测出道路的交通拥堵状况,为实时的道路疏导和管理提供依据。

根据交通流的基本物理量的相关特性,有针对性的构造复合型变量,作为道路状态检测的具体变量,这种复合型的变量能较好地表征交通流在"时间—空间"的特征,进而能很好地检测道路的实时的交通状况,为精准地干预、管理道路打好基础,实现道路最佳的工作状态。

1)新颖自动检测算法的设计

当实时检测某一个路段的交通拥堵状况时,应首先确定该高速路段的起始点和终止点的位置,并设该路段是单向的 n 条车道,且长度为 L 公里,具体如图 4-4-5 所示。

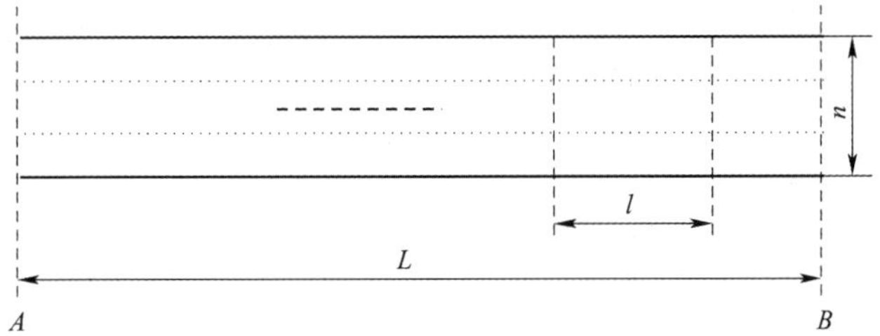

图 4-4-5 高速道路交通状况分析图示

分析该路段的交通拥堵状况时,能最直接反映拥堵的应该是实时测得的经过该路段的车辆的速度和该路段中车辆的容积率,显然这样的处理方式因数据太多和复杂度过高而无法实现。一种可行的方式就是分析该路段中的具有典型意义的子段中的车辆的占有率和车辆的平均速度，由此引进两个参数，一是在某时刻 l 长子路段中的车辆占有量 η，另一个是该子路段中的车辆的平均速度 v，它们虽不能全面反映该子路段中车辆的拥堵状况，但能为此提供必要的有用信息。设 l 长路段中的车辆数为 m，则：

$$\eta = \frac{m}{n} \tag{4-4-9}$$

其中，n 为道路的平行车道个数。

设每一辆车的车速为 v_i，$i=1,2,\cdots,m$，则 ν 值为：

$$\nu = \frac{\sum_{i=1}^{m} v_i}{m} = \frac{\sum_{j=1}^{\eta} v_j}{\eta} \tag{4-4-10}$$

该参数直接地反映了所选道路的子路段上在某一个时刻的整体速率，它是最直接反映道路运输能力的一个参数。在该路段上车辆的个数 m 和速度 v_i 都可以由数据采集得到。

在这里，实际上只要单车道的整体速率就可以了，因为在同方向可变道的前提下，车辆的行驶过程是基于能动的，司机会随着道路中疏密状况的不同，做出相应的调整，它总存在匀质的致密性趋向。

分析 η 值，不难发现它是受制于 l 的，假设每辆车的平均长度为 $\bar{k}$ m，那么一定有 $\eta\bar{k}<l$，由此得到 $0\leqslant\eta\leqslant\frac{l}{\bar{k}}$。一般说来，当 $\eta\geqslant\frac{l}{\bar{k}}$ 时，则所选定的路段被车辆首尾相连而占据，这种状态可称为道路的过饱和状态。考虑到车辆之间总是存在一定的间隙，进一步可以设置一个加权系数（Weigh Coefficient）$\alpha(0<\alpha\leqslant1)$，这个系数可以根据具体实际的经验来定，比如选 $\alpha=0.80$ 之类的。

交通拥堵的最直观的表现为所选路段中车辆多且速度慢，若车辆多且速度并不慢，这时不能把它认定为交通堵塞，由鉴于此，我们构建一个新的物理量 σ，它可表示为：

$$\sigma = (V_0 - \nu)\cdot\eta \tag{4-4-11}$$

这里选择了一个事先确定的参数 V_0，它是一个相当大的数值，若检测到的平均速度大于等于该数值，则不必考虑 η 值，就可直接判定道路处于畅通状态；当检测到的平均速度小于该数值时，则通过计算式（4-4-11）中的 σ 值来获得道路是否拥堵的判别，在这种状况下，σ 是一个能本质地反映道路拥堵状况的物理量，它的值越小，说明道路越通畅。这也可在两种不同的特殊情况中得到反映，在 l 中当 $\eta=0$

或 $V_0-v=0$ 时，则由式(4-4-11)可得到 $\sigma=0$，说明道路是处于畅通状态。

之所以构造 σ 这样一个物理量，是因为于它较好地包括了各种可能的状况，尤其包括了平均车速较大，同时车辆占道密度也较大的情况，这时 σ 值仍旧可以维持在较小的状态，这就把定性的道路拥堵的状况与定量的 σ 之间建立了单调的对应关系，因此通过计算 σ 值来判别道路是否拥堵成为一种理想的方式。

这里计算 η 和 v 用了一种统计分析的手段，目的在于避免受特殊个体的影响，能真实地反映所选路段的道路实际状况。假如某车辆因自身的原因停了下来，但并没有影响车道和其他车辆的行驶，也就是不构成道路拥堵的因素，所以不能单独以它的速度变化来作为反映整个道路在该路段的交通状况的判别依据，为达到这个目的，采用大样本求平均值之类的处理，成为一种行之有效的手段。

还需要指出的是如何确定针对 σ 的门限值，具体的方式是通过实际要求，灵活地给出，并进行有效的调整。

根据以上分析，设在 t_0 时刻，确定所需检测路段中长度为 l 的子路段以及其他的相关参数后，就可以得到新颖的道路拥堵自动检测算法的流程，如图 4-4-6 所示。

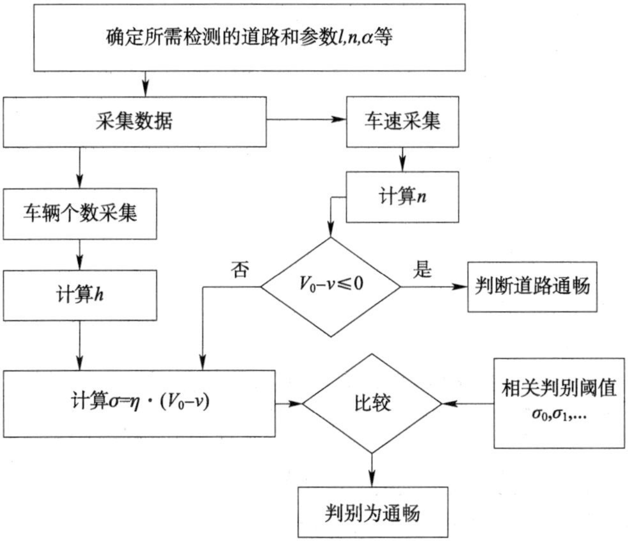

图 4-4-6 道路拥堵状况自动检测算法原理图示

这里"σ 的阈值 σ_0"模块中的相关数据既可以根据以往检测数据分析得到，也可以由交通管理的相关部门根据规划要求进行具体制订。

此外，所选定的参数 l，它的长度也需要有所设计，既不能太长，也不能太短，太长导致数据量增大而太过复杂，太短则相应的“粒度(Grain)”不够粗壮，整体性效应不明显。参数 V_0 的值可以由检测部门来确定，同时它也深刻影响着 σ_0 值的确定。

以 l 长的检测路段的选择也是一个重要参数，在某个时刻同时进行检测多个路段时，可以选相同的 l 值，也可以各自独立选取 l 值，一般说来，同时参与检测的路段越多，越能真实地反映道路的状况。我们建议，一般所选的段数应该不少于三段，至少包括起始点附近路段和终止点附近路段，以及其他中间路段等。

2)试验结果

为了进一步说明所提出的自动检测道路状况的方法的可行性和先进性，进行必要的现场试验，要在试验之前，先确定相关的试验条件和参数：$l=100$，$n=3$，$\alpha=0.8$，事先已经确定好判别道路是否拥堵的阈值指标具体如表 4-4-1 所示。

道路拥堵状况下的速度阈值指标 表 4-4-1

通 畅	轻度拥堵	拥 堵	严重拥堵
$v>70$km/h	70km/h $>v>$ 40km/h	40km/h $>v>$ 20km/h	$v<20$km/h

此外，假设车辆的平均长度为 $\bar{k}=6$m，这样的假设是基于小车(Car)出现的概率要远大于大巴(Bus 和 Minibus)和加长的货车(Truck)的概率，则 η 值实际上反映了车辆在该 $l=100$m 中的线密度状况，进一步可把它看成反映车辆间距的一个变量，则间距 S 的计算公式为：

$$S_{\text{interval}}=\frac{\alpha l-\eta\bar{k}}{\eta} \tag{4-4-12}$$

假如 $\eta=5$，则由该式计算可得平均间距为 $(0.8\times100-6\times5)/5=10$m，车距的大小是反映道路拥堵的一个指标，这可以根据较长时间的数据采集，做统计分析获得相应的具体数值。表 4-4-2 仅是一种相应的假设性数据，作为道路是否拥堵的临界数值。

道路拥堵状况判别的 η 值阈值指标 表 4-4-2

道路状况	通畅	轻度拥堵	拥堵	严重拥堵
η	<5	$5<\eta<10$	$10<\eta<12$	$16>\eta>12$

进一步需要说明的是，虽这两个门限指标各自独立给出了出现拥堵的门限值，但是，试验时需要给出综合的判决门限条件，尤其是拥堵，它既反映在单位长度上的车辆密度，同时反映在车辆的平均整体速度，相关的 $\sigma=(V_0-v)\cdot\eta$ 的阈值设置如表 4-4-3 所示。

道路拥堵状况判别的 $\sigma = (V_0 - \nu) \cdot \eta$ 值域指标($V_0 = 100$km/h)　　表 4-4-3

道路状况	通　畅	轻度拥堵	拥　堵	严重拥堵
σ	$\sigma \leqslant 300.00$	$300.00 < \sigma < 400.00$	$400.00 \leqslant \sigma \leqslant 700.00$	$\sigma > 700.00$

现场试验中,在选定的道路上选择 3 到 5 个不同的测试点,然后进行试验,试验的方法是通过实际预设的结果和自动检测所得到的结果进行对比,来验证自动检测方法的正确率。该测试正确率受参数 l 和选择的测试点数量的影响,总的说来,测试点越多,则自动检测算法的正确率越高,但计算量等也随之增大,同时测试的实时性也越差。

这里针对参数 l 进行具体试验。选择了一组 l 值后,分别用自动检测方法测试,测试结果与实际结果进行比较,得到如表 4-4-4 所示的结果。

现场试验的自动检测的正确率列表　　表 4-4-4

l 值	50m	100m	150m	300m
正确率	92.00	97.00	97.00	100.00

从结果来看,该自动检测方法具有很好的检测效果,且还随着 l 的增加,正确率会进一步提高,但同样的增加了计算量和计算复杂度。因此使检测的正确率与复杂度之间建构一种平衡的态势,根据实际需要进行有效的先期预置,可达到最佳的效果。

3)小结

在本小节中提出了一种新颖的道路状况自动检测算法,该算法依据所确定道路上的车辆拥堵与否的本质特性,能很好地反映道路的拥堵现状,它灵活性好,易于调节,而且参数的设置可根据检测者的具体要求进行方便的调节和修正。从简单的现场测试所表现的性能来看,它的优越性是非常明显的,随着测试等实验的进一步进行以及相关参数的适度微调,能使之更适合于实际的交通工程,从而有非常好的应用前景。

4.4.4　基于微分方程模型的道路状态检测新算法

高速公路上的交通状况的实时检测作为智能交通技术的具体应用的一个领域,历来被高度关注。这里根据交通流的具体特性,结合微分方程处理的相关理论,提出一种新颖的检测算法。

1)检测算法的原理分析

在交通流分析中,有一个著名的流量守恒法则,它具体可表述为“在交通系统中,它的流入量等于流出量与系统现有交通量之和”。它在数学表述上构成守恒方程，具体可作如下的表述：设一段道路的长度为 Δx，它的起点（入口）和终点（出口）都有车辆的计数设备，可实时记录进入和驶离该路段的车辆数目，设在 Δt（$\Delta t = T_2 - T_1$）时间内，在起点的车辆计数值为 M_1，在终点的车辆计数值为 M_2，并假定 $M_1 > M_2$，则在该确定的路段中，通过 Δt 时间的持续，Δx 长的路段中的车辆数一定有所增加，增加量为 $\Delta M = M_2 - M_1$。具体过程如图 4-4-7 所示。

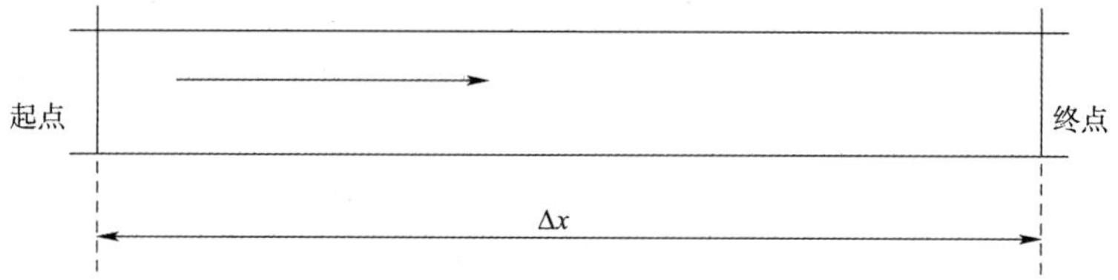

图 4-4-7　流量守恒方程的结构图示

在这里，由于 $r_1 = \dfrac{M_1}{\Delta t}$，$r_2 = \dfrac{M_2}{\Delta t}$ 和 $\Delta r = \dfrac{\Delta M}{\Delta t}$，又根据 $M_1 > M_2$ 有 $\Delta\rho = -\dfrac{\Delta M}{\Delta x}$，进而有：

$$\begin{cases}\Delta M = \Delta r \Delta t \\ \Delta M = -\Delta\rho\Delta x\end{cases} \tag{4-4-13}$$

故得到：

$$\Delta r \Delta t + \Delta\rho\Delta x = 0 \tag{4-4-14}$$

两边同除以 $\Delta t \Delta x$，可得到：

$$\frac{\Delta r \Delta t + \Delta\rho\Delta x}{\Delta t \Delta x} = \frac{\Delta r}{\Delta x} + \frac{\Delta\rho}{\Delta t} = 0 \tag{4-4-15}$$

在假定连续的条件下，则当 $\Delta t \to 0$，有：

$$\frac{\partial r}{\partial t} + \frac{\partial\rho}{\partial x} = 0 \tag{4-4-16}$$

进一步，由式(4-2-22)，可得到如下的基本表述：

$$\begin{cases}\dfrac{\partial r}{\partial t} + \dfrac{\partial\rho}{\partial x} = 0 \\ r = \rho\,\bar{v}\end{cases} \tag{4-4-17}$$

此外，根据初始测定的值和假设的条件，式(4-4-17)就构成微分方程在初边值条件下的具体求解问题，在一定的条件下，这种类型的问题的解一定是存在的，而且至少可得到数值解，若所给的假设条件更加优越，那么，相应的解析解也可很方便地求得。

进一步分析流量守恒方程的推导过程，不难发现，除了所考察的路段中间没有车辆的增加和消失外,实际上它还假设在考察时间 Δt 内,路段 Δx 的初始时刻是空的,也就是在初始时刻 Δx 内并没有车辆,这实际上仅是一种可能的状态,在更普遍的意义下,它已经存在了一定数量的车辆,由于处理过程中,所考虑的是相对量,因此在 Δx 长的路段中是否已有一定数量的车辆的存在,并不影响具体守恒方程的推导和最终的结论。

式(4-4-16)反映了交通流在"时间—空间"中变化的基本规律,它右边的"0",就是该路段在持续 Δt 时间内没有车辆加入或驶离的具体体现,由此,若在单位时间、单位长度内,加入或驶离该路段的车辆数表示为 $f(x,t)$,那么,式(4-4-16)可相应的改写为:

$$\frac{\partial r}{\partial t}+\frac{\partial \rho}{\partial x}=f(x,t) \tag{4-4-18}$$

进而,式(4-4-17)需改写为:

$$\begin{cases}\dfrac{\partial r}{\partial t}+\dfrac{\partial \rho}{\partial x}=f(x,t)\\ r=\rho\,\bar{v}\\ \text{initiated and boundary conditions}\end{cases} \tag{4-4-19}$$

根据观测等手段,获得相关的初始或边界条件,就可以通过微分方程求解的方式获得数值解或解析解。

交通流守恒方程实际上了反映了所考察的 Δx 长路段中车辆的变化情况,在持续的 Δt 时段内,由于 $M_1>M_2$,该路段中在该时段的车辆数就有增加,该路段中的车辆的密度就增加,车速或平均速度也会相应地减慢,进而道路状况就会有产生拥堵的倾向;反之,则该路段中的车辆数就会减少,考察路段上的车流密度就会降低,道路就趋于通畅。

所考察的路段,由于 $\Delta x=l$ 固定,它趋于拥堵时,一定存在某个极限,从理论上分析,假定车辆的平均长度为 d(这个数值具有统计意义),那么,$\frac{\Delta x}{d}$就是在 Δx 长路段中车辆可存在的数目的上限,此时,在该路段中,车占率 ζ 达到百分百($\zeta=1$)。

2)检测算法的具体实现

根据交通流守恒方程的基本思想,可以给出以车占率或密度为变量的道路检测新方法,相关的算法可作如下具体表述。

首先,确定所要检测的高速公路的具体路段,长度为 Δx,不妨假设该路段中间没有叉口,也就是符合交通流守恒方程推导中的具体要求。同时确定检测路段的入口及出口的车辆记录设备。

其次，确定道路状况检测的起始时刻，此时开始在道路的入口及出口记录经过的车辆数目，记初始时刻为 T_0，并持续时间 Δt，获得具体的数值 M_{in} 和 M_{out}。

再次，分析具体的数据。计算 $\Delta M = M_{out} - M_{in}$，若 $\Delta M \leqslant 0$，则表示在 $T_0 + \Delta t$ 时刻的道路拥堵状况不差于在 T_0 时刻的道路拥堵状况，进而获得检测结果。若 $\Delta M > 0$，这说明在所考察的路段中，车辆的数目有增加，也就是密度和车占率增大，进而计算具体的密度 ρ 和车站率 ζ，把所得到的值与用来判别交通具体状况的门限值（或阈值）进行比较，从而获得该状态的交通状况的具体检测结果。

接下来，把 $T_0 + \Delta t$ 时刻置为初始时刻，重复上面的检测步骤，此时的时间间隔既可以用 Δt，也可以重新设置。

最后，获得道路交通状况的实时检测。

在这里，有几点需要特别的注意，一是 Δx、Δt 都是参变量，它们可根据具体的检测要求做相应的变更。二是计算具体的密度和车占率时，除了考虑 ΔM 的量值外，还需考虑原来的车辆的数目。实际上，原来车辆的数目可以理解为在初始计时 T_0 时，车辆已经进入 Δx 路段，但经过 Δt 时间间隔，还没有驶离该路段的那一些车辆数目，这个数目虽然在交通流守恒方程中不会出现，但它在影响着具体的密度和车占率的计算的同时，还影响着参变量的具体选择。

该实时检测新算法的具体实现流程，可用图 4-4-8 表示。

之所以把这种实时的检测算法用在高速公路上，一个重要的原因就是在高速公路上，交通方向是单向的，同时，选择 Δx 可以相对较长，因为高速公路的入口和出口之间的间距较长，在易于灵活选择的条件下，可仍旧满足交通流守恒方程所需遵守的条件。

进一步分析该算法的具体实施，不难发现，它所需要的条件相对较宽泛，在很多时候，在单向道路上选择几个具体的路段 $(\Delta x)_i (i = 1, 2, \cdots, k)$，然后在相同的时间段内进行基于上述方法的检测，根据所选择的路段上的检测结果，判断整个路段上的道路通行状况。这种类似于抽检式的检测方法，不仅可以降低相关的设备的成本，还可减少具体的计算，尤其把具体的检测与历史的记录结合起来，选择情况相对特殊的短路段进行具体检测，可达到更好的检测效果。

根据交通流守恒方程原理建立起来的道路拥堵检测算法，不仅在高速公路上可用，在城市的主要道路上也可被广泛使用。尤其在现今检测城市道路的拥堵，其中很关键的一步是需要考察主要道路的拥堵情况，因此，以城市主要道路的相关路段为检测对象，可实时获得道路的交通状况，为下一步的具体管理方法的出台，提供具体的依据。

根据交通流的理论，还可建构如下的检测模型：设需要检测的路段的长度为

L,在其中取 $l(l \ll L)$ 长,考察 l 上的车辆的线密度 ρ_l,则可得到:

$$\rho_l = \frac{m}{l} \tag{4-4-20}$$

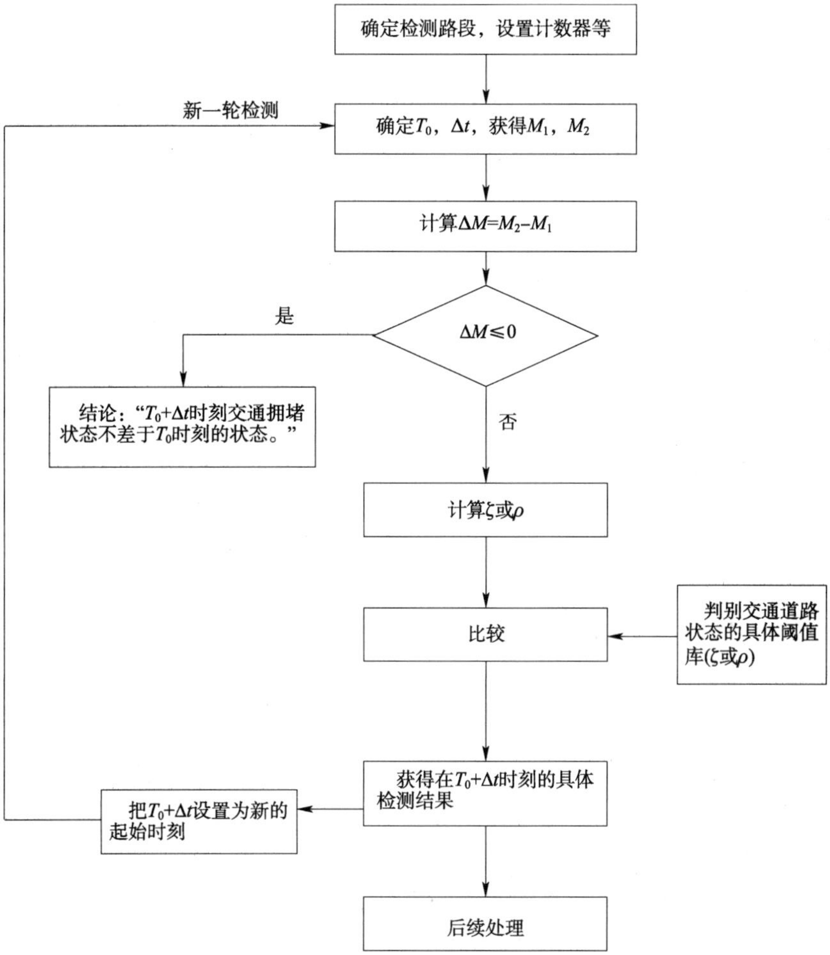

图 4-4-8 基于交通流守恒方程原理的道路交通状况检测算法

这里,m 是在某时刻 l 长的道路上的车牌照数。

同时,我们把所需检测道路看成一个处理系统,如图 4-4-9 所示。

而以 ρ_l 为研究对象,把全路段 L 作为一个处理器,则图 4-4-9 可看成如图 4-4-10 所示的一个系统处理器。

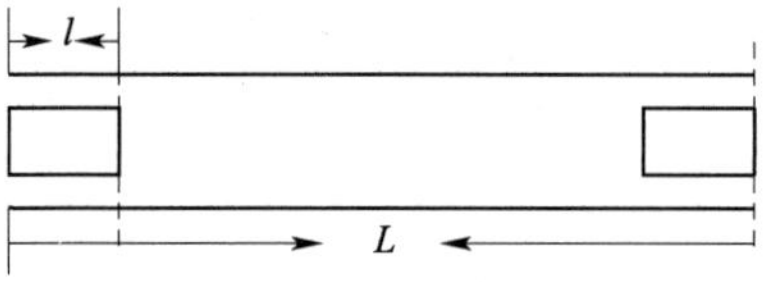

图 4-4-9　需检测道路结构图示

图 4-4-10　处理器的结构模型

图 4-4-10 中的 ρ_{l_i} 表示在检测路段中的起始点附近的车辆线密度值，它是一个时间的函数，可记为 $\rho_{l_i}(t)$；ρ_{l_0} 为检测路段的终止点附近的线密度，它记为 $\rho_{l_0}(t)$。由此，对这两个变量进行求差运算，得到 $w(t)=\rho_{l_i}(t)-\rho_{l_0}(t)$，$w(t)$ 构成了一个新的变量，它反映了在 L 路段内车辆存在的变化状况，设 t_0 时刻的值为 $w(t_0)$，则可以得到这样的一个模型：

$$\begin{cases}\dfrac{\mathrm{d}w(t)}{\mathrm{d}t}=F(w(t))\\ w(t)|_{t=t_0}=w(t_0)\end{cases} \tag{4-4-21}$$

$F(\cdot)$ 是一个与预测有关联的函数，也是建模的关键所在，一旦函数 $F(\cdot)$ 确定下来，就可以由(4-4-21)式得到具体关于 $w(t)$ 的解，为判别道路是否拥堵提供依据。

针对式(4-4-21)中的 $F(\cdot)$ 的不同情况，可以分析检测路段中的道路状况，下面分三种情况进行讨论。

(1) $F(\cdot)$ 为常数

当 $F(\cdot)$ 是常数时，这种情况最为简单，当要求不是非常高时，把 $F(\cdot)$ 看成常数也不失为一种简化处理，它大致也可分为三种情况：一是当 $F(\cdot)$ 为零时，则由式(4-4-21)可得到 $w(t)=w(t_0)$，这说明从 t_0 时刻开始，检测路段上起始点附近的车辆密度和驶离点附近的车辆密度的差值是常数，若这个常数为零，则可判断该路段的交通状况没有改变；若这个常数大于零，则该路段的交通状况趋于拥堵，这是因为在起始端进入该路段车辆的密度要大于驶离该路段的车辆的密度；反之，则当该常数小于零时，该路段的交通状况趋于畅通。进一步，在不发生交通事故的前提下，车辆在趋于拥堵过程中，它在道路上的密度是有一个上限的，该上限可作如下的估算：设平均的车长为 $\bar{k}$，那么在 L 内，同时可容纳的车辆数为 $\dfrac{L}{\bar{k}}=m$，那么根据线密度的计算公式，可得到此时的最大车辆密度为 $\dfrac{m}{L}=\left(\dfrac{L}{\bar{k}}\right)/L=\dfrac{1}{\bar{k}}$，也就是当车辆线密度达到该值时，该路段的起始处的车辆就不能再进入了，在该路堵的车辆就处于饱和静止状态，达到拥堵的程度最大。二是当 $F(\cdot)$ 小于零，此时，在起始端的车辆密度要小于驶离该路段的车辆密度，则该路段的交通状况趋于畅通。同样的，当 $F(\cdot)$ 大于零时，则可以得到进入该道路的车辆要多于同时驶出的车辆，也就是在该路段中车辆不断地增加，到某一个时刻，道路就处于拥堵状态，这个具体的时刻，还可以通过对 $F(\cdot)$ 的相关信息的了解，获得具体求解。

(2) $F(\cdot)$ 为负指数

此时不妨设 $F(\cdot)=e^{-\lambda t}$，其中 λ 为大于零的参数，则(4-4-21)式的解可以采用解析式的形式表示为：

$$w(t)=w(t_0)+\frac{1}{\lambda}(e^{-\lambda t_0}-e^{-\lambda t}) \tag{4-4-22}$$

由此可得到，存在某一个时刻 t_1，当 $t\geqslant t_1$ 时，系统就出现拥堵状态。不妨设用来描述拥堵的阈值为 $\overline{w}_0$，那么具体的 t_1 可通过式(4-4-23)获得：

$$t_1\geqslant\frac{1}{\lambda}\ln\{e^{-\lambda t_0}-\lambda[\overline{w}_0-w(t_0)]\} \tag{4-4-23}$$

也就是在 $\frac{1}{\lambda}\ln\{e^{-\lambda t_0}-\lambda[\overline{w}_0-w(t_0)]\}$ 时刻后，所检测的路段开始拥堵，而且拥堵的态势越来越严重。

通过以上的分析，由式(4-4-21)所建构的模型，不仅可以用来检测相关路段中的交通拥堵状况，还可根据检测到的结果，对相关路段的交通状况进行管理调节，也就是当所检测的道路处于拥堵状态后，采用必要的措施，改变 $F(\cdot)$ 的结构，使得 $F(\cdot)$ 的值为负数，致使进入该路段的车辆数要少于离开该路段的车辆数，随着时间推移，道路的拥堵状况可以有效纾解。

(3) $w(t)$ 为一个随机序列

因为车辆进入与驶出相应路段是随机的，所以更一般的情况可以把 $w(t)$ 看成一个随机过程，在离散状态下，它就构成一个随机序列。这样式(4-4-21)就构成一个概率微分方程，通过对它的求解，以获得在概率论意义下的解。

此外，式(4-4-21)所构成的模型还可做适当的改变，若记检测路段的起始点的截面上的流入流量为 $r_i(t)$，在终止点的横截面上的流出流量记为 $r_o(t)$，则有：

$$\Delta=r_i(t)-r_o(t)\overset{\triangle}{=}f(t) \tag{4-4-24}$$

从而以 $f(t)$ 为研究对象，可达到具体的微分方程的模型为：

$$\begin{cases}\dfrac{df(t)}{dt}=H(f(t))\\ f(t)\big|_{t=t_0}=f(t_0)\end{cases} \tag{4-4-25}$$

这里，$H(f(t))$ 同样是一个与预测有关的函数，根据它的值的变化，就可获得 $f(t)$

的具体求解，由此获得检测路段上关于流量的具体特征，进而获得该路段的交通状况的实时检测。

关于式(4-4-25)的具体分析，与式(4-4-21)相类似，只不过这里所选择的变量是流量，它同样也可表征交通状况的特性。

还需指出，式(4-4-25)还可作为管理、干预确定(高速或城市交通的重要单方向)路段的交通状况的模型加以应用。尤其在交通道路已经处于某种拥堵状态，需要对它进行必要的管理，这时给定具体的 $H(f(t))$，要求在一定的时间内，该路段的交通流的变化规律符合式(4-4-25)，则通过一段时间后，交通状况就可以达到预期的目标，同时还可精确地预测具体的持续时间。

3)小结

根据交通流守恒方程及微分方程的相关理论，所建构的面向高速公路的道路交通状况检测算法，不仅可精准地实时获得所检测路段上的交通状况，还可用它来具体预测道路拥堵以及缓解拥堵的相关时间。进一步，它还是城市主要道路上单向通行管理的理论依据。

把交通流理论和微分方程理论进行有机结合来表征、研究道路上的交通状况，可更深层地揭示其内在的变化规律，由此所建构的道路检测模型，可更好地反映道路交通的实际情况，相关的检测算法实现还可作更深入地分析。

4.4.5 基于网络路由优化原理的道路管理新算法

若把在一定区域内的高速公路网看成一种特殊的通信网，每一车辆被看成一个具体的数据包(Packet)，那么，车辆在高速公路网上的行驶，完全可看成是数据包在通信网中的传输。基于这样的考虑，可把数据包在通信网中的传递等的策略(Tactics and Strategies)和方法(Methods)用到道路交通中，由此可得到相关的道路管理的新算法，这一节主要讨论基于网络路由优化原理的道路管理新算法。

1)网络路由优化原理的基本表述

在数据通信网络中，一个数据包从发送方传递到接收方，中间要经历很多次的不同转接，然后最终到达接收方。从同一个始发点上发出的两个不同的数据包，它们到达相同的终点，但具体所经过的路径是不完全相同的，这就涉及具体的路由选择问题。对于到达某一个节点的数据包来说，它的下一步的路径，不是事先确定的，而是根据数据包到该节点时，由该节点的瞬时路由表所确定的，因此，在网络的各个节点上，要实时地提供路由表(Routing Tables)，这种路由表，实际上就是节点根据网络拓扑结构的实际情况，在某种最优化原则的意义上所给出的数据包可行的下一个转接的路径选择。所以，路由表的本质就是给定某些具体条件的基础上，基于某种代价函数的条件最优解问题。在数据通信网络中,在分组传输中,采用路由选择的方法不仅可提高传输效率,还可有效实现流量分发和拥塞控制,因此它实际上构成了数据网络中的关键技术。

路由选择的核心是性能卓越的路由算法,现今,已有多种具体的路由算法出现,归纳起来,大致可以分为集中式(Centralized)路由算法和分布式(Distributed)路由算法。对于相对较小型的网络来说,集中式路由算法往往通过一个主控制器负责更新所有的节点上的路由表,并根据相关代价函数的极值来确定具体的路由选择;而分布式路由算法是由若干个节点互相构建等同关系条件下的网络,通过它们彼此之间的必要的信息交换,共同承担具体的路由计算,获得实时的动态的路由表,供所辖范围内的网络节点上的数据包的连接转发时选择具体路径。分布式的路由计算方法,具有较强的稳健性(Robustness)等特性,倘若在众多个用来共同承担路由计算的控制节点中的某一个因为故障不能工作,由于互相之间进行了必要的信息交换,它的工作量可以由其他的控制节点承担,由此,整个网络具有很好的自愈性。

路由计算中,最核心的是具体的代价函数的选择,最常用的有最优路由(Optimal Routing)算法和最短路径路由(Shortest Path Routing)算法。最优路由算法往往从网络的全局出发,通过构造一个与所有的路径的流量有关的代价函数,并求解该函数的极值,来获得各具体节点上的路由选择的策略。而最短路径路由算法所考虑的是一个数据包从始发节点(Initial Node)到目的节点(Terminal Node)的传输过程中,选择路由的唯一依据就是这两者之间的路径最短,或广泛意义上的路径最短(成本最小),这往往是针对确定的数据包来说的,因此,很多时候,对于单个数据包的路由选择时,以最短路径作为选择路由的依据是达到最优的,但对于同时处于工作状态的多个数据包来说,未必达到全局最优,这与“局部最优未必能推导出全局最优”的道理是一样的。

2)基于网络路由优化策略的道路管理新算法

以一定范围内的路网作为研究对象,把路网也抽象成具体的连线和节点,其中连线就是一段段的道路,节点则对应于与不同道路的连接口,通过这样的处理后,进一步对各个节点和路段(线)进行具体标注,而在该路网上的行驶的车辆就可被看成是一个个的数据包。这样,为具体借用数据网络上的路由算法提供给了条件。

作为道路管理方,它需要对一定范围的路网上的交通流量进行一定的干预,以确保在一定的时段内该路网上的交通效率达到最高,根据这个要求,在已经标注的路网上的每一节点给定一定量的流量分配,以实现全局流量的最大,达到最佳的传输效果。

路网基于数字网络化的过程可用图 4-4-11 表示。

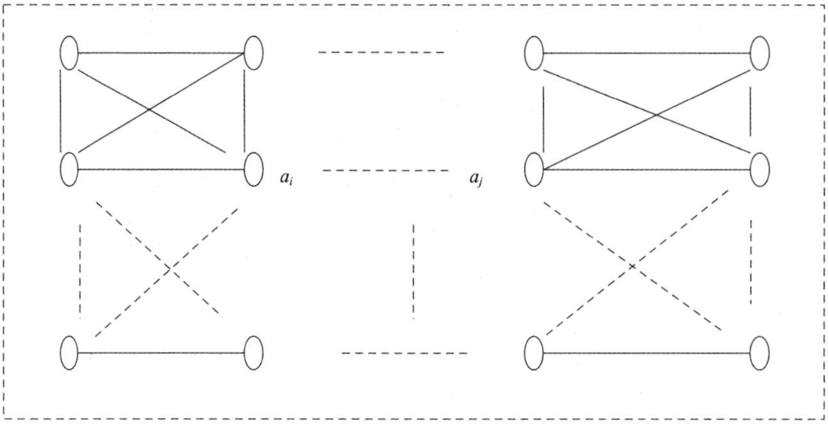

图 4-4-11　路网具体数字网络化过程的实现图示

为了图示的方便,做这样比较直观的处理:对于某一个节点 $a_i(i=1,2,\cdots,k)$,与之直接相连接的路线则可记为 $b_{ij}(j=1,2,\cdots,l)$,则当车辆到达该节点时,它实际上已经占用了一条路线,接下来,该节点根据路由表为该车辆选择一条具体的线路,由此车辆驶离该节点,并向下一个节点驶去,等到达下一个节点 $a_{i+1}(i=1,2,\cdots,k)$时,可重复相同的步骤,实现新一轮的路由选择。这样可以一直做下去,直到车辆到达目的地为止。

在这个过程中,道路管理方根据路网的实际拓扑形状,对每一个节点建构函数 $F_{a_i,b_{ij}}(x,t)(i=1,2,\cdots,k;j=1,2,\cdots,l)$,$F_{a_i,b_{ij}}(x,t)$是关于流量等交通变量的函数,同时它也受到具体时间的影响,进一步,对每一个节点上的函数给定加权系数 α_n,具体的 α_n 满足 $\alpha_n \geqslant 0,\sum_{n=1}\alpha_n=1$,这样就构成一种具体的代价函数 $H(x,t)=\sum\alpha_n F_{a_ib_{ij}}(x,t)$,进而可获得相关的基于最优路由算法的问题描述:

$$\begin{cases} H(x,t)=\sum\alpha_n F_{a_ib_{ij}}(x,t)\rightarrow \text{extreme value} \\ \alpha_n \geqslant 0,\sum_{n=1}\alpha_n=1 \\ \text{other conditions} \end{cases} \tag{4-4-26}$$

在这里,具体的$\sum\alpha_n F_{a_ib_{ij}}(x,t)$只是一个代价函数,它是路网管理方从管理的角度出发所设置的,一般的,它既可以是整个路网中的交通效率函数,或是整个路网中的最大流通量等。还需说明的是,式(4-4-26)中,涉及 $H(x,t)$的求值时,仅是给出求极值,这就需要根据 $H(x,t)$函数的具体构造来确定是求最大值还是求最小值,而且所求的极值需要做到全局(所考虑的路网)最优,也就是所获得的解要求是全局收敛的(Global Convergent Point)。

路网管理方根据式(4-4-26),计算出在一定的时候内的,每一个节点上的车辆路径选择,并把这些做成动态的"路由表"进行公布,车辆到该节点后,根据此时的"路由表"规划,就可选择一条具体的路径,从而完成这一个节点上的道路选择。

这种基于某种变量的全局最优的管理方法,不仅可用于诸如"流量"和"运输量"等方面的全局考虑,还可用于基于交通拥堵等方面的全局考虑,实际上,此时的"路由表"可根据该节点作为行驶的起点,以下一个路段的交通拥堵状况作为选择下一步行驶道路的依据。但是,这样做需要解决一个具体问题,那就是车辆在运行过程中,总是有一个方向性的,以某一个节点为考虑对象,考虑与它相连的线路时,有些路段上的交通可能非常空闲,但它可能是与行驶的目的地背向的,由此,这条道路哪怕再空闲,也不能作为所选择的"路由"。要解决这个问题,一种方法就是给节点之间的连线进行方向标注,在"路由表"里也标注上具体的方向,这样,车辆进入该节点时,根据自己行驶的目的地的方向,在"路由表"中选择相关的具体路径。对于具体的节点来说,与它所对应的路段连接,可以通过方向来具体确定"上下"的序,并在"路由表"中得以显示出来,这样,当车辆行驶到该节点时,可根据此时刻的"路由表"获得具体的下一步的行驶路径的选择。

3)基于网络路由优化理论的道路管理新算法的具体实现

基于数据网络中的"最佳路由算法"的路网优化管理的具体实现方法可以用如下的具体步骤加以归纳:

第一步,路网管理方确定具体的路网管理区域,并对所确定的路网加以具体预处理。这些预处理包括根据路网的实际的拓扑结构,确定节点及相应的连线,并标注节点的次序和连线的方向。

第二步,根据路网管理方的优化目标,建构式(4-4-26),由此获得优化管理的具体方案,并构造出实时的"路由表"。

第三步,管理方通过广播或其他的信息传递模式,对路网所覆盖的地区进行信息发布。而且是实时的。

第四步,进入该路网的车辆,接收到实时的"路由表",在节点处选择具体路径,并继续向目的方向行驶,到下一个节点时,再重复相同的步骤,直到完成本次行程。

这种基于最优路由算法的路网交通管理,它是以所确定的路网的全局管理为出发点的,而对具体的交通车辆来说,在整个行驶过程中,它的行程的"路由"未必是最短的。

此外,还需说明的是对于整个路网来说,它覆盖的范围可能非常广,因此,需要作一定的分割处理,也就是把整个路网分成若干个子路网,在子路网(Sub-road-network)中采用"最优路由算法",以实现实时的全局化的道路管理。

该算法的具体实现过程,可用图4-4-12表示。

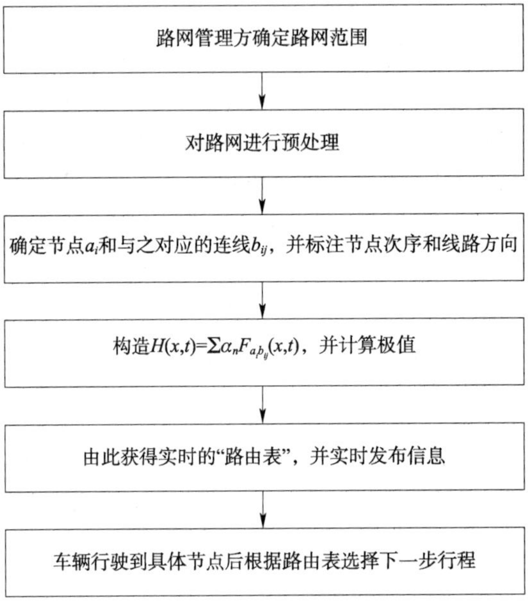

图4-4-12　基于最优路由选择的算法实现图示

这种基于道路管理角度所采用的优化算法,从管理的层面上,可达到最佳的管理效果,它还可有效缓解实时的道路拥堵问题,所以这方面的应用实施是能起到多方面的作用的。

4)小结

基于数据网络的最佳路由规划的路网管理方法,从整体的管理的角度出发,能有效提升交通中的目标效率,对于交通拥堵的缓解、环保节能等都有直接的优化作用。而且在具体的路由表的构建中,能充分贯彻管理方的优化意图,具有很好的可操作性。应该在智能交通的具体应用中引起足够的重视。

进一步,在构建具体的代价函数时,还可以综合考虑两个及两个以上的指标优化,这种基于综合指标的优化函数的构造,将更加有助于提升具体的优化效果。

4.4.6　基于道路容量的道路交通状况检测新算法

在通信理论中,关于信道,有一个用来描述信道传输信息能力的重要物理量,那就是信道容量(Channel Capacity),在一般的信息传输中,信息传输速率要小于或等于信道容量,这样才可确保信息在传输过程中不失真。若把这种思想用到交通中,由此引进交通领域中的道路容量的概念,给它设置一定的条件,赋予一定的实际含义,并把它作为表征具有一定性能指标要求下的一个复合型变量,用它监测道路交通状况,不失为一种可行的具体检测方法。在这一小节里,着重分析基于这种道路交通容量的道路检测新算法。

1)道路容量的基本表述

在具体道路上行驶的车辆,它的速度不仅受自身发动机等设备的制约,同时还受与之对应的道路基础设置的影响,尤其对某一个确定的路段来说,它的路基、路面等的具体设计、构造和保养,路面是否潮湿以及潮湿的程度等都影响着具体的车行速度。基于这样的考虑,实际上路段一旦建成,与它相关的速度极限等也已确定下来。

此外,道路建成后,相应的车道数等也已经确定,车辆在单位长度上的占有数也可被确定下来,而且单位长度内的车辆占有数,不仅仅反映在车辆的平均长度上,还反映车辆为避免互相碰撞所需要的具体间隔距离上,这个距离至少要大于后一个车辆发现可能碰撞时紧急制动后车辆所滑动的距离,这些在车辆制造生产过程中就已经确定下来,只是因为车辆的种类繁多,相关的数据不统一而已。

根据以上分析,可以建构一个综合性指标的物理量,这个物理量与相关道路、车辆的基本属性有关,它表征了所确定道路上行驶的车辆在安全指标(相当于通信信道中的无失真指标要求)下的时空占有及变化的规律特性,把它称为道路容量(Expressway Capacity),由此,它可被定义为:单位面积内可容最多车辆的极限速度之和,不妨记为 Ec_{r_i},则有:

$$Ec_{r_i} = \sum_{i=1}^{n} \tilde{v}_i \tag{4-4-27}$$

这里 Ec_{r_i}的下标“r_i”表示所确定的某一个具体路段,n 为所确定路段单位面积上的车辆数,一旦道路确定下来,这个值也就确定下来了,而这里速度 $\tilde{v}_i$ 则是根据道路及发动机等因素所确定的极限速度。

道路容量的物理意义与信道容量的物理意义相类似,它反映了在安全的前提下,所确定道路上的最多车辆的极大速度,从而本质地揭示了该路段中的最大通行效率。因此,它可以表征道路交通能力,进而可作为道路交通状况检测变量加以利用。

2)基于道路容量的交通状况检测方法

在确定道路容量的前提下,既可以用道路容量来规定该路段具体的交通要求,也可以通过道路容量来获得对该路段实时交通状况的检测,这里就具体的应用进行讨论。

确定某一个检测路段以后，就可以知道该路段的道路容量，然后对该路段交通车辆的速度和车辆个数进行实时检测，并加以计算，以获得实时数值，该数值的形式与式(4-4-27)相类似，由此，把计算所获得的值与 Ec_{r_i} 值进行比较，根据不同的比较结果，获得具体的检测判别。

此外，事先可根据相关道路状态的观测，对于道路的拥堵程度与 Ec_{r_i} 的关系进行分析，进而获得相关的判断区域，具体可如表 4-4-5 所示。

道路交通状况的判别区域 表 4-4-5

交通状态描述	非常通畅	通　畅	拥　堵	非常拥堵
判断区域	$[0,0.3Ec_{r_i}]$	$[0.3Ec_{r_i},0.6Ec_{r_i}]$	$[0.6Ec_{r_i},0.8Ec_{r_i}]$	$\geqslant 0.8Ec_{r_i}$

由此，就可对所确定的路段进行实时的道路状况检测。具体检测步骤可作如下归纳：

第一步，确定所需实时检测的路段，由此得到该路段的道路容量值 Ec_{r_i}。

第二步，根据表 4-4-5，获得道路交通状况具体判别的门限值(Threshold Values)。

第三步，确定检测的起始时间，获得道路上的车辆数量及车辆速度，这可以用牌照计数或 GPS 系统的方式获得。这一步实际上就是实时数据采集的过程，中间还可利用相关网络技术支撑，获得精准的信息采集。

第四步，类似于计算道路容量的方式，即式(4-4-27)，计算具体的瞬时数值 $Ec(t)|_{t=t_0}$，然后与表 4-4-5 中的门限值作比较。

第五步，确定 $Ec(t)|_{t=t_0}$ 所属的区间，由此获得此时刻道路交通状况的判别。

第六步，把所做出的道路交通状况判别结果提交相关管理部门，并做进一步的处理(如广播)，为进一步道路管理的决策提供依据。

具体检测算法的实现可用图 4-4-13 进行归纳。

在这里，实际上有两个难点，一是根据道路容量的计算方式获得实时计算值，该值不仅与车辆数有关，与具体的车辆速度有关，还与道路的具体状况有关。二是所提供的具体交通状况判别门限值，它既要体现道路容量值，又不完全等同道路容量值，而且它与具体的道路状况和阴晴雨雪等天气状况有关，所以具体的门限值需要做实时调整，这可由道路检测部门根据实际情况加以具体修正，使得所给出的门限值能更好地反映道路交通实际状况，从而可更精准地获得具体的检测结果。

道路容量不仅可作为道路交通状况实时检测的理论依据，更可作为相关道路运行管理具体方案实施的科学依据。总的说来，在实施具体管理过程中，要最大限度地发挥交通运输能力，就需要根据具体的道路容量来进行合理的规划分析，以达到最好的交通运输效率，实现交通运输的最优化。

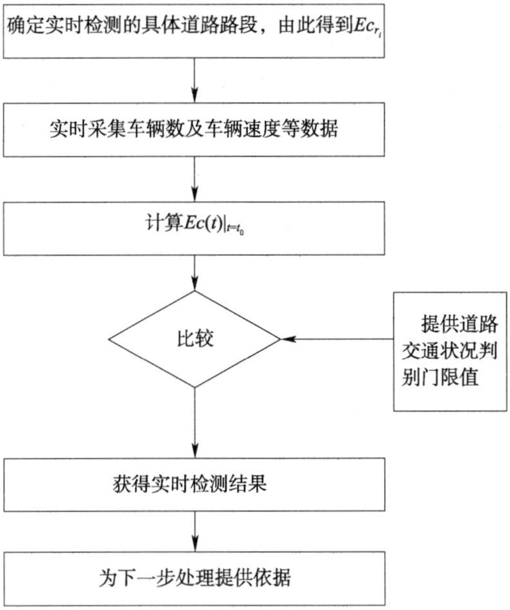

图4-4-13 基于道路容量的交通状况实时监测新算法图示

还需说明，这种以交通状况的时—空特征分析为基本着眼点的检测算法，不仅可很好地顾及传统的诸如流量、速度等物理量的特征表述，而且可更深入、更全面地获得对交通状况实时、动态的描述，因此，用它们来作为具体的检测指标，应该是更合理。与4.4.3节中所论述的复合变量作为检测指标相类似，它实际上也代表了具体道路交通状况检测的一种新颖的发展方向，应该引起足够的重视。

3）小结

根据道路的具体状况以及车辆的内在性能特征所确定的道路容量，是一个本质地反映道路交通极限特性的物理量，它具有与通信系统中的信道容量（Channel Capacity）相类似的物理含义。

基于道路容量的道路交通状况实时检测算法，能更精准反映道路上的交通现状，同时更可根据道路容量，为相关道路设置最高运输和通行效率的通行方案，实现相关效率的最大化。

4.4.7 基于排队论理论的交通状况分析

排队论（Queuing Theory），也被称为随机服务系统理论，早在20世纪早期由

A. K. Erlang 所创立。从某种意义上它可被看成运筹学的一个分支。

在现实中,由于需要接受服务的对象数目及提供服务的时间的随机性等原因,构成了具体的排队系统,揭示排队系统中等待服务的对象个数、服务系统内的闲置率等数量指标的变化规律,并由此研究提高排队服务系统的服务质量,实现最佳的工作效率等成了排队论研究的主要内容,这些内容大致可被概括为三个方面:一是统计(Statistic)推断,并建立具体模型;二是对具体模型展开研究,揭示与排队有关的数量指标的概率规律特性;三是优化排队系统,使之发挥最佳的工作效率。

排队论的应用非常广泛,尤其在通信、交通、计算机存储、社会服务窗口设置等方面有很多直接应用,这里着重就其在交通领域中的应用展开分析。

1)排队论中相关理论概述

深入分析排队论不难发现,作为研究对象的排队系统,它是一个服务体系,完全可被看成一个典型的信号处理器,具体可用图 4-4-14 表示。

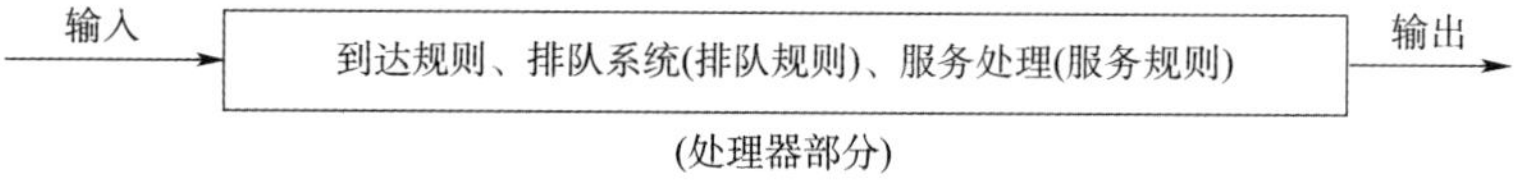

图 4-4-14 排队系统处理器模型图示

但是,必须看到排队系统是一种特色鲜明的处理系统,它的鲜明特色不仅体现在模型的来源上,更体现在处理的具体规则和过程中,对于排队系统来说,排队和服务的规则不同,具体的处理过程也就不尽相同,因此,整个排队系统可被看成是由输入、到达规则、排队规则、服务机构的结构、服务规则、服务时间、输出等几个部分所组成,为了便于表示,D. G. Kendall 首先提出了用三个字母组成的符号样式(Symbol Form)“$A/B/C$”表示排队系统(1951 年),在这里,字母 A 表示服务对象的到达时间分布,字母 B 表示服务时间的分布,而字母 C 表示具体的服务台数量。D. G. Kendall 为了完善排队模型的表述,在原来的基础上,另外加上了三个其他变量,它们分别为:排队系统的容量,用 X 表示;服务对象源的数量,用 Y 表示;服务规则,用 Z 表示。此外,再加上对服务对象个数和服务台个数变量的具体表述,由此,完整的排队模型表述为:

$$A^{\xi}/B^{\zeta}/C/X/Y/Z \tag{4-4-28}$$

这里,A^{ξ} 表示服务对象以 ξ 个为一批到达服务点,B^{ζ} 表示服务机构每次能给 ζ 个服务对象提供的服务。在排队系统中,服务对象到达间隔序列和服务时间序列一般总假定为独立同分布随机序列,且它们之间互相对立。

此外,在式(4-4-28)中,因 A、B 分别表示对象到达时间分布和服务时间分布,它们的位置也可以用具体的分布来表示,如表 4-4-6 所示。

具体概率分布类别及对应字母表　　表4-4-6

分布类别	负指数分布	定长分布	几何分布	k阶爱尔兰分布	R相超指数分布	一般互相独立的时间间隔分布	一般分布
字母表示	M	D	G_{eo}	E_k	H_R	GI	G

排队系统的容量变量X若缺省，则表示其容量为∞，同样的，若Y缺省，则它也表示为∞，而Z若缺省，则相应的服务规则为先到先服务。

对排队系统来说，它的衡量指标大致可总结为如下各项：

队长L_s——系统中需服务对象的总个数。

排队长L_q——队列中排队等待服务的个数(尚未接受服务)。

等待时间W_q——服务对象在队列中的等待时间。

逗留时间W_s——服务对象在系统中的停留时间。

忙期T_H——服务机构相邻两次空闲的时间间隔。

服务强度ρ。

稳态指排队系统的运行充分长以后，系统处于稳定状态，此时，初始时的影响已消失，系统状态不再随时间变化而变化。

排队论既是运筹学的一个分支，又涉及很多有关概率论理论，更因它有广泛的应用，所以，它的内容已经非常丰富，相关理论已有其他文献做了很多具体论述。

2)在交通管理中的具体应用

排队论的相关理论，可以很好地应用到交通管理中的许多领域，尤其在公路交通中，由于具体的车辆在相关道路上的行驶与否等都是随机的，而且不同的车辆行驶与否等彼此之间互相独立，道路叉口中的车辆等待、高速路口的车辆排队、收费站通道口的车辆等待状况，甚至在交通事件中的车辆等待等，都可以被抽象成排队模型，在具体的交通实践中，“服务”规则一般都遵循“先到先服务”，所以在式(4-4-28)中的Z可以缺省。因此，在交通实践中，应用排队论的相关理论来设计具体的车辆排队系统，从管理的角度以达到最佳的效果，以及对已出现的车辆排队现象，用排队论的相关理论做必要的处理，达到最佳的处理效果。另外，从车辆驾驶员的角度，了解行驶途径中的排队现象，从而根据排队论的相关理论，做出对自己出行最合理的选择等。

与在其他领域应用排队论理论相类似，在交通实践中，如何更好地利用排队论理论，评价一个排队系统的好坏，从车辆的角度来考虑，希望等待或逗留的时间越短越好，希望服务台的个数尽可能地多；而从管理的角度来考虑，因增加服务台的个数意味着增加成本，甚至增加了浪费的可能，因此并不能一味地增加服务台的个数来解决排队拥堵问题。这些在高速公路网中的收费站等管卡设置方面都有直接的应用。

这里就排队论在处理交通拥堵等方面的应用进行深入分析，并提出新的算法。

(1)基于排队论理论的公路交通道路处理服务台的智能化处理

在公路交通中，车辆进入相关高速路网时，总要经过收费口，而高速路网中的某些路段，总也设置着多个具体的类似于服务台的通道，它们构成一个具体的排队系统，不妨设共有 n 个"服务台"，其中同时处于工作状态的台数为 i，而且到该路段的车辆可以变道选择具体的"服务台"，在"先到先服务"规则下，Z 可缺省，则根据式(4-4-28)，可得到具体的排队系统模型为：

$$A^{\xi}/B^{\zeta}/i/X/Y \tag{4-4-29}$$

这里，ξ、ζ 为随机变量，A、B 为车辆到达时间分布和服务台的服务时间分布，它们的分布类型可以根据表4-4-6 来确定，一般的，在交通系统中，A、B 大多可取负指数分布，故可表示为 M，它们独立同分布，进而式(4-4-29)可进一步表示为：

$$M^{\xi}/M^{\zeta}/i/X/Y \tag{4-4-30}$$

此时，整个排队系统可用图 4-4-15 具体表示。

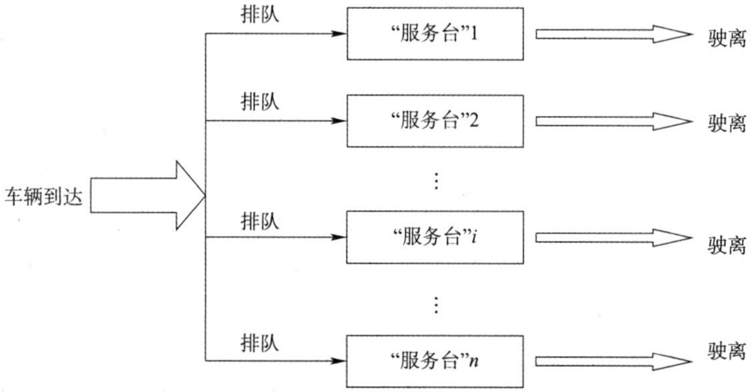

图 4-4-15 基于排队论模型的车辆等待处理结构图示

由此，对该系统中的队长参数 L_s、排队长度 L_q 和忙期 T_H 等参数进行检测分析，根据检测分析的数据变化情况，再做出相应的干预决策，由此，可形成一套快捷的检测—分析—决策调整的实时管理流程。整个过程可以归纳为如下步骤：

第一步，明确检测及处理的对象，并确定开放的服务台个数。

第二步，实时检测 L_s 和 L_q 等参量，并获得与服务台相关的参数值。

第三步，在一定的时间间隔内进行重复检测，并对获得的数据进行分析。

第四步，根据计算结果，决策是否对服务台数进行调整。

第五步，做出判别，并具体加以实施，然后重复上面的各个过程。

第六步，进行实时调整，并重复检测、判断，使之达到或几乎达到预期的最佳状态。

整个过程的流程可用图4-4-16具体表示。

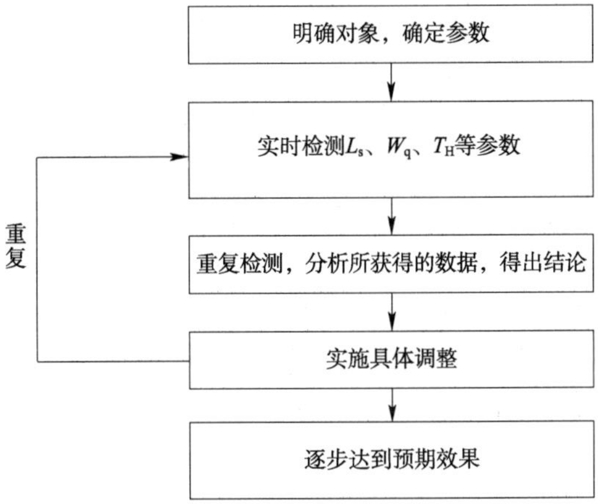

图4-4-16 基于排队论的实时检测、管理流程图示

在图4-4-16中，具体参量的检测除了L_s和W_q外，还可以考虑T_H。对L_s和W_q和来说，它们反映了交通工具排队等候的长度，L_s和W_q越大，表现为车辆排队等候的时间越长，表明该路段道路越拥堵。在具体检测时，可先确定最初的检测时刻，不妨记为T_0，获得相关$L_s|_{T_0}$和$W_q|_{T_0}$，设重复检测的时间间隔为Δt，那么第二次检测的时刻为$T_0+\Delta t$，相应的检测值为$L_s|_{T_0+\Delta t}$和$W_q|_{T_0+\Delta t}$，进而得到：

$$\begin{cases}\Delta L_{s_1}=L_s|_{T_0+\Delta t}-L_s|_{T_0}\\ \Delta W_{q_1}=W_q|_{T_0+\Delta t}-W_q|_{T_0}\end{cases} \tag{4-4-31}$$

一般地，假定在相同的时间间隔下，检测了$k+1$次，就可得到$L_s|_{T_0+k\Delta t}$和$W_q|_{T_0+k\Delta t}$，进而就有：

$$\begin{cases}\Delta L_{s_k}=L_s|_{T_0+k\Delta t}-L_s|_{T_0+(k-1)\Delta t}\\ \Delta W_{q_k}=W_q|_{T_0+k\Delta t}-W_q|_{T_0+(k-1)\Delta t}\end{cases} \tag{4-4-32}$$

根据式(4-4-33)就可得到在所检测的时间内，车辆排队的具体变化，进而可实施相关的管理措施。通过增加“服务台”的个数等办法，促使排队的长度改变，并最终使它达到预期的目标。此时，L_s和L_q不再改变，进而可得到：

$$\begin{cases}\lim\limits_{k\to\infty}\Delta L_{s_k}=0\\ \lim\limits_{k\to\infty}\Delta W_{q_k}=0\end{cases} \tag{4-4-33}$$

实际上，在一定的调整和处理后，当满足式(4-4-33)后，排队系统就处于稳定状态，然后对它进行进一步的跟踪检测，根据相关参数的变化，再次进行调整，这就构成了全天候无间断的检测管理状态，可最大限度地实现管理的最佳化。

此外，从道路管理者的角度来看，既不希望车辆的排队长度很长，导致严重拥堵，当然也不希望处于工作状态的“服务台”有太多的闲置，形成不必要的浪费，因此对所确定的排队系统“服务台”的个数进行必要的减少，并进一步实时检测分析，分别对车辆的排队长度以及服务台的忙期等进行检测分析，以获得最佳的管理效果。这方面的具体处理方法与上面的相类似，都是以调整“服务台”的具体数目作为主要的干预手段。实际上，对于管理较大范围的路网者来说，还可以通过对式(4-4-29)中的 A、B 进行干预，也就是通过对进入该排队系统的车辆的分布状况的改变，来减少排队长度的参变量 L_s、W_q，进而改善排队系统，使之发挥最符合管理者所期待的效率。对管理者来说，通过限制该路段上游入口的车辆数量，可非常方便地实现具体的措施。

此外还需说明的是，以式(4-4-29)或式(4-4-30)为排队系统的模型，实际上包含了多种具体模型，而相关模型中概率等的计算，在排队论中已经有了具体的公式，可直接加以应用，因此，在这里不作具体论述。

(2)基于排队论理论的隧道或桥梁的拥堵解决方案设计

现今，高速路网的覆盖日趋完善，本来因为山、水阻隔的地方，通过建桥、开隧道等方式得以连通。但是，因为桥梁和隧道等的相对特殊，它们就容易成为拥堵点而影响整个道路的交通效率，尤其在交通量相对集中的时段，因隧道口的拥堵，致使道路交通堵塞甚至瘫痪，对正常的出行带来极大的不便。这种以隧道口拥堵为特征的拥堵现象，成为解决道路拥堵的一个难题，应该引起足够的重视。

如何解决这类难题，可选的方案大致不外乎以下几种：一种方法是拓展隧道或桥梁的宽度，使得具体空间中的限制得以消除，从排队论的观点来看，实际上就是增加同时处于工作状态的服务台数，要做到这一点，对隧道或桥梁来说，就意味着开挖新隧道和建设新桥梁，这不仅要有巨大的投入，而且具体的建设过程相对冗长，等新的工程完工后投入使用，由于交通的快速发展，可能同样的问题仍旧难以解决。另一种方法可归结为用时间的延宕来解决问题，也就是把这种类似于机体的“肠阻”现象，看成一种常态，让其随着时间的推移而自行消解，这无疑是以牺牲交通效率为前提的，显然不是一种理想的解决方案。第三种方法则可根据以往的交通记录，利用排队论中对排队长度等的合理干预，自适应地或是动态地加以管理，以确保最佳的通行效率。

这里以花费时间的多少作为衡量车辆通行效率的具体指标，以排队论中的相关理论为依据，讨论一种具体的缓解隧道拥堵的解决方案。

实际上，把隧道或桥梁看成一个排队系统，它同样可以用式(4-4-29)表示，在这里的 A 和 B 可以看成独立同分布的随机变量。而在它们的上游，有多个入口，这些入口都有相关的管理和检测设置，它们与隧道或桥梁的管理部门是联动的，可彼此进行信息的传递或指令的传达。具体的结构可用图 4-4-17 表示。

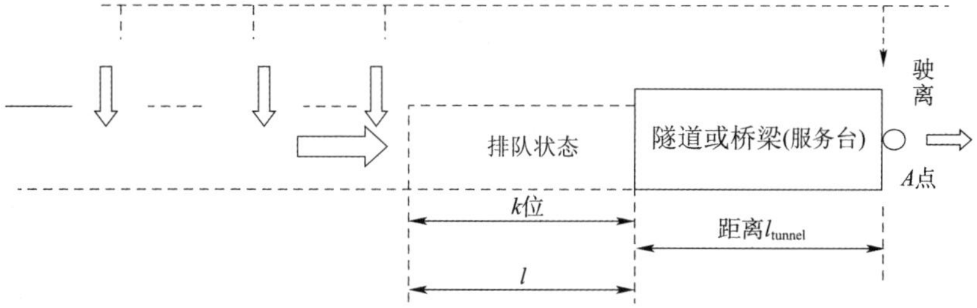

图 4-4-17　隧道或桥梁为“服务台”的排队系统结构图示

图 4-4-17 中，在隧道或桥梁的上游，列出了几个入口，假定这些入口可以调节进入该排队系统车辆的数量，同时，设隧道或桥梁的前段 A 点为目的地，除了通过隧道或桥梁可达到该点外，其他等级较低的道路或距离较远的路径也可以到达，只不过因这些道路相对较远等原因，它们一般不被作为首选的路径使用，但当“最优路径”被拥堵时，它们就有被选择的价值。这种情况是真实存在的，以浙江省的高速路网为例，杭州与金华、衢州等地的高速路网的连线，最短路径是“杭金衢高速”，但这个路段中有一个著名的“新岭隧道”，地处绍兴与金华交界处，它是该黄金道路中的“拥堵”点，几乎是每日的车辆高峰时段，都要上演单向、有时甚至是双向拥堵，致使车辆排队等候形成“一字长蛇阵”，甚至绵延到数里长。需要很长的时间才能使道路恢复畅通的状态，尤其在“黄金周”等节假日出行、返程高峰时段，新岭隧道路段几乎成了行车者的“恶虎岭”，大有让人“谈岭色变”的惊恐状。作为高速公路的管理部门，针对这种状况，虽然也着手提出具体的相应举措，希望在短期内改善这段路的交通状况，诸如通过广播电台等手段实时播报交通实况，要求出行者避开高峰时段出行等，但很多时候还是收效甚微，几乎达不到效果，拥堵甚至瘫痪现象还是时有发生。究其原因，一是该路段作为主要交通枢纽，行驶的车辆数较多；二是该段作为“瓶颈”，也致使道路拥堵的产生；三是管理部门不仅在引导车辆行驶，更是在分流车辆的方面还可以做更细致的工作。根据排队论的相关理论，针对该路段建构合理的模型，加以精细化的管理，可有效提高管理效率。

在具体分析之前，先作相关的假设，把图 4-4-17 类型的实际情况，抽象成一个具有 $n(n\geqslant1)$ 个服务台的排队系统，这些服务台同时处于工作状态，并且设具体的

排队模型中 A 和 B 是独立同分布，车辆进入排队系统的输入过程为参数是 λ 的 Poisson 过程，每一个服务台的服务时间分布是参数为 μ 的 Poisson 过程，由此根据表 4-4-6，相应的排队系统模型就可用 $M/M/n$（这里 X、Y、Z 缺省，因为系统容量限制值、服务对象源的限制值都可以被看成为∞，而服务规则遵循先到先服务，所以也可取缺省值）来具体表征。

对这样一个排队系统，根据计算公式，可从理论上获得该模型处于平稳状态时的系统队长 L 和平均等待队长 L_q 等变量的值。设 $X(t)$ 为在时间 t 时排队系统中的服务对象数，它包括尚在等待的服务对象数以及正在接受服务的个数，那么，当排队系统进入稳定状态时，假定此时的服务对象数为 k，此时的 $P\{X(t)=k\}=\pi_k$，由此，$X(t)$ 作为随机变量，它的概率场可表示为：

$$\begin{bmatrix} X(t) \\ P \end{bmatrix} = \begin{bmatrix} 1 & 2 & \cdots & k & \cdots \\ \pi_1 & \pi_2 & \cdots & \pi_k & \cdots \end{bmatrix} \tag{4-4-34}$$

进而，该系统的平均队长 L 可表示为：

$$L = E\{X(t)\} = \sum_{k=1}^{\infty} k\pi_k \tag{4-4-35}$$

进一步，因为系统进入平稳状态后，要处于排队等候状态，所以总有 $X(t)=k<n$（n 为服务台的个数），所以排队等候的（也就是未进入被服务状态的，对应于隧道或桥梁，也就是尚未在隧道中或桥梁上行驶的车辆）车辆数为 $X(t)=k-n$，进而平均等待队长为 L_q 可表示为：

$$L_q = \sum_{n+1}^{\infty} (k-n)P\{X(t)=k\} \tag{4-4-36}$$

一般说来，针对具体的隧道或桥梁，服务台数实际上就是具体的车道数，它总不大会超过具体的数值 3 或 4，而排队的长度一般要远远大于这些数值，因此，在很多时候，实际上可用 L 来近似代替 L_q。

这里 L 和 L_q 都是指具体的服务对象的个数，在这里，实际上就是车辆的个数，假定每辆车辆的平均长度为 $\bar{c}$m，车辆之间的间隔平均为 $\bar{b}$m，那么对于第 L_q 辆车离服务台（隧道的入口或桥头）的长度 d 可表示为：

$$d = \bar{c}L_q + (L_q - 1)\bar{b} \tag{4-4-37}$$

式（4-4-37）是一个重要的变量，它反映了 $M/M/n$ 形式的排队系统处于平稳状态时，车辆离隧道或桥梁的平均距离，它构成了一个门限值（临界点值，Threshold Value），记为 $d_{threshold}$，可作为实施交通状态管理的一个参考数据。

实际上，交通管理者可以依据这个数字来进行具体的调节管理，在所选定的包含隧道或桥梁的路段，管理者对排队的长度可以进行实时检测，把检测到的长度与

$d_{threshold}$进行比较，该长度大于或等于 $d_{threshold}$时，就可进行必要的干预，一种举措就是控制该路段上游入口的车辆进入排队系统的数量，从而改善该路段的排队拥堵状况，等排队长度逐步变短后，则可再放宽在上游入口的车辆准入条件，以确保该路段的畅通。

当然，根据隧道或桥梁的实际情况，构建其他形式的排队系统，同样可以求得相应的队长和等待队长，类似于式(4-4-37)，可求得临界长度 $d_{threshold}$。因此，道路管理方可对排队拥堵现象进行基于排队论理论的管理，相应的步骤可作如下归纳：

第一步，确定隧道或桥梁的排队模型，这个模型中主要涉及对 $A/B/C/X/Y/Z$ 中 A、B 分布的选择。

第二步，确定模型后，由排队论理论，根据排队模型进入平稳状态后的相关条件，求得系统队长 L 及平均等待队长 L_q 等数量指标，进而获得门限长度 $d_{threshold}$。

第三步，实时检测排队长度，得到具体的队长 d_{real}。

第四步，比较 $d_{threshold}$和 d_{real}。若 $d_{threshold} > d_{real}$，则不必干预该路段上游的车辆行驶；若 $d_{threshold} \leqslant d_{real}$，则着手干预上游车辆的行驶，具体体现为限制或分流上游入口进入该排队系统的车辆。

第五步，实时跟踪实际排队状况，动态调整相关干预上游车辆行驶策略，确保该路段具有较高的通行效率。

具体实施方案可用图 4-4-18 表示。

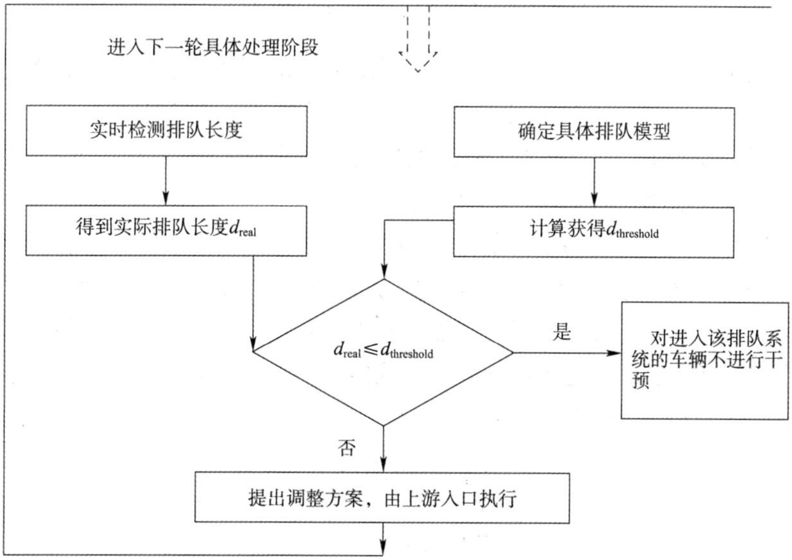

图 4-4-18　基于排队论的隧道或桥梁拥堵解决方案图示

除了用排队论理论求得门限距离，在此基础上构建调节隧道或桥梁上游的车流量，以此来获得对该隧道或桥梁上游拥堵实施监控管理的方法以外，还可以以具体的车辆通过隧道或桥梁的时间长短作为评判标准，给出具体的调节和管理方案。为方便起见，这里具体论述时，仅考虑在隧道口排队通过的情形。

分析在隧道口排队等候车辆的特点，不难发现，对具体某一个车辆来说，它从开始等待状态，到进入隧道入口行驶，到最后驶离隧道，整个过程大致可被看成两个阶段。第一个阶段，是开始排队等候到将进入隧道口，在这一阶段，车辆的行驶和停顿交替过程较多，整个过程中所花费的时间与参与排队的车辆数有关，同时也体现在排队点离隧道口之间的距离；第二个阶段则是车辆进入隧道口，以一定的速度行驶在隧道中的阶段，这一个阶段可被看成服务过程，它所花费的时间取决于隧道的长度和具体通行的速度。

由此，假定在某一个时刻，某车辆进入该排队系统，它处于排队的第 k 个位置，根据图 4-4-17，从该时刻起，到它驶离隧道到达 A 点的时间可作如下的表示：设平均每辆车从隧道入口到 A 点的行驶时间为 t_{tunnel}，车辆每向前移动一个平均车位长度的时间为 τ_{m}，它包括慢速行驶的时间和等待的时间，而平均车身长度为 $\bar{d}$，那么从一开始是第 k 位的等待车辆，它到达 A 点所需花费的时间 t 为：

$$t = kt_m + t_{\text{tunnel}} \tag{4-4-38}$$

进一步，假定车辆在隧道中的行驶速度为 v_{t}，那么 t_{tunnel} 就可以用 $\dfrac{l_{\text{tunnel}}}{v_{\text{t}}}$ 表示，而排队的长度 k 与 $\bar{d}$ 的乘积，就是该车辆离隧道入口的距离，因此也可以用离隧道入口的长度来衡量排队的长度。以 t 为考察对象，排队越长所需要的时间也越长，假如所考察的车辆在进入排队时刻算起，它不走这条路，而是选择另外的道路行驶也到达了 A 点，所花费的时间为 t_{other}，因此对该车辆来说，在通常的行驶意义下，若 $t \leqslant t_{\text{other}}$，则至少说明从花费时间的角度来衡量，选择过隧道到达 A 点的决策是划算的、可行的；若是 $t \gg t_{\text{other}}$，则说明该车辆选择过隧道行驶到 A 点的决策是失败的，而与条件 $t \ll t_{\text{other}}$ 相对应的，具体体现在排队的长度上。假定在通常的行驶条件下，车辆不行驶隧道而到达 A 点的时间可确定，记为 $\bar{t}_{\text{other}}$，它是一个门限时间值，那么，对应的，根据式(4-4-38)可得到：

$$\begin{cases} k = \dfrac{\bar{t}_{\text{other}} - t_{\text{tunnel}}}{t_m} \\ l = \bar{d} \cdot k \end{cases} \tag{4-4-39}$$

这就可算得临界条件下的排队队长（车辆数目 k）和具体离隧道口的临界距

离，记排队数的门限值为 $k_{\text{threshold}}$，离隧道入口的临界距离为 $l_{\text{threshold}}$，则有：

$$\begin{cases} k_{\text{threshold}} = \dfrac{\bar{t}_{\text{other}} - t_{\text{tunnel}}}{t_{\text{m}}} \\ l_{\text{threshold}} = \dfrac{\bar{d} \cdot k(\bar{t}_{\text{other}} - t_{\text{tunnel}})}{t_{\text{m}}} \end{cases} \tag{4-4-40}$$

这也就是说，在队列中，当车辆所处位置的对应数值比 $\dfrac{\bar{t}_{\text{other}} - t_{\text{tunnel}}}{t_m}$ 小，也就是队尾(排在最后的车辆)与隧道入口的距离小于 $\dfrac{\bar{d} \cdot k(\bar{t}_{\text{other}} - t_{\text{tunnel}})}{t_{\text{m}}}$ 时，车辆通过排队、路经隧道的方式是划算的，反之，则选其他的路径行驶更明智。

对于道路管理部门来说，它可实时监控和检测隧道入口的排队情况和车辆行驶通过隧道平均所花费的时间，因此，道路管理部门可根据上述基本思想，来实施该路段的交通管理。首先，它可通过长期的检测、管理和分析，获得该路段中的相关数据，这些数据，既可以通过实时的检测获得，也可通过一定的计算得到，更可在统计学意义上加以分析得到；这些门限值与实时的交通特性有关，它们可以被作为样本加以利用。其次，在具体管理道路的实际过程中，根据不同时段的交通特点，可分别获得相关时间及距离的门限值，然后把它们分别用在实际的道路管理中。也就是在确定相关门限值的前提下，实时检测隧道入口的排队长度，并作如下的具体管理方案：

当实时检测到的排队数目接近门限数值时，则对进入排队系统的车辆进行分流，或在上游的某些入口实施控制，限制进入的车辆数目。

当实时检测到上流排队数目比门限值小到一定程度时，则可撤销对上游进入该路段车辆的控制。

这种实时的动态控制方案，能最大限度地降低具体车辆在行驶过程中的时间花费，对车辆来说，能有效提高行驶效率，对道路管理部门来说，也可很好地发挥管理效果。由此也形成了一种新颖的管理策略，它的具体工作过程可用图 4-4-19 表示。

还需说明的是，在上述系统中，若把隧道换成桥梁或其他类似的结构，只要抽象后的模型如图 4-4-17 所示，就可以采用上面的方法，因此它的适用性非常广泛。

3）小结

在建构具体排队模型的基础上，依据排队论的相关理论，给出了几种具体的道路实时管理新方法，这些方法不仅所依据的理论性强，而且能针对交通过程中的实际情况，进行灵活调整，实时、动态管理，具有很好的灵活性、主动性和智能性，是展现智能技术的重要内容之一。还有很多可进一步深入研究和具体应用的内容,相关的算法实现等可进行更精细化地拓展。

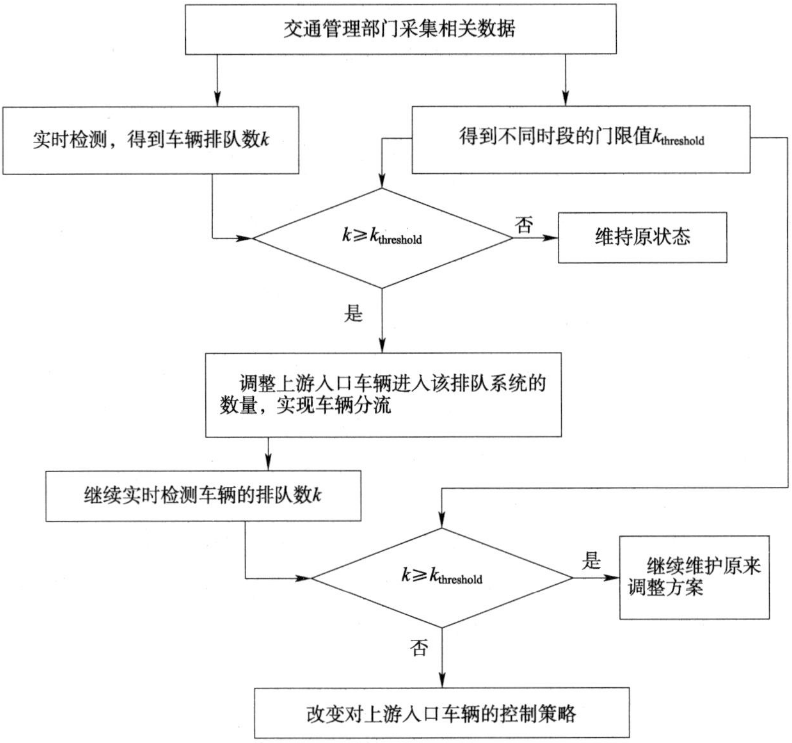

图 4-4-19　以时间变量为判别条件的隧道口管理方案图示

4.4.8　基于群体智能理论的交通道路检测新算法研究

群体智能(Swarm Intelligence,SI)可理解为具有较低智能水平的个体在无集中控制的条件下,通过单个个体自身的简单行为,使得整个群体表现出某种卓越智能,进而解决某些特定的问题。它所展现出的是个体简单处理问题能力的有效累加,产生整体的强大效能,从而解决复杂问题。这种情况在自然界中是客观存在的,如鱼群、蚁群、鸟群,甚至是结队而行的哺乳动物群等,都可以被看成是一个个群体(Swarm)。作为个体,它们的能力(也包括智能)相对低下,但一旦形成相当规模的群体,就可发挥强大的整体功能,如规模巨大的鱼群就可有效逃避捕食者,蚁群可很好地实现食物寻找,羊群也可很好地躲避狼的捕杀。究其原因,群体中个体之间存在着信息交互的能力,因为这种能力的存在,使得个体所获得的信息要远远多于它自身通过感官直接探知所得到的信息,而且它不仅仅体现在群体中个体之间的信息传播,而且还体现在个体对信息的适度处理,并根据所获得的信息,改变自身相关的行为方式和规范,进而促使个体之间的行为和规范彼此协调甚至统一,表现出整体(群,Swarm)的智能特性。人们根据自然界中的这种特性,提出了群体智能理论,把它们应用到人工智能等方面,从而发展了一类新颖的优化方法。

群体智能最早由 Beni、Hackwood、Wang 等人研究自组织等问题时所提出,然后由 Bonabeau、Dorigo 和 Theraulaz 等人进一步完善,他们在《Swarm Intelligence:From Natural to Artificial System》中对 SI 就有很多论述,然后,James Kennedy、Russell C. Eberhart 等人在深入分析 SI 的基础上,撰写了具有里程碑(Milestone)意义的《Swarm Intelligence》一书,他们根据群体智能理论和方法已经被实际应用的情况,对群体智能进行了新颖的界定,认为一个系统是群体智能系统,那么它必须满足五条基本原则,这就是从公理化体系来确定群体智能及相应的系统,他们为群体智能理论建构打下了扎实的基础。

群体智能系统的五条基本原则为:

第一条,接近性原则(Proximity Principle),也就是群体内的个体彼此相近,都具有简单地实施"时—空"上的相关判断、评估和计算等能力。

第二条,品质性原则(Quality Principle),群体上的个体具有对环境(The Existing Surrounding)关键性因素的变化做出响应的能力。

第三条,稳定性原则(Stability Principle),也就是环境的变化并不是总能引起整个群体行为样式的改变,群体的整体行为模式虽受环境影响,但它具有一定的稳定性。

第四条,适应性原则(Adaptability Principle),也就是在环境变化中,若出现群体需要付出一定代价而改变原来行为模式的状况,群体就能付出代价,实现行为模式的改变。这一条反映了群体整体的适应性特性。

第五条,响应差异性原则(Principle of Diverse Response),也就是群体内每一个体对环境中某种变化的响应可以不同,彼此可以存在差异。

SI 不同于传统的人工智能,它业已成为具有显著特点的智能描述,它的思路为在没有集中控制和全局模型前提下寻找复杂分布式问题的求解提供了可行的解决思路和方法,所以,基于 SI 理论及方法的算法在计算智能领域有了具体的应用,迄今,如蚁群优化算法(Ant Colony Optimization Algorithm,ACO Algorithm)和粒子群优化算法(Particle Swarm Optimization Algorithm,PSO Algorithm)等有了较深入的研究,它们不仅自身具备了相对完整的理论,具体算法在某些领域也发挥了独特作用,成了 SI 领域中具有指标意义的两种优化算法。

在公路交通领域，虽然具体车辆在道路上行驶受限于具体的基础设施，但它们还是具有一定能动性的（这种能动性可被理解为智能性），若把同时行驶的车辆看成一个个"粒子"或"蚂蚁"，而把一定规模的公路网或城市道路网看成一种环境，那么至少在形式上类似于一种具体的群体系统（Swarm System），进一步，对照《Swarm Intelligence》中所要求的关于SI系统的条件，不难发现，不同车辆之间的信息交互能力是完全具备的，而且它们同样满足上述五条基本原则，因此，把它们看成一个SI系统是完全合宜的，进而应用SI智能技术来解决交通问题，成为一种潜在的可能。随着SI在交通领域中的具体应用日益深入，它的优势还将进一步发挥出来。

这里就SI中相对成熟的ACO算法理论在交通中的相关应用进行分析，给出具体的解决方案。

1）基于蚁群优化算法理论的最佳行驶路径的实现方案分析

Marco Dorigo等受真实蚂蚁觅食行为的启发，提出了一种富有创新性的元启发式算法（Metaheuristic），这就是蚁群优化（ACO），它利用一群人工蚂蚁的协作来寻找在某种指标下的最优解（Optimization）。因此，协作（Co-Operating）成为ACO算法设计中的关键要素，它不仅体现在这些人工蚂蚁自身所具备的一定计算判断和控制能力，更重要的还体现在这些个体之间的信息交互，这就是实现个体之间的有效通信。

用ACO求解实际上是通过不断向部分解添加符合定义的解的成分，从而构建成一个完整解的过程，这个过程可被看成随机构建过程，是实现组合优化的一种途径。因此ACO可以被应用到能够定义构建性启发式的组合优化问题中。

（1）ACO算法中的问题描述

ACO算法可以解决$\Psi=\{R,f,\Omega\}$一类的极值问题，在Ψ中，R是可选择的解的集合，f为目标函数，一般说来，对每一个可选解$s \in R$，都有一个目标函数$f(s,t)$与之对应，这里t是时间参数，它与约束条件集合Ω中的具体条件有关，实际上，它反映了具体约束条件的时变特性。

对问题Ψ，寻找一个全局最优解$\bar{s} \in R$，也就是使得$f(\bar{s},t)$达到在所给条件下的极值（极大值或极小值）。寻找全局最优解的具体方法成为解决问题的关键，一种性能卓越的解决方案，不仅能以最小的代价，而且可以获得最佳效果，所以它们具有深刻的方法论意蕴，可以这么说，在解决求Ψ问题方面，ACO不失为一种具有卓越性能的方法，它通过人工蚂蚁的建构性启发方式，在确定具体的约束条件集合Ω的同时，由人工蚂蚁在构建图上随机游走（Randomized Walks）来建立起具体的随机构建过程。记构建图为$G_c=(C,L)$（其中C是图中点的集合，L为图中线的集合,也就是对于点 $c_i \in C, c_j \in C$,则有 $l_{ij} \in L$,对 l_{ij} 来说,它可以是有方向的,也可以无方向),那么人工蚂蚁在具体构建过程中,需要用到信息素值 α 和启发值 β,信息素值 α 由人工蚂蚁更新,而启发值 β 由其他资源提供,在实际中,β 可作为所应付出的代价或代价的估计值,它是在构建过程中添加解的成分时所需付出的代价。然后,在确定启发方式的具体规则条件下,人工蚂蚁依据概率的大小可在构建图中具体移动。

类似于 SI 系统所遵循的基本原则,在 ACO 算法中,蚁群中的每一蚂蚁利用构建图寻找最优解的过程中,也遵循共同的规则,归纳起来,大致可分为三条:第一条,蚁群中的每一蚂蚁都有记忆体,它用来保存蚂蚁所经过的路径上的信息,这些记忆体不仅可以用来计算启发值 β,还可用来建立新的可行解及对当前解的评估,甚至因记忆体的存在而促使蚂蚁以原来过程的逆过程而退回到原来状态;第二条,每一只蚂蚁的行径状态特性可总结为,每一只蚂蚁总有一个起始状态和至少一个终止状态,起始状态往往是空序列或只带一个单位长度的序列,而状态转移总是以邻近转移为基本原则的,也就是当现行状态不是终止状态时,它就会向邻域中的某一点转移,构成下一个具体状态,直到终止状态为止;第三点,每一蚂蚁在状态转移时,都会更改信息素值 α、启发值 β 以及约束条件集合 Ω 中的具体条件。

ACO 算法的实现步骤已经相对完整,也有了具体的测试和成熟的应用例子,应用 ACO 算法解决实际问题,往往把实际问题转化为建模成 ACO 算法相适应的问题描述,再具体来应用 ACO 算法,通过蚁群中每一只蚂蚁的逐步解构获得最优解,此时,蚂蚁进入终止状态。

迄今,ACO 算法在旅行商问题(Travelling Salesman Problem,TSP)和网络路由选择问题方面有很好的应用,另外,在广义分配问题(Generalized Assignment Problem;GAP)和顺序排列问题(Sequential Ordering Problem;SOP)等方面的应用,也表现卓越。它的具体应用领域正不断扩展。

(2)ACO 算法在智能交通中的应用

类似于 ACO 算法在 TSP 问题及网络路由选择问题中的应用,它也可应用在交通车辆行驶最短(最佳)路径选择等方面,对于某一确定的车辆来说,从某一点始发,路经具体的道路网络,最终到达目的地,这个过程,完全可被看成是在 SI 系统中蚂蚁寻找最优解的过程,也就是从起始状态开始,通过信息素值的更改以及启发值等的变化,解构具体解,直到终止状态的过程。因此,ACO 算法可以很好地应用到交通中最短路径或最少成本代价等问题的求解中。

这里给出基于 ACO 算法来解决交通中基于某种目标函数的最优解的构建实现过程。

首先，确定某一个具体的交通网络，把其中的点和相近两点的路径进行标注，构成一个构建图 $G_c(C,L)$。

其次，结合交通领域中的实际情况，构建极值问题 $\Psi=\{R,f,\Omega\}$，在这里，R 对应于建构图中点的集合，f 为目标函数，可以是路径长度的表述，也可以是其他如成本或代价的具体表述，甚至是构造复合型的代价函数，当车辆（蚂蚁）到达某一个点，也就是在解构图中的某一个状态时，在对应的 Ψ 中，就有 $s\in R$ 与之对应，约束条件集合 Ω 可根据具体的条件设定，但它必须受制于所确定的实际路网的约束，因为实际路网作为交通基础设施，它的存在条件是先行决定的。

其三，构建信息素值及启发值的表述、列表及车辆（蚂蚁）的信息素值更新方案。在这里，一种可行的方法就是对路网中相邻点之间的交通状况进行数字化并加权处理，形成一个个瞬时值，采用矩阵表示，对每一辆车来说，它根据资源提供的启发式值，决定自己在构建图中的游走路径，更新信息素值，并把相关信息素值发送出去，成为形成新启发式值的重要前提条件。

其四，对于车辆（蚂蚁）来说，它从始发点出发，也就是从起始状态开始，通过接收启发式值，并以概率最大准则实施状态转移，在转移过程中，每转移到新的相邻点，就更改信息素，并接收新的启发式值，决定下一个状态的转移，如此往复，直到进入终止状态，也就是抵达目的地为止，这样，完成全局解的求解。

分析这个具体实现步骤不难发现，对交通中有关最优解的求解，利用 ACO 算法是完全适宜的。这里举一个例子加以说明，它是车辆从始发地到目的地，以最短行驶时间作为最优解来考虑的。

假定车辆从 A 点出发，到目的地 B 点，由此，包含 A 点和 B 点的道路网络已经生成，业已形成相关的解构图集合 $G_c(C,L)=\{C=(c_1,c_2,\cdots,c_k),L=\{l_{i,j}|i\in C,j\in C\}\}$，当 i、j 之间不存在相邻连线时，对应的 $l_{i,j}$ 值就设为∞，当 i、j 重叠，也就是构成环路（闭路），此时可把 $l_{i,j}$ 值记为 0。这样，A 点所对应的是起始状态，B 点对应于终止状态，车辆从 A 点到 B 点，就是在最短行驶时间要求下，车辆（蚂蚁）在启发值的指引下，逐步游走 $G_c(C,L)=\{C=(c_1,c_2,\cdots,c_k),L=\{l_{i,j}|c_i\in C,c_j\in C\}\}$ 的过程。在这个过程中，假定车辆（蚂蚁）已经游走到某一个状态，它所对应的点标记为 P 点，那么将与 P 点相邻且更接近于 B 点（因为行驶具有方向性，总需要越来越远离 A 点，而越来越接近 B 点）的相邻点的连线及启发式值记为 $l_{c_p,1},l_{c_p,2},\cdots,l_{c_p,k}$，具体如图 4-4-20 所示。

图中用带箭头的线段表示方向，对于处于 P 点的车辆（蚂蚁），根据 $l_{c_p,1},l_{c_p,2},\cdots,l_{c_p,k}$ 所提供的启发值，记为 $[v_{l_{c_p,1}}(t),v_{l_{c_p,2}}(t),\cdots,v_{l_{c_p,k}}(t)]$，它实际上构成一个列表

或向量矩阵,车辆根据目标函数的要求,选择某一个启发值,这就意味着决定了下一步具体行驶的路线,同时,根据自己的行驶经过,更改信息素值,并把它发送给相关资源管理方,资源管理方根据车辆(蚂蚁)所更新的信息素值,再发布新的启发式值。通过这样的有限步相邻状态的转移,最终到达 B 点,也就是车辆(蚂蚁)到达终止状态。

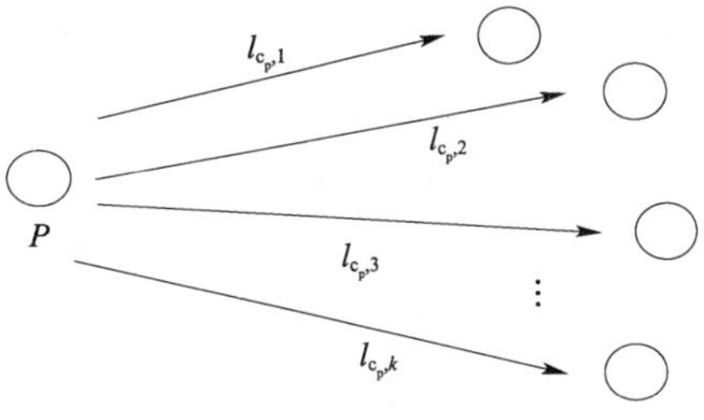

图 4-4-20　由 P 点到相邻点的结构图示

2)小结

随着 ACO 算法的日益完善,它在交通领域中应用的广度和深度还将不断拓展,这里的讨论,仅涉及其中一类组合优化问题。指标的优化及具体实现,赋予更多智能化处理,是智能交通中的重要内容和进一步发展的方向,所以,基于 ACO 算法理论的智能交通技术发展前景可期。

借助计算机强大的处理功能,ACO 算法还可用在导航等众多领域,这不仅可用在公路网等领域,还可用在航海、航空等领域。ACO 算法技术在相关领域中的研究应用,我们正着手做更深入的分析,相应的一系列成果将陆续发表。

4.5　提升城市道路电动摩托车交通安全性能的综合方法研究

交通安全作为一个重要指标,它在交通实践中具有根本的重要性,提升交通安全性能也是智能交通技术应用所追求的主要性能指标之一。交通作为人和物进行时空转换的重要模式,在具体行进过程中,难免会碰到危险甚至是伤害,进而形成安全问题,所以它也是公共安全的重要内容。现今,在追求速度指标等大环境下,更应该夯实安全性能。智能交通技术作为提升交通性能的重要手段和途径,在投入相对较少的前提下,获得更高水平的交通安全,其优越性是不言而喻的,面向交通安全的智能交通理论与技术的研究,是一个重要的研究方向,相关的理论和技术成为整个智能交通通体系中的重要组成部分。

交通安全应该包括交通人、交通工具和交通设施的安全。对交通人来说,安全就是指身心不被伤害,而交通工具和设施等的安全,则体现在不被毁坏,这是一般传统意义上的安全描述,随着安全所涉及的范围不断扩展,它所应包含的内容也随之增加,如与交通相关的环境安全等。这里所论及的安全性能,主要关注的是交通人的安全,因为人的安全关乎生命,是最宝贵的,对在交通中受到伤害的人员来说,无论对受害者本身,还是对他们所属的家庭以及社会,都是巨大的损失;此外,人在交通中起着主导作用,人的安全得到保障,相应的安全程度就能得到实质性提高。

交通安全不仅包含陆上道路的安全,还有水路和航空等的安全。一般来说,在世界范围内,除了极个别的城市如威尼斯等,以船只等作为主要交通工具,其他的大多以道路交通作为最主要的交通方式,道路交通不仅参与的人数最多,而且参与的最频繁,又因最易参与,相应的各种情况也最复杂。这里仅涉及道路交通安全问题的讨论,在简述针对道路安全研究现状之后,仅就城市道路交通中的电动车交通作为具体例子加以深入研究,在分析它的安全性的基础上,提出了增加电动车交通安全的一种具体方法,希望这种方法受到道路管理部门、相关厂家、甚至是具体标准制定部门的重视。之所以对城市交通中的电动车交通作为研究对象,一是电动车的安全问题,在现阶段是大中型城市交通安全中最薄弱的一个环节,是亟待解决的难题;二是它的安全问题比较有代表性,可作为综合研究城市道路安全问题的典型案例分析;第三,希望通过对它的分析,对建构起一种研究城市交通安全问题的具体范式起到一定的促进作用。

4.5.1 交通安全研究概述

从理论上讲,处于运动状态下的车辆与车辆、车辆与行人之间在时空上存在趋向性等差异,也就是存在着行驶方向、行驶速度以及个体体量大小等差异,它们在客观上可能产生不同的交通行为上的冲突,由此构成具体的交通事故。虽然从表面来看,交通事故发生在交通工具之间,或至少有交通工具参与,但必须看到,交通工具是由人操控的,归根结底,造成安全隐患和交通事故的主要原因还是由人的行为所引起。人或交通人被认为是具备独立判断能力和理智处理各种问题能力的个体,在具体交通策略选择时,虽有理性的一面,但同样存在着非理性,若把同时、同地点的交通选择看成一种博弈行为(The Behavior of the Game Theory),那么交通选择是一种“非合作的博弈”,他们都以各自的利益最大化作为交通行为选择的根本依据。此外,人的交通行为还受交通人的身体状况、心理状况以及环境等的具体影响。因此,要从人,尤其是交通人的行为角度来分析造成各种交通事故的原因,以此作为研究交通安全的切入点和归结点。交通规则的设计与宣传、在交通工具和交通基础设施上的基于安全考虑的设置和保障等,都应围绕交通人的行为来具体展开。具体涉及智能交通技术的应用,不仅在技术和管理的设计上要以此为核心,而且更应该通过具体的处理,尤其是智能处理等来预防交通人错误的交通行为的发生,及时制止、纠正业已发生的错误行为,有效预防和制止危险的发生,这也就是通过技术支持,增加交通工具及交通设施的智能判断和挽救措施,以立体式、多层次的防护来保障交通安全,尽量降低交通人、交通工具和交通基础设施的受损风险(Risk)。

现今,由于道路交通事故等业已成为影响社会生产、生活的公共危害,人们对它越来越重视,不仅从社会学、行为学和心理学等角度来分析交通事故,还借助博弈论(Game Theory)的相关理论,进行基于具体数理模型的定量分析,以及对交通各要素进行分类分析等,都取得了一定的研究成果,如基于行为学的交通安全分析中,就提出了提升交通安全的具体原则:行为隔离原则、行为限制原则、行为疏导原则和交通需求优化原则等;以对道路交通要素的安全性分析为例,则提出了加强对"人(交通人)"的管理,对"车(交通工具)"的管理,对"路(基础设施)"和"环境"的管理等,并进一步提出加强交通事故预防的科学研究,加强道路安全管理的举措,提高交通参与者的安全意识,深入开展交通安全宣传,提高汽车安全性能,加强交通安全监督等。

每一个国家和地区几乎都面临着交通安全问题的困扰,各国都致力于提升交通安全的理论研究和实践应用,但因具体的侧重点有所不同,所引起的具体效果也不尽相同,以美国和日本为例,美国强调对"弱势交通人"(在交通过程中,两相对照,处于弱势状态的交通参与者,被称为"弱势交通人")的保护,尤其强调对行人的保护,所以行人等在交通事故中的伤亡是最低的;日本比较倾向于对机动车驾驶员的安全保护,驾驶员等在交通事故中的伤亡比例也相对最低。此外,各国交通安全管理的具体内容和方式在不同时期也不尽相同,以日本为例,有一段时间,因统计发现醉酒驾驶导致交通事故频发,由此,日本交通部门就着手整治醉驾,形成了一套行之有效的办法,并坚持下来,取得了非常好的成绩。由此可以看到,各国针对交通安全的具体举措,尤其是那些非常成功的经验,几乎都是通过"血"的教训后才得到的,也就是经过了许多艰苦卓绝的探索后才取得的,它们应该作为具体的典型案例,在交通安全研究和具体实践中发挥积极的启迪和借鉴作用。

4.5.2 城市道路交通中的电动车交通肇事现象及原因分析

近年来,我国的城镇化进展速度不断加快,很多城市的人口规模也急剧膨胀,人们的交通出行更日趋频繁,交通基础设施以及交通工具的增长与人们出行的需求增长之间差距巨大,由此,从客观上成为城市道路交通事故频发的一个重要原因。进一步分析城市交通事故的组成成分不难发现,与摩托车,尤其是电动摩托车相关的交通事故所占比例最大,电动摩托车成为各种交通事故的主要参与者,这一点也引起了交通管理部门的重视,它们在具体的交通安全宣传中,加上了针对电动摩托车的交通安全宣传内容,如杭州市交通警察支队下沙大队在道路的醒目位置,放上较大的告示牌:"温馨提示:十次肇事九次快,摩托车族当自爱",对电动摩托车的驾驶人员提出了劝诫。

分析电动摩托车等成为交通事故主要肇事者的原因，除了交通警察所强调的车速过快外，实际上应该还有其他各种原因。首先，电动摩托车的拥有量巨大，很多城市居民拥有电动摩托车的数量要远远多于其他车辆的拥有量，尤其是一些外来务工者，他们居住在城乡结合地区，电动车兼具速度和经济性，往往成为他们主要的交通工具，这是电动摩托车等成为交通肇事者的重要原因。其次，客观地讲，在汽车成为大众消费的当下，以电动摩托车作为主要交通工具的人们，无论从经济条件，还是受教育程度等综合考虑，相对要低一些，反映在交通上，他们的交通法规意识、自我道德约束、协作互助等程度相对要低，尤其一大批外来务工者、快递从业者，他们为了赶时间，表现在交通行为上就是典型的非合作博弈行为，与其他交通者的空间冲夺便在所难免。其三，在现阶段，电动摩托车作为一种主要交通工具，它实际上是一种尴尬的存在，它的速度与一般机动车不相上下，有时可能更快，但它不是机动车，在以人行道和机动车道为主要分划标准的现行道路分划体系中，它应该在哪个车道上行驶成了一个问题，若在机动车道上行驶，则它是相对弱势的交通者，在都是较快的时速的道路中发生交通事故，伤亡人员往往是电动摩托车的驾驶人员；而若在人行道和自行车道上行驶，则它成为肇事方，对行人和自行车等造成伤害。在实际中，电动摩托车往往成为横冲直撞、无所顾忌的行驶者，它时而在机动车道、时而在人行道和自行车道行驶，成为交通肇事的一大危险因素。所以道路的分划不够精细，道路管理不够明确等也是造成电动摩托车交通肇事的重要原因。第四，电动摩托车用清洁能源电力作为能源，可以减少对空气的污染，同时也可减少噪声污染，但因电动摩托车在行驶过程中声音很小，它往往如同无声的离弦之箭在人行道和自行车道上飞奔，一旦遇到紧急情况，只能由驾驶电动摩托车者一方采取措施，而对方因为不能感知危险的即将来临而错失做出相应危机处理的机会，致使交通事故的发生成为可能，这一点也是重要的原因。

电动摩托车交通肇事成为城市交通事故的一个重要因素，分析它的肇事原因，进而采用有针对性的方法及举措，对防患于未然，以及切实降低它的交通肇事率，都有直接的现实意义。

4.5.3 降低城市道路电动摩托车交通肇事的具体举措分析

通过对电动摩托车交通肇事原因的分析，就可以设计针对它的交通肇事预防举措，这具体可从三个方面展开，一是从“交通人”的角度，加强电动摩托车驾驶人员的交通法规等的宣传教育，提高他们自觉遵守交通法规的意识，同时加强对交通过程中的管理、引导，把可能潜在的交通风险降下来。二是从交通设施的角度，要加强基础设施的适配性规划管理以及日常交通管理。若能根据交通行为的隔离原则，专门划出电动摩托车的行驶道路，让它既与机动车行驶道路分开，也与自行车道和人行道分开，这样就可极大地避免与机动车及行人、自行车等的交通事故。此外，交通警察等道路管理部门，重视交通道路的日常管理，把相关的“温馨提示”转化为严格的交通执法，通过法律、道德等力量来减少电动摩托车的交通肇事。三是从交通工具的技术角度，它涉及国家的技术标准以及生产厂家的具体生产，对技术标准来说，电动摩托车的速度、重量等应该做相应的规定，尤其是速度与重量，它们必须做严格的控制，这是因为根据力学中的动量转换原理，速度与重量（质量）的乘积就是力及其所持续的时间的乘积（即 $m \cdot v = f \cdot t$，m 表示质量，v 表示速度，f 表示力，t 为力作用的持续时间），因此当碰撞发生时，因为碰撞持续的时间非常短，当速度和质量都很大时，就会形成很大的碰撞力，足以产生严重的破坏性后果。除了这些，还有就是所生产的电动摩托车，必须要有一定的声音，这个声音实际上为行人和自行车出行者提供了信息来源，当电动摩托车的声响接近他们时，他们可由此做出必要的判断，进而采取一定的措施，从自己一方实施必要的避让，从而避免后续的交通事故，这一点既体现了充分利用人的各种感知器官实现信息收集的功能，更为可能的交通冲突双方争取到尽可能多的紧急处理时间，无论怎么说，双方共同的紧急处理总比单方面的紧急处理来得更有效一点，这一点是毋庸置疑的。所以，某种意义上的噪声，完全可作为一种交通状态的信息采集形式的采集源而得到具体应用，这为利用技术力量来保障交通安全提供了新的思路。

所以，有效避免交通事故，是一个综合性很强的重要课题，要充分调动各种积极因素，其中技术的创新性应用是一个可以挖掘的重要因素，这方面可做的工作还有很多，仍旧以电动摩托车为例，除了一定的声响作为用来提供它的交通状态的信息采集外，还可给它安装一定的自动调节装置，当速度达到一定程度时，它可以自动切断电源，以此来确保它的行驶不超速。此外，随着无线传感技术等的发展，设置传感器的感知距离，当电动摩托车与它前方的物件（包括行人和自行车等）的距离较近时，就启动自动减速模式，以避免可能的交通事故等。通过这些技术力量，既可保障正确的交通行为，又可弥补、纠正人的错误操作，在关键时刻起到关键的保障作用，进而成功规避可能的交通风险。

还需看到，这里所指出的从三个方面来具体保障交通安全的举措，不是彼此孤立的，而是互相补充、相互融合的，用整体的力量来推进交通安全，实现城市道路交通安全水平的显著提高。

4.5.4 用技术进步提升交通安全

在对降低城市道路交通中电动摩托车交通肇事举措的分析中，所提出的借助于科技的力量来提升道路交通安全水平这一点，应该具有根本的重要性，不仅是切实可行的，而且可推广到一般的道路交通，更可归纳在智能交通技术的应用范畴。

在众多提升交通安全的举措中，技术进步可以作为最后的保障因素，用来弥补和纠正交通人的不当甚至是错误的交通行为所造成的危害。交通行为归根结底是人的行为，针对人的交通法规、道德等约束，最终必须通过人的行为表现才能得到具体体现，交通人在交通过程中，受到自身、交通工具、交通基础设施以及环境等的影响，无论是主观故意、还是情非得已，会做出不正确的行为，这些行为表现，很可能成为交通事故的诱因，而作为交通人，他/她的行为发生作用，还需由交通工具具体实施，倘若事先赋予交通工具一定的智能处理能力，它可以判断交通人的行为是否符合规范，从而根据实际情况作相应的调整，进而实现纠错功能，甚至可根据交通人的行为，做出相应判断，并与交通人（驾驶员等）进行对话，提供必要的提醒等，这也可有效减少交通人错误行为的发生。所以通过技术进步，是能够切切实实提升道路交通安全水平的。

利用技术进步提升交通安全水平，不仅效果好，而且费用成本低，对城市道路来说，若遵循交通隔离原则，实施不同的交通工具行驶在不同路面上的规则，就意味着需要拓展道路宽度，征用更多的土地，但对寸土寸金的城市来说，尤其对大型、超大型城市来说，土地资源非常稀缺和宝贵，拓展道路的工程既要涉及原来建筑等的拆除，又要涉及新的建设，经济成本和社会成本都非常高昂，而在交通工具上安装某一个智能处理功能模块，实现交通工具基于安全考虑的智能决策，不仅易于实现，而且成本也要低廉很多，所涉及的各方面牵扯也要少很多，因此，它的优势是非常明显的。

车辆在道路行驶过程中，由于路况变化多端，再加上风、雾、雨、雪等天气影响，交通人所接收的信息是非常有限的，根据有限的信息，做出最佳的交通行为决策判断，本身就是一个矛盾，而通过车载信息采集仪器、处理器和判别决策器等，就可以实时采集到足够多的信息，进而进行分析处理，得到具体的结论，并给出相应的判断决策，这个决策既可以作为辅助决策，供采纳，也可作为最终的决策，强制交通工具执行，以此作为避免紧急事故发生的有力手段。相关的操作流程可用图 4-5-1 表示。

尤其是最终的强制执行，它可以作为一种最终的解决方案，在关键时刻起到关键作用，这可举一个具体的例子作说明：有一位自驾者，遇到了险情，前面不远处是一个断头路段，而且濒临深渊，这时他应该采取制动措施才对，但因一时慌乱，本应踩制动器制动的，变成了踩油门加速，而采用传感技术后，通过信息的采集、处理和决策，所做出的决策是踩制动器制动，最终机器不采用自驾者的错误决策，而自行启动制动功能，在濒临深渊前的紧要关头，把车子停了下来，避免了悲剧的发生。这就体现了最终强制执行的价值，在很多时候，这确实是非常必要的。

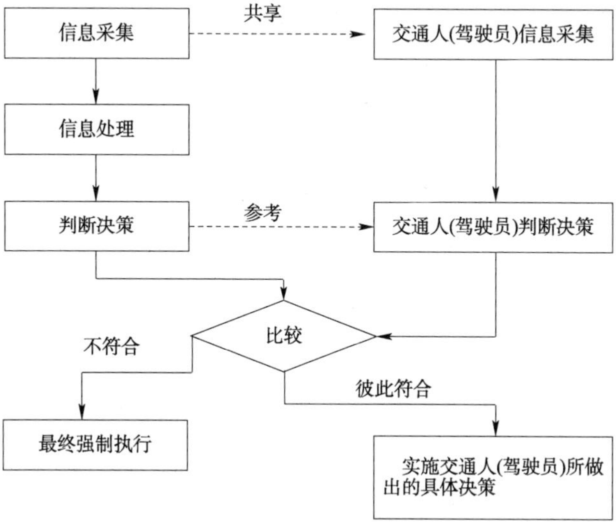

图4-5-1 基于技术融合的交通安全措施实施示意图

这种通过技术进步来保障交通安全的方法，提供了安全保障的新思路，它需要技术研究部门、生产厂家、技术标准制定部门、质量检测部门、道路规划设计者、道路管理者等众多部门的通力合作，尤其是诸如汽车厂家等生产者，要与其他部门合作，注重技术的持续创新。

4.5.5 小结

本小节主要讨论交通安全问题，交通安全是交通系统中重要的性能指标，它实际上也是社会文化和科技进步的重要指标。总的说来，虽然发达国家在交通安全领域也经历过曲折的发展过程，但它们的交通安全状况要明显好于发展中国家，这为发展中国家借鉴成功经验，走出一条适合自己的、确实有效的提升交通安全的新路创造了有利条件。

作者认为，有效提升交通安全的新思路在于持续的技术创新，根据交通要素的具体特点，借助技术的力量，在弥补交通人的相关缺陷或不足的同时，也通过技术创新和应用，尽可能多地发挥交通人的感知功能，实现立体式、全方位、多层次的交通安全保障。

交通安全是一个复杂的问题，这里以城市道路中电动摩托车的交通肇事作为研究对象，分别从其肇事原因分析，确保电动摩托车交通安全的举措等展开讨论，这些抛砖引玉式的论述，以及对一般意义上交通安全的相关思考，意在希望引起人们对它的重视，希望有更多的研究者，结合智能交通技术的研发，在这方面做更深入的研究，获得新的研究成果，避免交通事故的发生。

4.6 交通事件自动检测的一种新算法

交通事故是影响交通状况的重要因素之一，也是致使交通伤亡的一个主要原因，如何及时检测到交通事故的发生地点，对于尽可能地减少交通延误，恢复交通线路的正常运行，施救工作的顺利展开并赢得宝贵时间，都有非常重要的实际意义，有文献引述美国加州运输局的报告，即使在非高峰自由交通流条件下，若能提前一秒钟发现并处理交通事故，所减少的交通延误至少可达4～5min。交通事故的检测方法大致可以分为两类，一类是手工检测方法，主要指了解事故发生地点和状况的人员向交通管理中心报告信息，另一类是交通事故自动检测。比较这两种方式的优缺点，对于人工检测方式来说，最大的缺陷是必须在事故的当时和当地要有知情者，以及知情者熟悉如何向交通管理中心报告信息。但很多时候，因为交通事故造成的伤害，致使知情者无法进行有效的信息通报，甚至因交通事故严重导致根本没有当时当地的知情者。而交通事故自动检测技术则可以很好地克服这些缺陷，它可以全程地发挥作用，所以受重视的程度越来越高，致力于这方面的研究也越来越多。

对交通事故自动检测（Automatic Detection）技术的研究已经有40多年的历史，也出现了诸如贝叶斯算法等各种具体算法，总结这些算法，大致可以分为两类，一类是直接检测法，它借助于具体的视频图像，根据图像中的车辆状况进行直接判别；另一类是间接检测法，在采集具体交通信息后，将信息传输到信息处理中心，并做必要的信息处理，来得出是否发生交通事故的判断。直接检测法具有简便和直观的优点，但因视频图像处理等需要很多的设备投入，每一个投入使用的仪器（如摄像机、存储器等），其正常工作的维护要求也很高，所以它是一种比较潜在的检测方法，近期的使用主要还是面向大城市主城区等小范围领域；而间接检测法既要涉及信息采集，又要顾及信息处理等环节，在时效性等方面存在一定时延，同时相应的误警率性能指标尚不够理想，所以，迄今具体实践应用还相对较少。

交通事故自动检测方法的实质就是在获得某些数据信息的前提下，通过适当的信息处理，建构具体的目标函数和设置相应的判别条件，然后作具体的交通状态判别。这个过程中，寻找交通事故的本质特性，并根据这些本质特性进行具体的判别条件设定,是构成获得性能优越的自动检测方法的关键因素。

在本节中,结合当今大部分车辆已经安装 GPS 的实际情况,由 GPS 系统对交通信息进行采集,根据所采集到信息的具体特征,设计了一种界定交通事故的具体表达函数,进而构造了一种自动交通事故检测算法,该算法不仅兼顾信息的传输过程,还考虑到借鉴人工报警的优点,使之成为一种互动式的综合性自动检测,因此针对误检率等性能指标,它表现得更优越,仿真试验也说明了这一点。

4.6.1 新检测方法的依据原理分析

设计高性能的交通事故自动检测算法的关键之一是如何精准地提取交通事故中的特征信息,这些特征信息应该包括发生事故的车辆信息、当事人信息、该地段其他相关车辆信息等。

GPS 系统是一种先进的定位系统,它不仅可以有效地实施测速、定位等功能,同时也是一种通信系统,车载 GPS 系统提供车辆的地理位置、移动方向角和瞬时移动速度等信息。一旦车辆发生事故,它最直接的改变是从移动状态瞬间过渡到静止状态,也就是车辆的具体位置不再移动,而反映在 GPS 系统中,它的关于距离的数据显示值就不再变化。

在 GPS 系统中表示距离的函数,关于时间自变量是单调不减的,当交通事故发生时,车辆不再移动,则 GPS 系统中关于距离的数据不再随着时间的改变而变化,从事故发生时到车辆重新移动这段时间内,它就是一个常数。整个过程可描述如下:

在车载 GPS 系统中,有关距离的变量 $s(t)$ 可表示为 $s(t)=\int_0^t v(\tau)\mathrm{d}\tau$,这里 $v(\tau)$ 为车辆的瞬时速度,是一个非负的函数值,GPS 系统通过距离变量的显示来提供车辆的具体地理位置。对距离变量 $s(t)$ 进行离散采样,并设采样间隔为 T,对应的采样点可表示为 $kT,k=0,1,2,\cdots$,进而可得到关于 $s(t)$ 的采样值 $s(kT),k=1,2,\cdots$。当车辆正常行驶时,采样值随着时间的变化越来越大(因为它是单调不减函数),但当车辆在某个时刻发生事故时,车辆就会骤然停顿下来,$s(t)$ 的采样值就不会随着时间的变化而变化,直到整个交通事故排除为止。假设发生事故的时间刚好在 $[k_0T,(k_0+1)T]$ 时间段内,其中 k_0 为确定的数,第 $(k_0+1)T$ 点采样值为 $s[(k_0+1)T]$,则以后的采样时刻所显示的距离参数值都为 $s[(k_0+1)T]$,由此关于距离参数的整个采样过程可表述为

$$s(kT)=\begin{cases}s(kT),0\leqslant k\leqslant k_0\\ s[(k_0+1)T]=const=s(k_0T),k>k_0\end{cases} \tag{4-6-1}$$

因此,通过对GPS距离变量函数值进行若干采样以后,相应的距离函数值还没有发生变化,把车辆的这种情况看作事故疑似发生,初步把它确定为可能发生的交通事故,为下一步自动报警做必要的准备。

此外GPS系统还可以确定车辆的行驶方向角,车辆一旦发生交通事故,移动方向角的变化非常突然,通过检测移动方向角是否突然有巨大改变作为辅助条件,更有利于提高交通事故检测的正确率。

4.6.2 自动检测方法的具体设计

根据GPS距离状况进行交通事故自动检测的方案实际上是一个多判决条件下的综合系统,除了用到判决条件外,还充分考虑到GPS系统的通信功能,以及交通管理中心与车辆上人员之间的互相通信关系。具体的算法和结构图如图4-6-1所示。

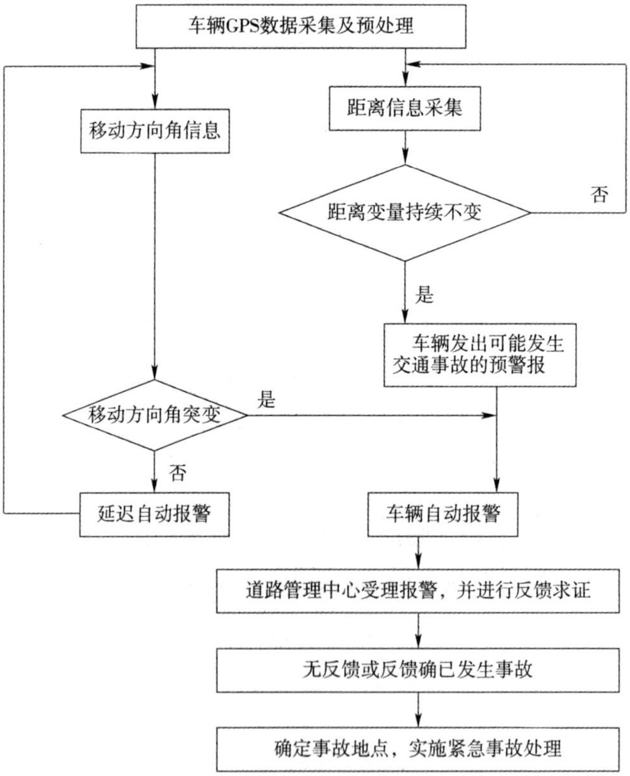

图4-6-1　交通事件自动检测算法实现图示

这个自动检测系统中涉及以下两个重要的参数设置：一是 GPS 系统中采样时隙变量 T 的设置，设置该时隙既不宜太长，也不宜太短，通常的选择范围为 2 ~ 10s；另一个参数是关于启动预报警时的累积采样数，也就是“距离变量持续不变”的时间长度，这个可以根据具体道路特性来设置，但一般来说以 2min 左右为宜，这样既可以顾及时效，又能避免一般常规性的车辆停顿，如车辆进入交叉路口时因交通信号灯的原因所做的停顿，但一般说来，这种停顿不会超过 2min。

从图 4-6-1 所示的算法流程图不难看出，这是一个综合性的自动报警系统，但主要所依据的是关于 GPS 系统中距离变量的变化，同时用到了 GPS 系统能检测到的移动方向角参数，车辆一旦发生事故，车辆的移动方向角就会在瞬时发生突变，利用这种信息能更有效地提高检测的准确性。除此外，报警系统也充分考虑到车辆与交通管理中心之间的通信互动，利用预警的方式，由指挥中心提出是否发生事故的问询，然后根据应答和无应答来确定是否确已发生事故，这样做的好处体现在既可以及时发现事故，又可以尽可能地降低自动报警的出错率。此外，当出现无应答的情况时，虽然引起这种情况的可能原因有多种，但最有可能的一种情况是事故发生后致使车辆中的人员没有能力进行有效的通信，如已经发生了严重的人员伤亡情况等，因此为了争取时间，不至于延误救援，把无应答这种情况也看作是发生事故，这样做虽可能发生虚警情况，但相比较于漏报，因虚警而产生的负面影响应该小得多，所以这样的设置还是合理的，更是可行的。进一步，道路管理中心还可以采用连续多次问询等方式，若仍旧无应答，可认为确已发生交通事故，以此来避免可能的虚警等情况发生，从而有效降低虚警率。

4.6.3 试验分析

该新型自动检测算法试验可分两步进行，分别用软件模拟试验和现场模拟试验。软件模拟试验具体是这样进行的：模拟在一个单向的三车道的高速公路路段上，预先设置了 n 个交通事件，确定采样间隔等参数后，对车载 GPS 系统进行距离和方向角等数值的采集，并把采集间隔分别设置为 2s、5s、7s 和 10s，在自动检测算法中要用到的等待次数分别为 5 和 10，获得相关采集数据后，采用本文所述的自动检测算法进行逐一计算检测。检测的查全率（检测的完整度）为 $\eta = \frac{\bar{n}}{n} \times 100\%$（$\bar{n}$ 为检测出来的事件数值，n 为预定的总事件数值），该检测算法的检错率为 $\gamma = \frac{\sum err(0|1) + \sum err(1|0)}{n}$，$err(0|1)$ 表示是交通事件但检测结果为非交通事件的错误值记数；$err(1|0)$ 表示为不是交通事件而检测成交通事件的错误值计数，分

别如表 4-6-1 和表 4-6-2 所示。

等待次数为 5 时的查全率和检错率分布　　表 4-6-1

采集间隔	2s	5s	7s	10s
η	100.00	100.00	100.00	100.00
γ	0.07	0.07	0.01	0.00

等待次数为 10 时的查全率和检错率分布　　表 4-6-2

采集间隔	2s	5s	7s	10s
η	100.00	100.00	100.00	100.00
γ	0.01	0.00	0.00	0.00

从表中不难看出,这种自动检测方法关于查全率和检错率的性能都很好,进一步,当等待次数值越高,相应的性能,尤其是关于差错率的性能表现越优越,究其原因,因为随着等待次数的增加,可能因交通信号灯原因而停顿的情况就越不会发生,由此,干扰产生误判的可能性就越小。

现场模拟的方式是在建成但还未通车的高速公路中选择某一个路段,用装有车载 GPS 的车辆做试验车,交通事件的模拟方式就是采用突然停车和突然转向,现场用了 50 个交通事件的模拟样本,然后用所述自动检测算法进行判别检测,检测的采样间隙同样为 2s、5s、7s、10s,相应的等待次数为 5 和 10,则对应的查全率和检错率结果如表 4-6-3 所示。

现场模拟试验结果　　表 4-6-3

次数 n	等待次数为 5				等待次数为 10			
时间 t	2s	5s	7s	10s	2s	5s	7s	10s
η	100.00	100.00	100.00	100.00	100.00	100.00	100.00	100.00
γ	0.02	0.02	0.00	0.00	0.00	0.00	0.00	0.00

现场的小样本试验结果表明,该自动检测算法具有卓越的性能。从等待的时隙次数来看,同样的等待时间,时间越长,相应的性能越好,但时间越长,就越影响对交通事件进行快速反应和处理的效果。

从现场模拟试验中还得到一个启示,当车辆因自身原因导致诸如侧翻、抛锚或翻出道路等并不影响其他车辆的事故后,因难以被动发现,往往很难在第一时间获得事故报警,但应用这种自动检测方法,就可以获得及时的报警,并通过"征询—应答"机制,获得正确的结果。这一点用在夜间或车辆稀少路段上的交通事件自动检测中,显得尤其重要。

4.6.4 小结

随着车载 GPS 的数量日益增多,利用 GPS 系统先进的数据采集与处理手段,对行驶车辆的距离和方向角等参数进行实时采集处理,已经成为一种有效的数据处理方式。基于该技术基础的自动检测方法,能实时检测出事故车辆的具体位置,对提高道路的管理水平具有积极意义。

在这里所提出的具有卓越性能的自动检测方法,能实时检测交通事件,尤其在车辆稀少的道路上通过"征询—应答"机制,有效地避免虚警发生,具有更好的应用前景。

4.7 关于交通工具与交通基础设施等的适配性研究

交通系统是一个多要素、多维度、多关联性的复合系统,从最核心的角度来分析交通系统中的要素,则不难发现,它是由人、交通工具和交通基础设施等所组成。这些要素进行彼此的互相作用,才形成一个个具体的交通实践。在这个系统中,虽然人的因素占主导地位,但只有交通工具和交通基础设施的有机结合,才促使了人的空间位置的转移,也就是实现了具体的交通实践,所以这三者之间,存在着内在的联系,揭示它们之间的内在联系及相关规律,把它们运用到交通实践中,一定能发挥积极的作用。

现今对交通的研究,几乎都是以依托某一个交通系统的要素所展开,或对某一个交通问题,分别以不同的交通要素作为分析问题的切入点进行深入分析研究,这种方式虽也无可厚非,但容易出现"只见树木,不见森林"的情况,而且很多时候,因为交通要素之间互不适配,导致先进技术的优势根本发挥不出来,从某种意义上讲,也就是白白浪费了具体的研究工作。所以,要改变这种片面的、只抓一点而忽略其余的研究交通和智能交通的做法,应该树立全局、整体、彼此协调、综合考虑各个交通要素的研究方法,通过必要的整合,整体地推进技术进步,从而产生切实的功效。

交通工具与交通基础设施的适配性研究,是综合、整体、统筹兼顾地研究交通问题的具体体现,它的基本原则就是交通工具的技术进步与道路基础建设技术进步要有机地结合起来,它们互相之间要适配。它体现在如下两个方面:

首先,交通工具与交通基础设施的适配,体现在各自的技术状态和水平的彼此适合。以公路交通为例,相应的交通工具则是指各种类型的机动车和电动车等,而交通基础设施则基本涵盖各种道路及其他相关的设施,它们彼此相适合,具体体现在路面的铺设等应该适合汽车轮胎等的正常工作，虽然汽车的轮胎种类繁多，发动机等的技术水准也各有差异，但在某一段具体的时间范围内，最普通的或是最大众化的轮胎和发动机等的技术水平条件下车辆驾驶所需要的路面铺设等所包含的技术，就是该时间段内的基础设施水平，这样才被认为两者彼此适合，此时，各自都可以发挥出最佳功效。

其次，交通工具与交通基础设施的适配还体现在各自技术进步过程中的互相适应。交通技术作为综合化程度很强的技术门类，当交通工具的相关技术进步时，道路基础设施相关技术也应随之进步，反之亦然，这样，两者之间大致处于相匹配的技术水平状态，它们彼此之间不会互相制约各自的技术进步，反而是在各自的领域中齐头并进，形成共同进步的良性循环。仍旧以道路交通为例，在某一时间段内，虽然普通交通工具（汽车）的行驶水平与道路基础设施基本相当，但一段时间以后，普通交通工具的行驶水平有了显著提高，但需要新的基础设施与之配套，但因道路基础设施没有更新，那么交通工具的技术优势因为没有相应的配套条件支持而无法发挥，先进的交通工具与原来的交通工具所发挥的水平几乎相同，所以先进性无从谈起；反过来，倘若道路基础设施有了很大提高，如采用了新颖的材料铺设道路，致使路面的平整等条件有了很大改善，它上面可以行驶的速度有了显著增长，但因为交通工具中的轮胎和发动机的技术水平没有明显改善，它们根本达不到相关的速度，所以道路基础设施的技术进步同样不能得到很好的体现，也就是交通工具与交通基础设施之间不适配。

所以，在交通技术的研究和开发中，一定要注意基于不同要素的技术之间的适配，以此从整体上提升和发展交通技术。实现交通工具与交通基础设施之间的适配，可为研究交通和智能交通提供新的思考。

对交通工具来说，它的研究、技术应用和新产品研发及厂家大规模生产的各个环节，都要考虑到它的技术进步与其他交通要素，如道路基础设施方面新材料的应用、新铺设技术和方法的应用等技术进步是否适配的问题，以共同的技术进步来整体地提高交通技术水平。同样，对交通基础设施来说，相应的技术研发也要与交通工具等技术进步相适应。

这种以彼此联系、互相影响的观点指导下的交通技术研究和开发，为具体应用技术进步，实现交通现代化和智能化等的发展道路开辟了新途径，它具有方法论方面的意义，也即在追求交通各要素技术进步的同时，选择互相适配的先进技术作为应用到交通实际中的首选，实际上，作为有多个要素的系统来说，它的整体先进性与否取决于各自要素的“短板”，而不是“长板”，这就是著名的“水桶理论”，这个理论在交通领域同样是适用的。具体的体现就是交通各要素各自技术的互相适配，使得整体技术先进性程度达到最高。

因此,在智能交通的理论研究和技术开发中,同样需要考虑交通要素的技术互相适配的问题,作为具体的研究者,也需要对有关联的技术水平发展状态有一个大致了解,更需要有通盘、综合的技术考虑,这样所获得的研究成果或开发的产品,不仅有很好的适应性,还可很好地实现它们的经济价值和社会价值。

交通包含了很多社会管理等因素,交通工具的相关技术标准等都是由交通管理部门等所制定的,具有法规等的性质,交通道路、港口等基础设施,本身就是公共产品,它的具体建设等都是政府行为或由政府所主导、协调,所以交通管理部门在制定具体技术标准和推出相关交通产品时,同样需要考虑交通要素的技术互相协调、适配问题。这一点同样具有重要的社会意义和经济意义。

实际上,在交通领域,除了不同要素技术之间的互相适配问题外,技术所对应的不同部门之间也存在通力合作的问题,交通作为一个重要的基础产业,它涉及的门类众多,彼此协作和适配是促进交通发展的重要条件。

4.8 本章小结

本章着重分析了智能交通技术中的若干新算法,以及对交通要素中的技术适配性等问题的思考,它在整本书中是最具特色的部分,同时也是智能交通技术进步的一个较集中体现。全章在分析交通变量及其相关概率分布的基础上,就交通状态的实时检测、交通安全以及交通要素之间的技术适配等问题展开深入讨论,形成了一系列的研究成果。

在当今时代,交通拥堵等问题业已成为严重的社会问题,借助智能交通理论和技术,针对性地解决或缓解高速公路、城市交通拥堵问题几乎成了一种不二选择。作者在这方面做了很多细致入微的研究,结合信息论、控制论、微分方程、排队论及群体优化理论等相关思路和方法,在交通状态实时检测方面,提出了8种具体的检测算法,它们分别为:

(1)基于车辆牌照检测的道路交通状况实时检测新算法。

(2)基于高速公路收费信息的高速公路交通状况实时检测新算法。

(3)基于构造性复合变量的交通道路实时检测新算法。

(4)基于微分方程模型的道路交通状态实时检测新算法。

(5)基于通信网络路由优化策略的道路管理新算法。

(6)基于道路容量的道路交通状况检测新算法。

(7)基于排队论思想的交通状况实时检测新算法。

(8)基于群体智能理论的交通道路检测新算法。

这些算法都是由作者首次提出,它们既可以直接应用到实践之中,也可以作为技术储备,为进一步深入研究打好基础。

在交通安全方面,通过长期的思考和观察,以城市道路中的电动摩托车交通肇事为具体论述的切入点,以点带面地分析了交通安全的相关问题,针对电动摩托车的交通肇事,在分析原因的基础上,提出了充分利用"交通人"的感知感官作用,实施全方位、立体式的安全举措,并由此提出以技术进步提升交通安全水平等新观点。在此基础上,还提出了一种交通事件的自动检测新算法。

此外,结合对相关问题的长期思考,提出了交通要素所对应的技术相互之间的适配性问题。交通系统是一个多要素的综合系统,根据"水桶理论",它的整体技术进步不是取决于不同交通要素的"技术长板",而是取决于其"技术短板",有感于当今片面提升某一交通要素的技术进步而忽略其余的做法,因此对交通工具与交通基础设施之间的适配性问题进行了讨论,这虽不涉及具体技术,但具有方法论方面的意义,对智能交通的研究也应有启迪和借鉴作用。

参考文献

[1] 姜桂艳,温慧明,杨兆升. 高速公路交通事件自动检测系统与算法设计[J]. 交通运输工程学报,2001,1(1)77-81.

[2] 姜桂艳,蔡志理,江龙晖. 基于 GPS 的高速公路交通事件自动检测算法研究[J]. 交通与计算机,2007,25(2),1-5.

[3] 张洋. 高速公路交通事件检测系统研究[J]. 交通与计算机,2003,21(3):6-9.

[4] Qing-Jie Kong, Zhiping Li, Yikai Chen. An Approach to Urban Traffic State Estimation by Fusing Multi-source Information[J]. IEEE on Intelligent Transportation System,2009,10(3):499-510.

[5] 牛世峰,姜桂艳,李红伟. 基于纵向时间序列的快速路交通事件检测算法[J]. 哈尔滨工业大学学报,2011,43(2). 144-148.

[6] 姚智胜,邵春福. 道路交通状态预测研究[J]. 哈尔滨工业大学学报,2009,41(4):247-250.

[7] 杨晓光,蔡润林,庄斌. 基于车牌自动识别系统的城市道路行程时间预测算法[J]. 交通与计算机,2005,23(3):29-32.

[8] 姜桂艳,常安德,牛世峰. 基于车牌识别数据的交通拥堵识别方法[J]. 哈尔滨工业大学学报,2011,43(4):131-135.

[9] 罗鹏飞,张文明.随机信号分析与处理[M].北京:清华大学出版社,2006.

[10] 何选森.随机过程与排队论[M].长沙:湖南大学出版社,2010.

[11] E. Bonabeau, M. Dorigo, and G. Theraulaz. Swarm Intelligence: From Natural to Artificial system[M]. New York: Oxford University press, 1999.

[12] Kennedy James F, Ebergart Russell, Shi Yuhui. Swarm Intelligence[M]. The Netherlands: Elsevier Science Ltd, 2009.

[13] Marco Dorigo, Thomas Stutzle. 蚁群优化[M]. 张军,胡晓明,罗旭耀,等,译.北京:清华大学出版社,2007.

[14] 孙荣恒,李建平.排队论基础[M].北京:科学出版社,2002.

[15] 王日爽.应用动态规划[M].北京:国防工业出版社,1987.

[16] 李力,姜锐,等.现代交通流理论,卷I-高速公路交通流[M].北京:清华大学出版社,2011.

[17] 郑安文,苑红卫.道路交通安全概论[M].北京:机械工业出版社,2010.

[18] 郑安文.我国道路交通安全的现状和改善对策[J].武汉科技大学学报(自然版),2006,29(1):105-108.

[19] 郑安文,张炳焕.高速公路不同跟车状态下安全行车间距分析[J].武汉科技大学学报(自然版),2003,26(1):54-57.

[20] 李涛.灰色系统在城市区域区域环境噪声分析中的应用[J].环境与科学技术,2001,24:28-37.

[21] 张玉芬.道路交通环境工程[M].北京:人民交通出版社,2001.

[22] Fitzpatrick K., Miaou S-P.. Exploration of the relationships between operating speed and roadway features on tangent sections[J]. Journal of transportation engineering, 2005, 132(4).

[23] Steven L. Johnson, Naveen Pawar. Cost-benefit evaluation of large truck-automobile speed limit differentials on rural interstate highways[R]. US Department of Transportation Research and Special Programs center, 2005.

[24] David C. Grabowski, Michael A. Morrisey. System-wide implications of the repeal of the national maximum speed limit[J]. Accident Analysis and Prevention, 2007, 39(1),:180-189.

[25] Dr. Frank Navin, Kanny Chow. Speed and the probability of a Crash[M]. Research scientist center for transportation, 2001.

[26] U. S. Department of Transportation Washington D. C. Manual on Uniform Traffic control Devices for streets and highways-Millennium Edition[R]. Washington

Federal Highway administration,2000.

[27] N N Bowie Jr. , M Waltz. Data Analysis of the Speed-Related Crash Issues[M]. Auto and Traffic Safety,1994.

[28] Huanjiong Zhang. some novel methods of modern signal processing[M]. 北京:国防工业出版社,2014.

[29] 张焕炯. 安全通信论[M]. 北京:国防工业出版社,2013.

[30] 张焕炯. 通信系统安全[M]. 北京:国防工业出版社,2012.

[31] 俞洁,杨成斌. 交通流理论发展分析[J]. 合肥工业大学学报,2002(2):63-167.

第 5 章　智能交通的评价体系研究

智能交通研究的重要环节之一是对智能交通研究及项目等相关性能进行科学地评价，从而获得合乎实际情况的结果，形成客观公允的结论，进而成为衡量研究成果的一个重要指标，成为客观描述相关研究工作的重要组成部分，可用来横向比较各种方法或智能交通项目的性能特点，为进一步完善相关研究开发提供必要的基础工作，所以它是智能交通研究中不可或缺的重要环节。

本章深入研究智能交通评价问题，在分析各个基于单项指标内容的评价方法后，就多个指标内容所构成的综合评价进行深入研讨。

5.1　引言

为克服交通发展中所遇到的各种现实问题，智能交通的研究和应用应运而生，它对克服、缓解甚至消除日趋严峻的交通拥堵、交通事故、资源消耗及由交通引起的环境污染等问题起着十分重要的作用。智能交通的研究及相应成果在具体交通实践中的应用，要涉及交通基础设施、交通工具、相应的电子产品、其他网络（如电力网、通信网等）等一系列设备，所以它与传统的交通项目一样，需要巨大的财力投入和其他相关资源的消耗，且由于与智能交通相关的技术难度相对较大，具体实施所需的要求较高等，因此，智能交通的研究、开发和在实际中的应用，整个过程中都伴随着一定的风险（Risk）和各种可能的负面影响。因此，对智能交通整个过程所产生的影响进行评估显得非常必要。

归纳起来，对智能交通的评价体现在交通运行效率、交通运行安全、社会经济、环境污染程度和能源消耗等方面，这些既可被看成单一方面的评价因素加以研究讨论，也可作为综合评价的一个具体分支指标加以分析，由此可评判智能交通的具体研究、开发和应用过程中可能存在的问题和不足，为进一步的潜力挖掘指明方向，为智能交通项目的规划、设置以及后续相关步骤的具体操作提供依据。

建构智能交通的性能评价体系，对于促进智能交通的研究具有多方面的现实意义。首先，评价体系的建构，是完善智能交通整个学科体系的重要因素，是使智能交通研究、开发和具体应用可进行量化分析的重要条件。其次，评价体系的建立，可以直观地了解智能交通研究项目等产生的影响，对相应项目的具体培育及发展可产生积极的作用。其三，智能交通评价体系的建立，可对所实施的相关项目进行基于经济效益和社会效益等的定量分析，这种基于微观精准化的定量分析，是相关项目规划、决策等科学化的重要依据。其四，智能交通决策评价体系的建构，为不同智能交通项目之间的横向比较提供了平台，也为纵向的进一步优化提供了可比较的参照物。

目前，虽尚未建立智能交通评价体系的基本标准，但以针对各种具体内容（比如财力投入）为评价依据或以具体评价时间为依据的智能交通评价方式时有出现，由此，也可根据不同的分类标准，把业已出现的评价方式分成如下各种不同的种类。

以智能交通评价中的具体指标或评价的变量因素来分，可大致分为单指标评价和复合指标评价。若以时间角度来划分，那么，智能交通评价可分为事前评价、伴随评价和事后评价。其中，事前评价往往在前期规划中使用，它对相关项目的可行性等进行论证评估，以获得基于事实根据和合乎科学推理的结论。伴随评估实际上就是动态的实时评估，在具体过程中进行具体考核，并根据评估结果做适当调整。事后评估是指在评估目标相应工作已经完成的前提下，对它继续评估，其所持续的时间可长可短，在智能交通的具体应用项目评价中，应需要较长的时间，这是因为其产生的效益需要一定的时间积累才能呈现出来，所以事后评价也需持续一定时间。此外若以内容的不同作为评价依据，那么它大致有：基于技术的评价，基于经济投入的评价，基于能源的评价，基于安全因素的评价，以及基于环境污染因素的评价和基于多个因素的综合评价等。

进一步，把具体评价体系中的具体指标内容看成一个个自变量，对应的具体评价看成由这些自变量通过具体确定的评价方式所形成的函数值，由此则可构建评价体系的数学模型。设某个指标内容为 X_i，而具体所确定的评价方式为 $F(\cdot)$，则所得到的关于指标内容为 X_i 的评价值 y 为：

$$y = F(X_i) \tag{5-1-1}$$

它构成一个具体的数值。

同样，对综合性评价体系来说，它的指标内容分别记为 $X_1, \cdots X_i, \cdots, X_k$，而具体的评价过程用函数 $F(\cdot)$，那么综合评价值 y 可表示为：

$$y = F(X_1, \cdots, X_k) \tag{5-1-2}$$

显然，对于评价体系的建构来说，作为指标内容的 X_i 和作为进行具体评价的方式 $F(\cdot)$ 是问题的关键，它们两者一旦确定下来，具体的评价值也就确定下来了。而对于多变量的综合评价体系来说，它的具体评价方式的确立要相对复杂，也就是所确定的$F(\cdot)$应该是一个多变量函数,它可根据不同的要求进行具体设置,一种具体可行的方法可表述如下。

设以单独的指标内容为自变量,它们各自被记为$X_1,\cdots X_i,\cdots,X_k$,对应于$X_i$的评价函数为$F_i(\cdot)(1\leqslant i\leqslant k)$,那么对于有$k$个指标内容的综合评价体系函数$F_s(X_1,\cdots,X_k)$可表述为:

$$F_s(X_1,\cdots,X_k)=\sum_{i=1}^{k}\alpha_i F_i(X_i) \tag{5-1-3}$$

其中,$\alpha_i\geqslant 0$,$\sum_{i=1}^{k}\alpha_i=1$。

这里的α_i就是加权(Weight),它反映了所对应指标内容为自变量的单评价函数在整体综合评价中的重要性程度,当然,若把单指标内容评价函数看成具体的随机变量序列,而对应的概率分布为$p_i(0\leqslant p_i\leqslant 1)$,那么,根据概率分布相关理论,它就构成一个具体的概率场。

$$\begin{bmatrix} F_1(X_1) & F_2(X_2) & \cdots & F_i(X_i) & \cdots & F_k(X_k) \\ p_1 & p_2 & \cdots & p_i & \cdots & p_k \end{bmatrix} \tag{5-1-4}$$

由此,综合评价函数可以用式(5-1-4)的数学期望表述,也就是:

$$F_s(X_1,\cdots,X_k)=E(F_i(X_i))=\sum_{i=1}^{k}p_i F_i(X_i) \tag{5-1-5}$$

从上面分析,不难看出,综合评价体系或函数,它虽然在具体构造和处理等方面要比单指标内容的评价体系来得复杂,但它所评价的范围广,考虑到了较全的方面,因此,它的评价更能体现实际的状况,甚至可以说,它的评价更全面,更科学。基于这些因素,本章在分析单指标内容的评价体系的前提下,着重分析智能交通的综合评价体系。

5.2 基于单指标内容的智能交通评价

在智能交通的评价体系中,单指标内容的评价体系能集中就某方面的性能指标进行具体深入的分析,能比较精准地反映智能交通项目在所选定的方面所起到的具体作用,因此在实际中被经常使用。

与传统的交通项目的评价体系类似,在智能交通的评价体系中,单指标内容的评价体系有基于经济指标的、社会效果的、安全因素的、环境资源因素的、能源因素的以及管理效率的等。此外,还可以根据实际情况,设置或建构新的内容,作为评价体系的指标内容,如智能交通的基于技术因素的指标,它可反映技术层面上的相关特性。

5.2.1 经济指标评价

经济指标实际上还具有较宽泛的含义，当主体不同，相应的经济指标的具体内容也不尽相同，对于智能交通项目的投资者来说，所关心的经济指标往往是以“投入—产出—利润”为核心的财务评价；而对于实施智能交通项目的地区等来说，因为智能交通的具体应用面向的是公共产品，它必将引起该区域的社会经济等方面发生变化，由此产生的该区域的社会结构、经济发展状态、文化教育及就业等都将随之发生变化，这一类与区域社会经济等相关联的，可以用区域社会经济指标加以概括。

财务评价是智能交通项目决策及投资所必需的，它从经济的方面来评价所进行的智能交通的可行性，包括如下的主要内容：

①分析拟将进行的智能交通的资金投入的规模、融资的渠道、资金流的时间表等。这实际上从投资的角度来分析所拟进行的智能交通的项目等的可忍受性的程度。

②预期产出效益及收益的状况，分析盈利或利润的程度。这一点反映了决策者和投资者的经济利益，是财务评价中的主要内容，它不仅涉及直接的投资者的收益情况，还涉及与之相关的方方面面。

③其他与财务相关的情况的分析，如贷款负债的状况，与其他的因素之间的关系协调等。

一般来说，财务评价体系中应包含负债清偿能力分析和经济效益分析等两个方面，其中负债清偿分析主要体现在资金的投入过程所用到的融资、拆借等所应承受的能力，它包括借款偿还的金额及延续的时间、资产负债率、流动比例等；而经济效益分析主要体现在盈利和利润方面，它包含投资的利润率及成本回收的持续时间、投资的利税率及财务的内部收益率和财务净现值等，其中，投资的利润率及成本回收的持续时间、投资的利税率等属于静态的指标，而财务的内部收益率和财务净现值等属于动态指标，财务内部收益率需要反映在整个计算期内的各年财务净现金流量的现值之和等于零时的折现率，它反映了盈利的能力，这个值越高，说明其盈利能力越强，在经济效益上表现得越优越。而财务净现值的实质就是在计算时期内各年份的财务净现金流量。

一般的财务评价指标可用图 5-2-1 表示。

智能交通被看成传统的交通的延伸，它同样具有公共产品的特性，因此它对一个地区的社会结构、经济发展及文化发展等各个方面产生积极的影响。从定性的方面和定量的方面来分析智能交通所产生的具体影响，可更加精准地获得对它的评价结论：不仅对智能交通的研发的可行性论证有帮助，更对相应的进一步的优化等处理产生积极的作用。区域经济指标的评价分析，面对的是整个区域社会，相比较于财务指标等分析，它应归于宏观的评价体系。

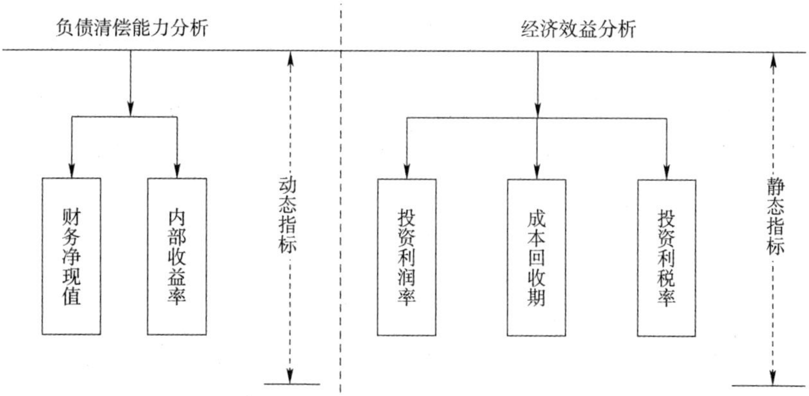

图5-2-1　财务指标评价体系图

对智能交通来说，关于区域经济指标的内容应该包括对整个区域的现状和发展趋势的影响等各个方面。归纳起来，应该包括由于交通的改善，对整个区域的人的参与交通的成本的降低以及出行时间的降低，由此带来生活质量的提高等。此外，借助于智能交通所发挥的积极作用，可有效降低土地资源在交通基础设施中的投入，从而不仅保护了不可再生的土地资源，又减少了交通基础建设的巨大投资，所体现的经济效益应该是非常可观的。更进一步，它还可影响区域社会的发展变化，如影响区域社会居民的就业、文化观念，推动相关产业的发展及新颖产业的出现等，这些都可成为区域经济指标中的具体内容。

实现基于经济指标评价的方法有多种，具体的，对财务评价来说，根据是否考虑时间价值因素，可以分为两类，一类是基于折现指标的评价，另一类则为基于非折现指标的评价。基于折现指标的评价方法大致有以净现值为指标的方法（Net Present Value；NPV）、以内部收益率指标的评价方法（Internal Rate of Return；IRR）以及以现值指数（Present Value Index；PVI）为指标的方法，它们各自具体的计算公式如下。

基于净现值的评估方式为：假定以 n 年为投资期限，那么分析它的每年的净现金流量值，然后对在持续时间内的所有净现金流量值求和，则可得到基于净现值的评估方法的表达式：

$$\Gamma(NPV)=\sum_{k=0}^{n}\left[\frac{NCF_k}{(1+i)^k}\right] \tag{5-2-1}$$

其中，$\Gamma(NPV)$表示在持续时间（n年）内的各年净现金流量值之和，而NCF_k表示在第$k(1\leqslant k\leqslant n)$年的净现金流量，$i$为贴现率。

对于这种评估方法，关键要看$\Gamma(NPV)\geqslant 0$是否成立，若该结论成立，则说明净效益足以抵付用折现率计算的利息，从动态的角度来看，应该是存在正面的经济效益的，也就是确保不亏损。

基于内部收益率指标的评价方式的基本思想就是在持续时间结束时，所进行的投资刚好全部收回，它用内部收益率来评价投资财务效益。因此，它的公式可表述为：

$$\sum_{k=1}^{n}\frac{NCF_k}{(1+IRR)_k}=0 \tag{5-2-2}$$

这里，IRR就是内部收益率，它反映了内部报酬的程度。

现值指数法（Present Value Index；PVI），它的实质就是考察投资的持续时间内的现金流入的现值与现金流出的现值的比值，以整个的投资时期作为考虑对象，那么这个比值可表示为$\dfrac{\sum_{k=1}^{n}A_k^{\text{income}}(1+i)^{-k}}{\sum_{k=1}^{n}A_k^{out}}$，在这里$A_k^{\text{income}}$表示第$k$年的现金收入，$A_k^{\text{out}}$表示第$k$年的现金支出，$1\leqslant k\leqslant n$，$\sum_{k=1}^{n}A_k^{\text{out}}$是总的现金支出，也就是总的投资，$i$为贴现率。记$\eta=\dfrac{\sum_{k=1}^{n}A_k^{\text{income}}(1+i)^{-k}}{\sum_{k=1}^{n}A_k^{\text{out}}}$，则$\eta=1$构成门限值，此时现金收入与现金支出持平，项目既不亏损，也不盈利；而当$\eta>1$时，对应的现金收入比支出要多，表现为盈利，而反之，则是亏损。

对于非现的评价方法，大多以投资的利润或回收时限作为考察对象，以投资利润为指标的评价方法被称为投资利润率法，采用该方法，所得的数值越大，说明有关智能交通的投资的利润率越高。而以投资的回收时限为指标，所对应的评估方法被称为投资回收期法，该方法可分为静态的方法和动态的方法。之所以如此，原因在于动态的方法要考虑货币的时间价值，若是外币，还需考虑不同的汇兑率，因为它是随着时间的变化而波动的。

以区域经济指标为内容的评价体系的方法有成本效益或效果分析法，以及基于人工智能及神经网络的评价方法等，这些方法中，以成本效益分析法最为常用，它有两个显著的特点：一是所有的影响因素都加以考虑，无论是直接的还是间接的；二是尽量用定量分析，并把它转化成用货币形式表述，这也是为什么被称为“效益分析”的原因之所在。然后对所用的成本和效益进行比较，在预先给定阈值的基础上，加以评判比较，获得合理的(reasonable)分析结果。设持续时间为 M 年，第 k $(1\leqslant k\leqslant M)$ 年的收益和成本分别为 A_k 和 C_k，而贴现率为 i，记全部收益与成本之比为 η，那么有：

$$\eta=\frac{\sum_{k=1}^{M}\frac{A_k}{(1+i)}}{\sum_{k=1}^{M}\frac{C_k}{(1+i)}} \tag{5-2-3}$$

显然，当 $\eta=1$ 时，对应的评价系统表明智能交通项目的收益与成本持平，因此，η 比1大得越多，对应的效益越好。进一步，若定义 $\gamma=\log_{10}\eta$，那么，就可以得到如下的结论：

$$\gamma=\log_{10}\eta\begin{cases}<0 & \text{loss}\\ =0 & \text{balance}\\ >0 & \text{profit}\end{cases} \tag{5-2-4}$$

当采用量化的方式，尤其用货币量化的方式不能实现时，结合以定性的效用来衡量各种可能的方案的效果，然后以综合分析成本与效用之间的关系，获得最佳的方案，它类似于前面所述的成本效益法，只不过原来可量化(货币化)的“效益”用具体的“效用”进行代替而已。

此外，以模仿生物体的结构和功能而进行评价处理的方式也慢慢被提出和利用，比较重要的有基于人工神经网络(Artificial Neural Network；ANN)理论的评价方法，因为人工神经网络系统能模拟人的形象思维，且能进行平行协同处理，容错和扩展能力强，更具有自适应处理的能力，因此，这种非线性处理的系统被应用于智能交通的区域经济效益评估中，比较重要或效果较好的有基于B-P(back-propagation)神经网络理论的评估方法，基于Hopfield神经网络理论的评估方法等。

在针对区域经济指标的评估方面还有很多具体的评估方法的创新，如基于模糊层次的分析方法，基于灰色聚类(cluster)理论的方法以及总体结构等级分析法等，这些都有各自最适宜的应用条件，它们实际上就构成了一定条件下的，以经济指标作为代价函数的最优化算法问题。

5.2.2 社会效果指标评价

交通作为社会发展的主要公共产品之一，是公众进行时空转移的主要载体，也是促进人们交流互动的重要工具，它与普通公众的生活等息息相关，与公众的各个方面都有关系，从这些交通的参与者的角度出发，来评价交通设施及工具的效用，这就构成交通的社会效果的评价体系问题。从宽泛的意义上来看,交通的社会效果指标的评价体系包含了诸如经济、教育、就业、医疗、体育、社会活动等一系列的内容,它在一定程度上可反映相应地区的社会结构组成及经济状况,这也是交通作为区域社会发展的重要指标的原因所在。

从交通的参与者的角度出发,来考察交通对社会效果的影响,它也需要有一定的指标内容,在剔除直接的经济指标的前提下,归纳起来大致有如下的一系列具体内容:交通参与者的参与交通的时间及方便程度,推动区域社会民众的和谐生活的质量提高的程度,提升区域社会民众的幸福感的程度,促进区域相关产业发展和技术进步的程度,提升区域居民的整体素质的程度,优化区域居民的劳动力及就业的程度,以及促进区域社会产业优化布局的程度等。

智能交通技术的应用,能有效优化交通的相关性能,由此,它也能在社会效果评价方面有积极的表现,而且也正因为在社会效果评价方面的卓越表现,可反过来证明智能交通的优越性。

智能交通中基于社会效果的具体评价方法已有多种,如灰度聚类分析、专家系统评估方法、具体的分类分析法、模糊函数分析法等都有一定的具体应用,但面对区域社会的广大交通参与者来说,基于大样本的统计分析法所获得的具体评价结论,应该相对更精准一些,这种类似于"民调"分析的方法,已具有非常规范的设计模型和操作流程,具体的步骤可作如下的表述:

第一步,设计以社会效果为评价指标的具体内容的评价条目,每一个具体条目中分若干的档次加以意见表达。

第二步,随机确定所需的样本规模,样本的组成应与区域社会人员结构组成成分相符合,或至少偏差不能太大,这一点非常重要,如以城市交通来说,所拟定的样本要包含交通参与者的各种组成成分,即需要有:步行参与交通者、自行车参与交通者、电动力车参与交通者,小汽车参与交通者、公共交通参与者等。而且通过分析,它们的样本的构成应与该城市的参与各种交通者的成分尽可能地相一致。

第三步,通过走访或电话问答等方法,获得具体的样本。

第四步,分析样本,通过相应的统计理论,获得具体结论。

这种类似于"民调"的方法,在样本量较大的前提下,可以获得很精准的结果,它能如实地反映对基于社会效果的评价结论,由此能较正确地得到智能交通在社会效果方面的评价,为后续的数据分析和决策提供可靠的结论支撑。

5.2.3 安全指标评价

日益严重的诸多交通问题中,安全问题是非常重要的一个,如何确保交通安全，不仅是智能交通研究和开发的重要诱因，更是智能交通在交通实践中显示具体作用和效果的重要因素。在交通领域，安全因素所包含的含义至少不少于以下几个方面：一是减少交通过程中的突发事件的发生，交通突发事件（Traffic Incident）往往是引起其他一系列交通问题的源头，所以在交通安全的概念中，它是重要的一个方面；二是与交通相关的人员、基础设施、交通工具的安全及不被损坏或损坏的程度尽可能地达到最低；三是无论涉及生命安全的事故，还是交通其他要素的损坏，都需有快速救援或修复的反应，以达到降低死伤及快速恢复交通等作用。

面对智能交通的基于安全指标内容的评价体系，可以从如下几个方面进行具体分析：首先，选定某段或某个区域的交通道路作为研究评估对象，并选较长的时段，对该路段进行基于交通事故的记录，获得该路段在未应用智能交通举措条件下的安全事故的数据；然后，选择相同的时段，对该路段采用了智能交通的具体举措后，所发生的交通事故的数据也进行记录，根据数据进行分析，就可获得基于交通安全的定量分析，这种分析，能从整体上反映智能交通对安全因素的影响程度。

此外，还可以就安全事故的类型进行基于安全指标的分析，此方法是最能反映智能交通对安全的影响，可用具体的实验进行。在某种条件下，对不采用智能交通技术，所发生的安全事故及事故的程度进行记录，然后，在相同的其他条件下，只是另外增加采用智能交通技术的条件，对车辆发生事故及损坏程度也进行记录，然后对这些数据进行分析，由此可以获得智能交通对安全因素的影响的定量分析的评价方法。先进具体的基于交通安全指标的评价方法还有很多，对它们进行分类，则大致可分为三类：一类是基于具体实验测定等的定量分析，它相对精准，对于深入分析具体的智能交通技术对交通安全的影响，可起到很好的作用，但整体性的表现上，相对不足；另一类是基于定性分析的评价方法，它可从宽泛性和整体性等方面来定性地评价智能交通对交通安全的影响，但显然，在精准性方面表现不够理想；第三类是综合评价方法，它能结合这两类评价方法的优点，同时避免各自相应的缺点，它的核心就是根据定量分析的具体结果，把智能交通对交通安全的影响分成若干个等级，如分成："非常显著，显著，较好，一般，较差，无"等六个等级，并对每一个等级划分具体定量分析的数值区域，而根据具体的数值所属于的区域，就可获得智能交通对交通安全的影响的定性的评判结果。第三类方法在实际中用得较多，俨然成为当今主要的方法之一，究其实质，它实际上就是一种聚类分析方法（The Method of Clustering），随着聚类分析方法的进一步发展，业已出现了"灰色聚类分析方法"的概念，灰色聚类的实质是根据灰色关联矩阵，把所观测指标或观测对象进行聚类分析，获得若干个可定义的类别，然后把同类别的观测样本（指标或对象）进行同类化处理，构成集合（Ensemble）。

交通事故或交通事件(Traffic Incident)的多少作为衡量交通安全的主要指标，而交通事件或交通事故的发生具有一定的偶然性，因此，若以每一个交通事件或事故作为研究对象，很自然的，它们构成随机变量的具体取值，因此，利用概率统计理论来分析它们是一种合宜的选择。所以，在建构一定模型的基础上，采用数理统计法是以交通安全为指标的评价方法的很有用的分析工具，尤其通过概率化的处理，对宏观(如数学期望等)分析所选定的区域的交通安全的评价，不仅能获得具体的总结性的结论，还可以做相应的预测性处理。

以统计方法为主的分析方法，有著名的层次分析法(Analytic Hierarchy Process)，此外还有诸如交通事故强度分析法，交通事故率方法等。但所有方法，都可看成是基于一定假设及认知观测的基础之上的，由于假设的条件不同，观测的不充分等原因，不同的方法都有一定的片面性和局限性，如何较全面地获得面向交通安全指标内容的评价方法，一种可行的解决方案是把采用不同的方法的评价结果再进行综合化处理，以获得相对更接近客观实际的评价结论。

5.2.4 环境及资源因素评价

交通的发展，在一定程度上深刻影响环境和资源，对环境来说，因为交通过程中，存在很多的碳排放以及含有其他有毒成分的尾气排放，它对环境的影响至关重要，现今，尤其在大中型城市，由于交通工具的数量急剧上升，由此带来的环境污染问题日趋严重，PM2.5 的数值居高不下，雾霾天气时有发生，暖室效应表现明显，与硫化物相关的酸雨等问题也频繁出现，这些问题的出现，究其原因，交通工具的碳排放和有毒气体的排放为重要的原因之一。此外，交通对于噪声污染也有影响，由于交通工具的增加，高分贝的环境噪声也成了一个问题，此外，又由于电动力等交通工具的出现，以尽可能小的声响作为技术的追求，结果导致本应具有一定声响用来促使听觉感来分辨交通的功能消失，从另一个角度滋生了可能的安全隐患。

在交通基础建设方面，一味地进行粗放型的扩展，也就是通过修路等手段来解决因交通工具的增加而导致的一系列问题，虽在解决交通拥堵，提高交通效率等方面能起到一定的作用，但由此也影响了对土地资源、森林资源等的保护和利用，尤其对土地资源来说，它是不可再生的，一旦过度地被用于交通基础建设，带来的直接后果就是土地资源的短缺及森林等资源的流失，势必影响土地资源的合理使用，有可能造成不必要的浪费，以及由森林等资源的流失所引起的气候、生态环境、水资源及物种分布等一系列的问题，这对于人们的正常的生存带来直接或间接的负面影响，破坏人们的身心健康。

智能交通的研究和开发应用的主要目的之一就是在不增加额外的基础设施的

前提下，提高交通的效率及管理水平。如何定量地来描述它在环境及资源保护等方面的作用，成为一个重要的课题，同时，智能交通若能在这方面有卓越的表现，更能体现其研究和应用价值的意义之所在。所以，以环境和资源保护为指标内容的智能交通评价具有非常重要的现实意义。

在针对大气环境为主的评价体系中，可以测算交通工具的尾气排放物中的硫化物、一氧化碳等物质的含量，进而进行具体评估，其中根据一氧化碳的排放量的测算，不仅涉及环境因素的影响，还涉及碳排放及能源消耗问题。至于声污染等方面，则可根据噪声测试的结果加以分析。

现今，以环境和资源保护为具体指标内容的评价体系的方法已经有多种，如影响矩阵法、防护费用法、专家咨询法、模拟法、类比法、叠图法以及情景分析法等。这些方法可分为定量分析法和定性分析法两大类，这些方法相对已比较成熟，可在相关文献中具体查询到。对以土地资源保护为指标内容的定量分析的一种新的评价方法进行论述的具体步骤为：

第一步，确定拟需进行智能交通技术应用的具体交通区域及对象。

第二步，分析在未应用智能交通技术的前提下的具体交通状况，尤其对诸如交通拥堵等具体状况，以及平均交通花费时间等进行定量分析，获得具体的数据。

第三步，应用智能交通技术后，做与第二步相同内容的分析，获得具体的分析数据，进而获得因智能交通技术的使用，评价指标内容的性能的纯增益数据。

第四步，在相同纯增益的条件下，通过利用土地资源来拓展交通基础设施，所应消耗的土地资源数。这些数值就构成了智能交通技术所能带来的在土地资源指标内容上的增益。

分析整个过程，不难发现，如何同时操作第三步和第四步，这确实是一个难题，在实际中难以兼顾，就算能兼顾，也需要花费巨大的人力、物理、财力。因此需要用其他的方法，来获得相应的数据。这些方法有多种，一种可行的方法是类比法，寻找与所选定的研究对象相似的交通区域，它的评价指标内容的相应数值与该交通区域中采用智能交通技术后所得到的数据相当，那么，双方所对应的所占土地面积之差，就可看作因智能交通技术的使用在土地资源使用上的具体增益，这就解决了如何实现第四步的具体运算问题。

此外，通过研究土地的使用与交通工具的拥堵程度及交通效率之间的关系，也可以进行具体的定量分析，它的分析过程如下。

设 x 表示确定区域中的交通拥堵的变量，t 为表示该区域中平均交通时间的变量，$f(x,t)$ 为表示该区域中的交通拥堵 x 和平均交通时间 t 的函数，s 为该确定区域中因交通基础设施而使用的面积，则记单位土地资源面积上的处于 $f(x,t)$ 交通状态的关系函数为交通工具的拥堵和交通效率与土地资源之间的关系函数，记为 $r(x,t,s)$，它可具体表示为：

$$r(x,t,s)=\frac{f(x,t)}{s} \tag{5-2-5}$$

它反映了所选定的区域交通处于 $f(x,t)$ 交通状态时土地所使用的情况。现在，随着交通工具的增加，相关的交通拥堵和区域平均交通时间也随着增加，也就是 $f(x,t)$ 也随着增加，但要使 $r(x,t,s)$ 保持不变，则所对应的土地资源的使用量 s 也必须增加。这是解决交通拥堵和减少区域平均交通时间的一种办法，此外，通过智能交通技术的使用，在不增加土地资源的前提下，把本来增加的交通拥堵及平均交通时间降到原来的水平，这也解决了交通拥堵问题，并减少了平均交通时间，这说明智能交通技术能起到有效保护土地资源的作用。

设在确定的区域交通中，用于交通的土地资源已定为 s_1，此时交通拥堵及平均交通时间的函数为 $f(x_1,t_1)$，区域交通处于良好状态，也就是道路通畅，平均交通时间适中，该状态记为 $\text{state}_{\text{I}}(x_1,t_1)$，随后，随着交通工具的增加，交通拥堵情况严重，平均交通时间延长，此时对应的函数为 $f(x_2,t_2)$，相应的状态记为 $\text{state}_{\text{II}}(x_2,t_2)$，为了解决拥堵问题，采用扩大交通基础设施的方法，使 $\text{state}_{\text{II}}(x_2,t_2)$ 恢复到 $\text{state}_{\text{I}}(x_1,t_1)$，此时所需要的土地资源为 s_2，则根据式(5-2-5)，可得到：

$$r(x,t,s)=\frac{f(x_1,t_1)}{s_1}=\frac{f(x_2,t_2)}{s_2} \tag{5-2-6}$$

由此得到：

$$s_2=\frac{f(x_2,t_2)}{f(x_1,t_1)}s_1 \tag{5-2-7}$$

进而得到：

$$\Delta s=s_2-s_1=\frac{f(x_2,t_2)}{f(x_1,t_1)}s_1-s_1=\frac{f(x_2,t_2)-f(x_1,t_1)}{f(x_1,t_1)}s_1 \tag{5-2-8}$$

而采用智能交通技术，在不增加土地资源的条件下，也可以由 $\text{state}_{\text{II}}(x_2,t_2)$ 的状态优化到 $\text{state}_{\text{I}}(x_1,t_1)$ 的状态，此时，所节省的土地资源 $\Delta s=s_2-s_1$ 完全由智能交通技术的应用带来，从而根据式(5-2-8)，可得到土地资源节约利用率 ζ 为：

$$\zeta=\frac{\Delta s}{s_1}\times100\%=\frac{f(x_2,t_2)-f(x_1,t_1)}{f(x_1,t_1)}\times100\% \tag{5-2-9}$$

这样，通过具体的建模，就可以得到面向土地资源为指标内容的定量的分析方法，分析整个过程，不难发现，如何确定函数 $f(x,t)$ 是一个重要的前提，解决这个问题的方法之一就是通过较长时间的数据采集后，做必要的统计分析，然后获得所确定区域中的交通拥堵和平均交通时间的函数。

关于环境影响因素的定量分析,在确定具体的评价指标内容后,通过相应的检测仪器进行多次测试,然后加以一定的统计运算,可得到定量的分析结果,这种方法相对简单,如现在在大气环境领域中的关于 PM2.5 的检测分析,关于硫化物的检测分析等。此外,还需注意水环境的保护等问题,实际上,由于交通基础设施等的进一步扩展以及交通工具的不断增加,势必也影响到水资源的分布以及对水资源的污染,这些不仅需要做定性的评价,还需要结合具体的指标内容作定量的分析。

在众多以环境资源等为内容的评价方法中,比较类推方法及相似匹配方法是非常重要的两种方法,理应引起足够的重视。这是因为,交通及智能交通的相关状况的改变,涉及很多方面,尤其是交通基础设施等状况的改变,需要很大规模的投入,在实际中往往是不可行的,因此,可用相似的或具有很多相同条件的业已存在的体系,作比较分析的参照物,从而对所确定的对象进行具体分析,这是比较类推方法的核心思想之所在。进一步,若选择的相似度非常高,就可构成更精准意义上的匹配分析。这种基本思想也是诸如专家系统处理等的理论依据。

5.2.5 能源因素评价

目前,能源问题越来越成为制约经济发展以及社会进步的重要因素,随着交通的发展,各样交通工具在数量上得到了迅猛地增加,相关能源的消耗也越来越多,它在整个能耗中所占比重也越来越大。如何解决交通领域中的能源问题,成了需要认真面对的重要问题,粗放型的解决之道,就是增加能源在交通领域中的供给,这虽对应对日益增加的交通工具的能源消耗问题有直接的帮助,但随着能源的消耗,所产生的后续的诸如环境污染、暖室效应等问题也相继出现,此外,石油、煤炭等能源都是不可再生的资源,一味地供应,总要出现难以为继的局面,所以,粗放型的,单纯以提供能源总量的方法,不是一种最佳的方法,需要采用其他更好的方法来解决能源问题。在交通中,采用减少能耗、提高能源的利用率,开发新能源,尤其开发新颖的清洁能源和可替代能源成了重要的发展方向,它们对于促进能源的可持续发展(Sustainable Developing)具有积极的现实意义。

智能交通技术在提高能源利用率及减少能源消耗等方面,也可有卓越的表现,这是因为,利用智能交通技术,可以提高交通的管理水平和效率,从而减少拥堵,降低平均交通时间,这就可提高能源的利用,体现积极的减排节能。除此外,智能交通技术与其他新技术的结合,寻找新能源,尤其用新型的清洁能源代替传统的能源,既实现了能源的保护,又能有效抑制环境污染。

传统的以能源为指标内容的评价方法大多以交通能源消耗量和石油资源的影子价格作为基本的观测分析要素，其中交通能源消耗量通过对交通工具的燃油经济性及行驶里程的具体计算所获得，而燃油经济性作为机动性交通工具的燃油消耗量的一个指标，它以“$\frac{\text{liter}}{\text{kilometer}}\left(\frac{\text{l}}{\text{km}}\right)$”为单位，反映了交通工具在能耗上的性能特性；而影子价格的实质就是在最佳条件下的单位资源所产生的效益增量，是在合理利用能源后所产生的最大的效益，所以影子价格也被称为“最优价格”。石油作为稀缺资源，替代石油资源的效益不能用其市场价格来计算，所以需要用反映石油这种资源的稀缺程度的影子价格来体现。

以能源为指标内容的智能交通评价方法也可分为定性分析方法及定量分析方法，定性的分析方法有专家咨询法、问卷调查分析法等，定量分析的方法有影响矩阵法、类比法、数学建模法等。

以能源消耗为指标内容的智能交通评价方法，既可以基于宏观的方式加以具体分析，也可以基于微观的方式进行具体分析，然后进行综合分析，获得相应的评价结果。用微观的方式进行分析，往往可以得到精准的数值，如选定某一个交通工具作为分析的对象，当它不采用智能交通技术时，得到相关的单位距离的能源消耗值为 E_1，而采用智能交通技术后，单位距离的能源消耗为 E_2，则可以得到相关的单位距离的能源消耗的增益为 $\Delta E = E_1 - E_2$，由此可得到该交通工具由于使用智能交通技术所能得到的关于能源消耗的百分比：

$$\gamma = \frac{\Delta E}{E_1} = \frac{E_1 - E_2}{E_1} \times 100\% \tag{5-2-10}$$

这个数据非常重要，它是其他评估分析的基础，比如，在设定某个地区，有 $k(k \geqslant 2)$ 种不同类型的交通工具，采用智能交通技术后，它们各自的单位距离的能源消耗的百分比分别为 $\gamma_1, \gamma_2, \cdots, \gamma_k$，而各种交通工具的占有量分别为 $n_1, n_2, \cdots, n_k$，则可以得到该地区因智能交通技术所得到的平均（宏观意义上）的能源消耗的百分比 γ_{average} 为：

$$\gamma_{average} = \sum_{i=1}^{k} \frac{n_i \gamma_i}{N} \tag{5-2-11}$$

这里，$N = \sum_{i=1}^{k} n_i$，为总的交通工具数。

γ_{average} 反映某一个地区的因智能交通技术的应用所获得的能源的消耗中的节能的水平。这个数值越大，相应的节能水平就越高，所对应的智能交通技术在节能方面的表现越优越。此外，对于一个区域来说，为了达到最佳的交通节能目标，对于各类交通工具的数量的分布控制也是一个有效的手段，即通过对各类交通工具的数量分布的合理控制，在节能方面可有更卓越的表现。

5.2.6 技术因素指标

智能交通中的技术因素是确保其发挥卓越性的重要保证，它虽然受其他先进的理论技术的支撑，属于技术应用的范畴，但对于如何具体的设计和构造相关算法，并尽可能地发挥其作用，还是具有很多的创新的，对于不同的智能交通的技术及应用，它们在实际中所发挥的效果也是不同的，所以，无论从所依据的理论、具体的设计构造，还是具体的实际应用，对于不同的智能交通技术，有必要做基于技术因素的具体评价。

以技术因素为主要指标内容的评价，其技术包含了许多具体的内容，一个具体的智能交通项目或技术应用，它在技术层面的特性应该包含所依据的理论的先进性，具体智能算法的先进性以及应用中的便捷性、兼容性、可扩展性和鲁棒性（稳健性，Robustness），此外还包括经济性等，尤其是经济性指标，即使有较好的性价比，技术再好，各方面的性能再优越，但所需的经济负担是不能承受的，这样的技术还是不能在实际中具体应用。在这些具体的基于技术因素的指标，其核心是所依据的技术及智能算法的先进性，这一点具有根本的重要性，因为算法的先进性，能从根本上保证所对应的智能交通技术的先进性。

基于智能交通技术因素的评价方法有多种，最常用的是对不同的智能交通技术的各项技术指标进行逐一比较，从中得到相关的评估结论。对于技术因素中的智能算法来说，它不仅涉及计算性能中的精度，还需具体评估相关的计算次数，它表现为具体的复杂度或计算速度，一个智能算法是否优越，不仅能达到相当的精度，在计算复杂度方面还需要有一定的控制，它的复杂度至多为多项式增加的量级，也就是为P问题量级，一旦超过这个量级，就成了NP问题，那么尽管精度方面的性能最优越，但构成难解问题，就不能在实际中具体使用。所以在精度与速度的互为消长的条件下，智能算法的选择需要作一定的折中。

还需指出，基于技术指标的评价，它与基于其他指标的评价有一定的互为因果关系，一种技术的先进，在很多时候同样表现为所需要的经济支持的力度大，也就是相对要昂贵一些。此外，它所依据的其他支撑技术也要相对先进，但最终还是需要在经济指标中有所体现，诸如此类的还有很多，在建构基于技术指标因素的评价体系时，这方面也需要作一定的考虑。

5.2.7 管理效率因素的评价

交通在社会中扮演着非常重要的角色，作为基础性的公共产品，它的规划、建设、维护和管理等各个环节，都需要有一大批人员进行必要的参与，人员及其他一些必要的条件，构成宽泛意义上的交通管理部门，从而对整个交通实现各个层面和环节上的管理，这不仅是维护交通的正常运行的现实需要，也是确保交通可持续发展的重要手段，由此需涉及管理效率这个概念，来具体反映交通管理的水平。

交通管理虽是针对交通部门来说的，但它涉及多个具体的内容，概括起来，大致包括两个部分，一是对于与交通直接相关的执法及交通过程中应对事件发生的反应及处理，这可以用一线管理来概括，二是除一线以外的其他的应对和管理，如包括交通部门的人事管理，交通法规的宣传及教育，与其他部门包括电信、广播电视等部门的连接，实现交通信息的及时传送发布，交通事件发生后的辅助管理等。交通管理效率的提高，就是所包含的针对各项具体内容的处理和管理的效率的提高，它反映了交通管理者的管理水平。所以，以交通管理为指标内容的评价体系具有实际意义。

就管理内容来说，虽有一线和二线之分，但彼此不是绝对独立的，而是互相关联，互相影响，甚至是互相转化的，如对于交通法规的宣传，虽不直接面对交通事件中的应急反应等，但相关法规的宣传普及程度的提高，对于交通事件中的反映和处理能力及效率的提高能起到积极的促进作用。同样的，由于交通法规宣传的到位，不仅提高交通参与者的自觉遵守交通法规的程度，还可在具体执法中提高办事的效率。

智能交通技术能够有效提高具体的交通管理效率，因此，以交通管理为指标内容的评价，也不失为一种能表征智能交通特性的具体评价方法。总的说来，以管理效率为内容的评价体系，可以包含具体的各项内容，如以一线管理中的交通执法效率、交通事件中的应对反应速度、危机处理效率、交通设施损坏后的维修效率等一系列的具体管理内容方面的效率作为研究对象，分析智能交通技术对所列举的各方面的效率的提高的具体影响，进而可获得评价结果。

关于智能交通的基于交通管理效益的评价的具体方法，既可以做定性分析，也可以做定量分析，在定量分析方面，它可以是微观分析，也可以是整体性的宏观分析，相应的方法与前面所述的关于其他指标内容的评价方法相类似。

此外，智能交通技术的应用，能有效提高交通管理的效率，它不仅可影响智能交通对以其他指标内容为对象的评价性能的改善，还可对交通中的从业人员配置的优化、智能化调度等方面起到积极的作用。

由对以上基于各种不同单指标内容的评价体系的分析，不难看出，它们之间并不是互相独立的，很多指标内容不仅互相联系，且相辅相成，有的甚至还存在着此消彼长的内在联系，所以单纯的以某个指标内容作为评价的依据，可能会出现顾此失彼的情况。如何实现针对较多性能指标内容的联合评估，以更全面地获得对所选择的智能交通项目的评价，是相关评价体系研究的重点和热点。

5.3 智能交通综合评价的框架及实现步骤

为更全面地评价智能交通所带来的各方面的增益，采用综合评价体系是一种合理的选择，综合评价的方法已经有很多，在某种意义上讲，只要针对智能交通的评价体系中的指标内容的选项多于单指标，它就具有综合评价的意义。但真正的综合评价体系，不仅所需评价的指标内容的数量要尽可能地多，还必须包含具有彼此关联，尤其有彼此消长的指标内容，只有这样，才能从整体上获得顾及尽可能多的影响因素的评价体系，使所获得的评价结论更加符合客观实际，更具指导意义。

通过分析，不难发现，对相关单指标内容加以一定的组合，根据式(5-1-12)和式(5-1-13)，就可获得具体的综合评价模型，此外，若把每一个指标内容作为所确定的矢量中的一个分量，那么综合指标评价就可转化为对某个矢量的分析，由此，具体的模型可描述为：

设综合指标由 n 维矢量 $\boldsymbol{V}$ 所表征，它的每一个分量 $a_i(i=1,2,\cdots,n)$ 表征评价体系中的一个具体的指标内容，则综合评价的指标 $\boldsymbol{V}$ 可表示为 $V=(a_1,a_2,\cdots,a_n)$，由此，作一个代价函数(Cost Function) $F:\boldsymbol{V}\to B$，则有：

$$F(\boldsymbol{V})=F(a_1,\cdots,a_n)=y\in B \tag{5-3-1}$$

其中，B 为代价函数的值域，它是由标量所组成的集合。

结合具体的智能交通，就相关的评价指标内容可从经济指标，社会效果评价指标，环境保护及资源利用、能源消耗、管理效率及技术性能指标等方面加以具体设计，那么就得到综合指标的评价体系的框架，具体如图5-3-1所示。

智能交通中的综合指标的评价方法的实施，可以用如下的具体步骤加以概括：

第一步，确定评估的具体对象目标。即选定所需评价的智能交通技术及应用的区域范围等，在这一步中，要做到目标明确，界限分明，切忌模棱两可等情况的发生。

第二步，确定智能交通相关的评价指标。因为是综合评价，所对应的评价指标内容至少要二项以上，具体的来说，与智能交通相关的必须包含经济性指标、管理效率性指标、技术性指标、环境与资源保护指标、能源节约指标等，它需要反映智能交通对改善交通拥堵，提高交通运输效率、提高交通管理水平及节能环保等方面的卓越性能。

第三步，建构综合指标内容所对应的矢量变量。这一步旨在建构函数的矢量自变量，它把各个所需进行评价的单变量进行合乎要求的组合，突出评价体系所要强调的重点，以体现整个综合评价体系的整体目标要求。

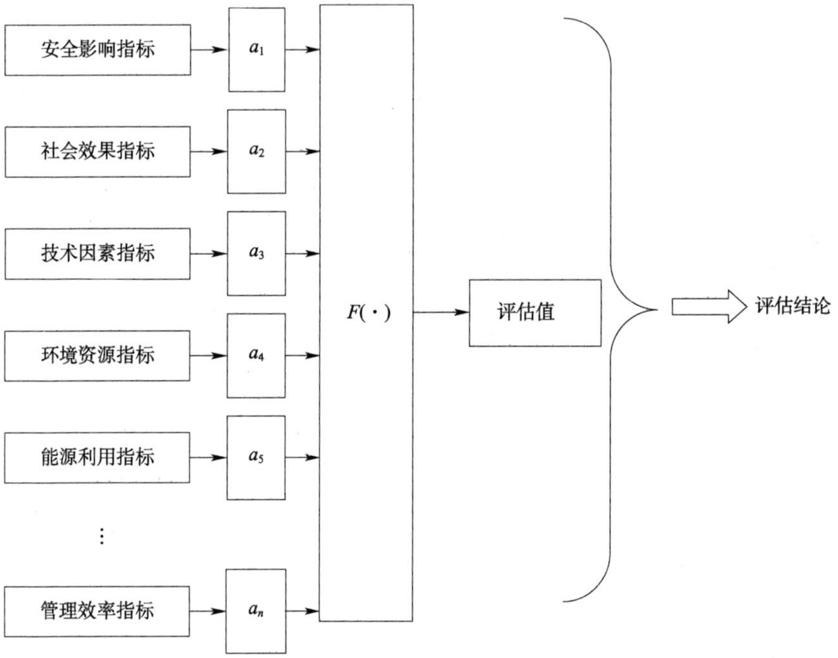

图 5-3-1 智能交通综合评价框图结构

第四步，构建综合评价函数 $F(\cdot)$。它实际上就是一个代价函数，不仅需体现各个标量指标各自在整个综合评价体系中的影响力，还需体现它们之间的某些内在的彼此消长的关系，更需体现评估者所强调的重点，如强调经济性指标，还是技术性指标，抑或是资源的利用和能源的节约等方面的性能指标等。这一步在整个过程中最关键。

第五步，获得基于综合评价函数的评价值。从这里来看是一个具体的数学建模条件下的定量分析，实际上也可以进行具体的定性分析前提下的评价，这只要对第四步的设计进行不同处理即可。

第六步，分析、校验所获得的评价值。这一步包含两层意思，一层意思是对可能出现的错误加以分析，另一层意思是可进行重复计算评估，并加以具体比较。实现这一步的主体既可以是需要对智能交通做综合评价的决策者，也可以由相关的专家所组成的咨询委员会，或其他的具有很好征信的独立第三方。尤其是征信度高的独立第三方，它因持超然的立场，所做出的评价相对公允，可信度较高，在实际运作中，往往由独立的第三方做综合评价是一种可行的方法。

第七步，验收综合评价结果，给出最终的评价结论。它是在科学的、反复论证及校验等综合处理的前提下，获得综合验收的结论，所形成的结论具有严谨性、科学性和权威性。

第八步，在综合验收的结论的基础上，进行具体分析，并形成最终的综合评价结论。

整个综合评价的步骤可用图5-3-2表示。

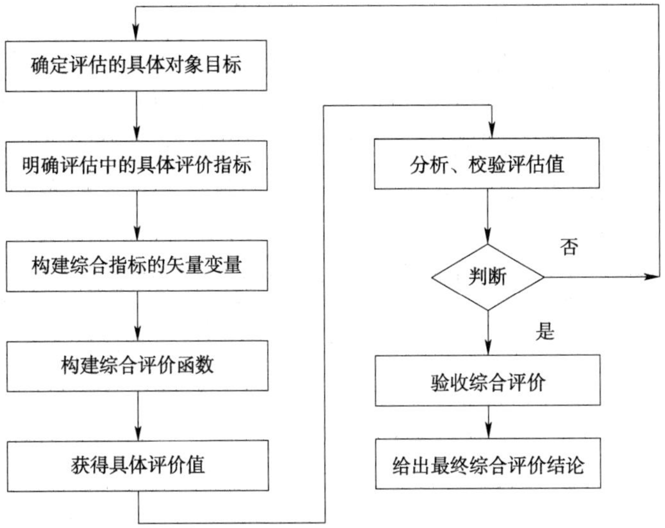

图5-3-2 智能交通综合评价的具体步骤分解图

智能交通中面向综合指标评价的方法已经有多种，大致可分为三类，一类以定性分析为主，另一类是以数理和统计理论等为依据的定量分析，第三类则是具体结合定性分析和定量分析的复合型的分析方法。具体的综合性的评价方法有灰色系统分析方法、主要成分分析法、聚类分析法、关联分析法以及基于人工智能和神经网络理论的分析方法等。不同的方法侧重点不同，所需的条件也不尽相同，所以各自所表现的特性也不尽相同。对灰色系统分析方法来说，它依据灰色关联程度理论，对所确定的评价指标内容的实质及观测进行必要的关联，由此获得基于多指标内容的观测值与实际值之间的差异程度，差异程度越小，根据观测值所获得的评估就越接近实际的情况，所对应的观测值与实际值之间越接近，评估也就越理想。灰色系统分析方法业已比较成熟，已可通过规范化的程式加以具体实施。而主要成分分析法的实质就是在确定具体的关于主要成分的门限条件的前提下，对达不到门限值的分量进行丢弃的方法，这可应用矩阵分析的方法加以具体处理，尤其以相关系数矩阵作为研究对象的矩阵，它一般都是对称矩阵，而且在实际中相关系数一般都非负，所以对称矩阵所对应的二次型往往是非负定的，由此可通过求对称矩阵的特征值来获得相关的主要成分所对应的变量。这实际上就是一个多维矩阵的降维数的过程，这在很多领域有广泛的应用，如在信号处理中的空时自适应处理

(Space-time Adaptive Processing;STAP),也用到具体的降维数的处理过程,在这里也有借鉴作用。

借用数理逻辑的相关理论,可以构造一种相对简单的综合指标的评价方法,相关的具体步骤可作如下的概括:

第一步,确定综合评价中的具体指标内容,关于智能交通的综合指标评价,大致可包括经济指标、安全指标、能源节约指标、环境保护和资源利用指标、交通管理效率指标、交通参与者的平均交通时间及费用指标以及技术指标等几大类,然后在每一个大类中再细化成若干个小类,并逐一列出,整个综合评价构成一个具体的表格,具体可用表5-3-1表示。

基于数理逻辑理论的综合指标评估表 表5-3-1

经济性指标	投资利率	投资回收时限	财务净现值	…
安全指标	人员伤亡	交通工具损坏	基础设施损坏	…
能源节约指标	能耗降低程度	新能源利用		…
环保及资源利用	大气污染	水资源等污染	土地资源利用	…
交通管理效率	个人管理效率	应急反应速度	善后处理能力	…
平均交通时间	公共交通出行	自驾车出行	非机动车出现	…
技术指标	核心算法的精度	核心算法的速度	理论的先进性	…

这样,假定某一个大类中的细化项最多为 n 项,并把不足 n 项的用“ * ”补足,表5-3-1就可与一个矩阵$A_{7\times n}$(为7行 n 列)进行一一对应。

第二步,对所设计的综合指标评估表做基于数理逻辑的赋值规定,也就是对矩阵$A_{7\times n}$中的每一个元素 a_{ij}进行赋值(逻辑值)规定,即 $a_{ij}\in\{0,1\}$满足:

$$a_{ij}=\begin{cases}1 & \Leftrightarrow \text{performance is better}\\ 0 & \Leftrightarrow \text{performance is worse}\end{cases}$$

第三步,对确定的智能交通进行具体综合评估,其中,“ * ”所在的都应为0,评估后则所对应的是一个以0或1为元素的矩阵。

第四步,分析该综合评估表,最简单的方法就是数矩阵中“1”的个数,个数越多,所对应的智能交通的综合评价就越高。

第五步,根据所获得的综合评价结果,进行具体分析,以获得最终的评价结论。

这种综合评估方法的操作过程相对简单,但它的精准度相对较低,进一步,若引入模糊数学中隶属度,把0和1的两值拓展到区间[0,1],那么,所获得的综合评估的结论更接近实际的情况。

相比较于单指标的评价体系,综合指标的评价体制能兼顾各个指标内容之间的内在联系，若引进一定的加权因子，那么可更好地表征具体的智能交通的实际的各方面的性能特征。

虽然对于综合指标的具体评价的方法已经出现了很多，但大多都有所侧重，一是受具体评估指标内容的设置的限制，二是受评估者主观偏向等因素的影响。诸多原因导致迄今尚未形成一套通用的综合评价的方法，这虽看似是一个缺陷，但实际上，它不仅为进一步关于智能交通的基于综合指标内容的评价体系的研究提供了必要的空间，也为各种综合评价的方法的进一步完善提供了可能。在实际中，为了更好地获得综合评价的结论，不妨对智能交通做基于不同方法的综合指标内容的评价，然后再做相关的综合分析，获得更趋完善的评价结果，这种综合的处理方法能弥补主观倾向等引起的不足，增加最终评价的权威性。

5.4 本章小结

本章对智能交通的评价体系进行了深入分析，在给出具体的数学建模的基础上，就单指标内容的经济性指标，社会效果指标，安全指标，环保及资源利用、能源节能指标和交通管理效率等的评价体系的原理、实现步骤等进行了深入分析，在此基础上，就综合指标内容的评价体系的实现及方法进行论述，在总结已有的评估方法的同时，提出了新的综合评价的具体实现方法。

本章的具体创新点如下：

①建立了实现评价的具体模型，并采用加权的方法获得了一种具体的定量分析的评价方法。

②在面向经济指标的评价方法中，给出了一种基于门限值为 $\gamma=0$ 的评价方法，它虽用到了具体的对数运算，在计算上带来一定的麻烦，但具体评估的过程简约。

③给出了以社会效果为指标内容的评价方法的实现方法。

④设计了以安全指标为具体评估内容的评估实现的具体步骤，所形成的具体评估方法可操作性好，具有很好的应用前景。

⑤给出了基于能源节约指标的评估新方法。

⑥分析了基于环境保护和资源合理应用为指标内容的评估方法，着重就土地资源的合理使用为内容的评估新方法进行了讨论。

⑦在分析交通管理的具体指标内容的基础上，构造了一种新颖的基于交通管理为单指标内容的评估方法。

⑧结合数理逻辑的相关理论，通过构造逻辑值为元素的评估矩阵，给出了一种相对简约的综合评估新方法。

参考文献

[1] Brucher K. D. ,Verbeke A. ,Machairs C. The Application of Multi-criteria-Analysis to the Evaluation of Intelligent Transport Systems[J]. Economic Impacts of Intelligent Transportation Systems; Innovations and Case studies, Research in Transportation Economics, 2004, 8(I-II): 151-179.

[2] Juan Z. , Wu J. , McDonald M. socio-Economic Impact Assessment of Intelligent Transportation System [J]. Tsinghua Science and technology, 2006, 11 (3): 339-350.

[3] Stevens A. , The Application and Limitations of Cost-benefit Assessment for Intelligent Transportation Systems[J]. Economic Impacts of Intelligent Transportation Systems; Innovations and Case studies, Research in Transportation Economics, 2004, 8(I-II): 91-111.

[4] Gillen D. , Chang E. , Johnson D.. Productivity benefits and Cost Efficiencies from ITS Applications to Public Transit[J]. Economic Impacts of Intelligent Transportation Systems; Innovations and Case studies, Research in Transportation Economics, 2004, 8(I-II): 549-567.

[5] Moore T. , Poedena R.. Framework for an Economic Evaluation of Transportation Investments[J]. Economic Impacts of Intelligent Transportation Systems; Innovations and Case studies, Research in Transportation Economics, 2004, 8(I-II): 17-45.

[6] Thill J. C. , Rogova G. , Yan J.. Evaluation Benefits and Costs of Intelligent Transportation Systems elements from a Planning Perspective[J]. Economic Impacts of Intelligent Transportation Systems; Innovations and Case studies, Research in Transportation Economics, 2004, 8(I-II): 571-603.

[7] Hanynes K. E. , Bowen W. M. , Arieria C. B. , et al. Intelligent Transportation Systems benefit priorities: an application to the Woodrow Wilson Bridge[J]. Journal of Transport Geography, 2000,8(2):129-139.

[8] 焦朋朋,陆化普. 城市交通管理的国民经济效益评价方法研究[J]. 公路交通科技,2005,22(9):123-126.

[9] 王炜. 面向可持续发展的城市交通系统综合评价方法研究 [J]. 土木工程学报,2004,37(3):1-6.

[10] 胡明伟,史其信. 支持 ITS 影响评价的交通仿真模型研究[J]. 学术研究,2005,7(1):5-9.

[11] 何建伟,曾珍香,李智恒. 智能交通系统系统实施效益的综合评价研究[J],交通运输系统工程与信息,2010,10(1):84.

[12] 隽志才,朱泰英,贾鸿飞. 智能运算系统项目社会经济影响评价方法[M]. 北京:清华大学出版社,2007.

[13] 罗云. 安全经济导论[M]. 北京:经济科学出版社,1993.

[14] 中华人民共和国国家标准. GB 50220—1995. 城市道路交通规划设计规范[S]. 北京:中国标准出版社,1995.

[15] 国家计划委员会. 建设项目经济评价方法与参数 [R]. 北京:中国计划出版社,2006.

[16] 孙伟. 城市道路交通安全评价指标体系研究[D]. 南京:南京林业大学,2007.

[17] 杜栋,庞庆华,吴炎. 现代综合评价方法与案例精选[M]. 北京:清华大学出版社,2005.

[18] 姜华平. 道路交通事故社会经济损失评价理论研究[D]. 长春:吉林大学,2005.

[19] 徐洪波. 道路宽度及车速对交通噪声的影响[J]. 环境保护科学,2007,33(6):127-128.

[20] Xuexiang Jin, Yuelong, Su, Yi Zhang et al. Modeling Spacing Distribution of Queuing Vehicles in Front of a Signalized Junction Using Random-Matrix Theory [J]. Tsinghua Sci-technology,2009,(1492):252-254.

[21] Miler T. R. Costs and Functional Consequences of US Roadway crashes[J]. Accident Analysis and Prevention,1993,25:593-607.

[22] Button N. P., Park M. R. Uncertainty in Incident Rates for Trucks Carrying Dangerous Goods [J]. Accident Analysis and Prevention,2000,32:797-804.

[23] 叶祖达. 碳排放量评估方法在低碳城市规划之应用[J]. 现代城市研究,2009,24(11):20-26.

[24] 陈婷,梁波,陆雍森,等. 交通噪声经济损失估算方法研究[J]. 公路交通科技,2005,22(9):179-182.

[25] Silcock B. R. Guidelines for Estimating the Cost of Road Crashes in Developing Countries[R]. Landon:Department for International Development,2003.

[26] 张焕炯. 安全通信论[M]. 北京:国防工业出版社,2013.

[27] 陈红. 交通与环境[M]. 北京:人民交通出版社,2011.

第6章　智能交通与物联网技术

近年来，物联网（Internet of Things）被看成是现行网络的自然演进，引起人们的广泛关注。物联网的体系结构，关键技术及广泛的业务应用前景等所展现的蓝图，因富有创新而对其他领域产生了深远的影响。智能交通作为交通领域与以电子、通信、自动化等为基础的IT相结合的产物，也受到了物联网技术的深刻影响。智能交通受物联网技术的影响大致可被归纳为两类，一类是直接的影响，也就是智能交通技术随着物联网技术而有所进步和发展，另一类是间接的影响，也就是物联网技术中的有关处理问题的思路和方法被借鉴应用于智能交通中，进而促使智能交通技术的长足进步。

与物联网相关的内容非常丰富，在一个章节里难以囊括所有，这里仅就物联网与智能交通的结合所形成的车联网和交通综合物联网等相关内容进行分析阐述，所述内容仅囿于本人的思考所及，其中交通综合物联网，把它记为 the Internet of Traffic Synthetic Things，是本人提出的新概念。之所以把所思所想不避浅陋地拿出来，一个非常重要的原因是，物联网与智能交通的结合，代表了该领域技术发展的新方向，它必将成为理论研究和技术应用的热点，应该引起足够的重视。

6.1　引言

以电子、通信、控制等领域中的先进技术为支撑的智能交通技术，是交通领域中的重要组成部分，同时也因是网络等技术的重要应用领域而被广泛重视；而物联网不仅是现有网络的进一步发展的重要方向，同时，它开放、包容的体系框架，也是整合、融汇新概念、新理论和新技术的重要平台，更是促使技术进步的重要引擎。

分析智能交通的技术特性，不难发现，它与物联网之间存在着共同的理论背景和技术支持。一方面，交通工具和交通网络等作为“物”的存在，虽然在交通网络上以交通工具作为转移的具体目标，但它同样进行着相应的信息交互，因此，从某种意义上讲，交通网完全可以被认为是“物物相连的网络”，对它加以某种功能的扩展，就很自然地成为物联网的一种具体形态了。因此，借助物联网的相关技术，来解决交通网络中所遇到的问题，或依据物联网技术为交通网络的优化升级提供技术支持,成了可行性很高的一种办法。另一方面,交通网络作为物联网技术具体应用的重要领域,是实践先进的物联网技术的重要平台,可由此不断发现新的问题,进而促进物联网技术的进一步发展。

现今,物联网技术在智能交通领域中的应用不断深入,除了提出车联网技术以外,还有很多针对高速公路系统道路状态的检测和交通事件的处理,以及城市道路的管理等方面的具体应用,此外,物联网技术的应用,对智能运输系统(Intelligent Transportation System;ITS)包括民航、水运(海运),港口建设及管理等影响等都有相关成果出现,可以毫不夸张地说,物联网技术几乎是全方位、全覆盖式地影响着智能交通的各个具体领域。

本章在论述物联网的基本概念、体系结构和关键技术的基础上,着重探讨物联网技术与智能交通技术的有机融合来解决交通实践中的相关问题。因受作者在该领域中具体研究范围的广度的影响,这里所论述的仅是物联网与智能交通相结合的很小的一部分而已,但我们必须看到,物联网和智能交通的融合和互相影响,是技术进步的重要动力,对它们的重要性要有充分的重视。

6.2 物联网的概念及结构特性

物联网(Internet of Things)可被简单地理解为物物相连的互联网,它是在电子、通信、控制和感知等技术迅猛发展的前提下,由现有的“人—机”之间的信息交互实现信息的存储、传输和控制等的处理方式,进一步向“机—机”和“物—物”之间的信息交互方向演进和拓展过程中的、阶段性的信息处理的工具和平台的总称。之所以做这样基于概念性的描述,一个重要的原因是,直至今日,虽作为一个概念(Conception)被广泛地提及,但尚未出现较统一的具体形态,也就是物联网的具体结构、关键技术、主要业务功能的界定等有多种不同的描述。因此,还可从不同的角度来认识物联网:从基于现实的技术演进的角度来看,物联网就是通过传感器、RFID 等传感技术和识别技术(Recognition Technology)实现人与人、人与物、物与物之间的信息交流的网络;而从网络的结构来看,它实际上是一种具有多种网络形态,嵌套式的复合网络体系;而从时空的存在和发展的角度来考察物联网,那么它可被看成是能实现在任何地点,任何时间,任何物与物之间进行信息交互的一种网络,它可最大限度地体现网络的普适性(Ubiquitous)特性,这一点实际上蕴含了它无穷的发展潜力。

虽然难以给出统一的确切定义,但物联网还是具备了一些共同的基本特性,归纳起来,至少包含如下几点:一是它应具有超强的感知能力和识别功能。作为物与物互联的网络，实现对尽可能多的物体的信息采集，它的感知能力所涉及的范围不仅要非常宽广，同时它感知的精准度等也应达到非常高的程度，唯有如此，才能尽可能地发挥出感知所带来的优势，此外，识别是感知的前提，从某种意义上讲，识别(Identification)也可被看成感知的一种具体体现。二是具有卓越的通信能力，也就是把所采集到的信息，通过先进的传递手段和工具加以信息传输，这需要卓越的通信能力进行有力支撑，从而达到信息彼此之间的交互、处理等目的。三是需要具有很好地被控制能力，在强调物联网的物物互联及智能处理等功能实现的同时，不能忽略它后面"人"的因素，也就是它必须为人们所指使、控制和使用，它在被使用方面有卓越体现的最根本保障就是它的良好的受控制性。

与传统的网络结构的分层分析方法相类似，物联网领域也存在着相关的结构体系问题，这是深入理解物联网的组网思想、建构物联网的基本骨干框架、促进物联网本身技术的进步和拓展应用领域的重要基础。物联网分层结构模型的种类较多，其中比较有代表性的有三层结构模型、四层结构模型、五层结构模型和八层结构模型等。在三层结构模型中，把物联网分解成"感知层、网络层和应用层"；在四层模型中，由于依据考察的着眼点不同，具体的分法也不尽相同，一种分法是把它分为感知层、传输层、智能层和应用层，它们每层分担着的功能用"感"、"传"、"智"和"用"来表征，以强调物联网中的信息处理的智能化特性，而为突出物联网中数据的异构特性以及未来整体的管理特性，也有把物联网分成感知层、异构网络接入层、数据管理层及应用层的；也有把物联网与经济挂起钩来，希望物联网成为新的经济增长重要策动力，因而突出他的商业应用，从而把物联网分解成感知层、传输层、处理层、应用层和商业层；而 IBM 根据物联网的网络技术特点，开创性地提出了八层的参考模型，它们分别为传感器(执行器)层、传感网层、传感网关层、广域网层、应用网关层、服务平台层、应用层和分析网关层。

物联网不同的分层结构，不仅反映了网络研究开发者对物联网不同的理解，更反映了物联网体系结构的复杂，更深层的意义还在于，各种不同的分层结构模型，成为人们认识和理解物联网本质特性的不同视角，以及开发和利用物联网技术的不同的切入点，展现了物联网的兼收并蓄的开放性。图 6-2-1 把几种主要的分层结构进行了比较，从图中不难看出，由 IBM 团队提出的八层结构体系，更多地注重了物联网在感知方面的功能实现，把用来实现数据信息采集和控制功能的感知层，以一个具体的网络加以规划，并把它看作一个子网，用网关既实现它与广域网的连接，同时也用网关实现与用来传输信息的网络的功能隔离，这样的处理，一个显著的优点是强化了"网"的功能，这种"即插即用"形的构造方法，对于物联网中的感知层的物理层面上的扩展也可带来不少便利，同时，也便于网络的维护和相关故障的排除。同样的，这八层结构的体系，由于在应用层中也用到了模块式的结构，相关功能和业务的加减通过加减相应的网关可具体实现，这对物联网的应用，尤其相关新业务等的推出、新领域的拓展等，都可带来实实在在的便利。

物联网的分层结构及其相应的关系，具体如图 6-2-1 所示。

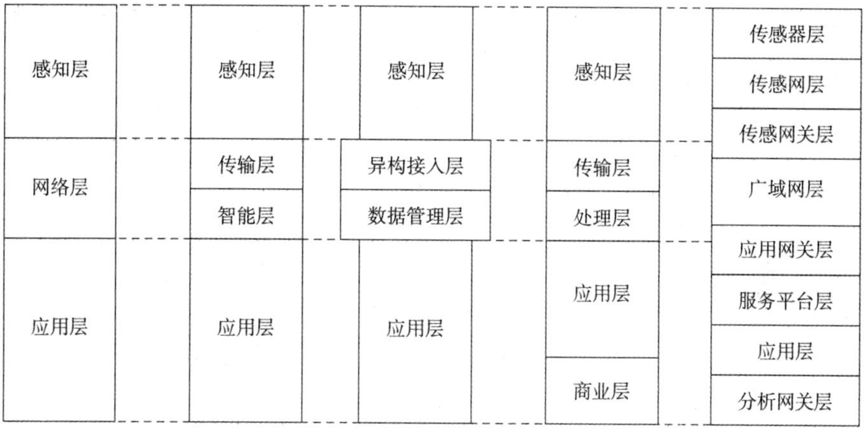

图 6-2-1　物联网各种分层结构图

注：图中的虚线的分划，表示各种分层结构互相大致对应的关系。

6.3　物联网技术与智能交通技术之间的关系分析

物联网具有非常广阔的发展前景，它不仅是对已有的网络技术的有机整合和集成，是创造性地发展新理论、新技术的重要促进因素，更是创新性应用新技术的重要平台。而智能交通则可理解为把先进的信息技术、通信技术、电子传感技术、控制技术以及计算机技术等具体应用到交通的各个领域，以建构一种大范围、全方位发挥作用的高效、便捷、安全、环保、实时的综合交通运输管理系统。由此，不难看出，智能交通与物联网之间存在和谐共生的内在联系，它们彼此之间互相影响、互相借鉴，共同发展。

对物联网来说，它的一个基本功能是对物质世界的感知，从而采集足够多的信息，以实现最宽广范围内的物物之间的信息交互。要实现这个目的，一个非常重要的举措就是尽可能多地在物件上安装感知器或传感器，尤其通过嵌入式技术的广泛应用，把网络的感知的触角伸展到物质世界的角角落落，所以，无论从物理的角度，还是逻辑的角度，都需要有完备的传感设备的安装在静态的、动态的物体之中。它的这个需求，客观上需要交通和智能交通技术的进一步发展，交通的发展为物联网的传感设备在更宽广的范围内的安装，提供了具体的支持，这不仅体现在很多具体的交通工具本身可作为传感设备安装的对象，还体现在它们为在更偏远的地方安装设备提供了基于物质的支持。此外，交通设备和设施本身就需要电子、信息、自动化等的支持，它们本身与物联网的有机结合，可实现双赢的局面。

对物联网来说，它的卓越性能的展现和巨大的社会效益和经济效益的体现，也需要交通和智能交通的支持，物联网作为网络技术的发展的一种新范式，它本身就是诸多新技术的综合集成和发展，把这些先进的技术应用到实际中去，才能发挥切实的功效，交通和智能交通为物联网技术的实际应用提供了很好的场所，更为物联网技术所带来的巨大效益提供了展示的平台。现今，结合物联网技术所形成的车联网、船联网、货联网等都是物联网技术在交通领域中关于陆路、水路以及物流方面的具体应用的成果，它们所展现出的优越性能以及由此带来的巨大效益，是物联网技术的先进性的有力证明。除了这种直接的运用物联网技术以外，在交通及智能交通领域中，还可间接地利用物联网组网、结构分析、性能分析等的相关思想和方法，解决交通中所遇到的问题，进而提升交通的效率，发挥智能交通的优越性，这些间接的使用，为物联网相关技术的可行性做了具体的验证，反过来也是促使物联网技术发展的重要举措，对物联网技术本身的完善和发展，也是非常必要的。

反过来，智能交通技术的发展，对包括物联网在内的网络技术提出了更高的要求。交通作为最重要的公共基础设施，随着社会的发展和人民生活水平的显著提高，一方面，人们交通出行的需求和交通运输需求总量的持续增长，迫切需要大力发展交通，但另一方面，由于诸如土地等资源和环境的约束日趋严峻，以及受其他各种社会制约因素的影响，交通事业的发展也受到各种现实的限制，更重要的是，交通本身是一个多因素的综合的复杂系统，它的技术的进步和整体发展水平的提高，虽受多方面的影响，但从根本上来讲，需要依靠科技的力量。物联网技术作为先进的网络技术的代表，它很自然地成为交通和智能交通技术进步的重要策动力量，所以，智能交通技术的进步，需要得到包括物联网技术在内的众多新技术的支持，具体地说，对出行者来说，无论是安全出行的需求，还是出行信息服务的需求、不停车收费等的需求，都需要物联网技术的支持；对于公路、水路的航道养护和运营企业来说，实时获取交通信息的需求、运输班次规划需求、智能调度等都需要得到物联网的支持；更进一步，作为交通的具体管理部门，他们涉及交通的具体规划和管理，无论从政策法规的层面，还是日常的管理、决策，都需要获得物联网技术的支持；除了这些，对于航空以及机场等为主体的民航领域来说，它的建设、管理、决策以及信息发布等都需要得到物联网技术的支持。总之，交通和智能交通的发展，同样离不开物联网技术的支持和转化，尤其是智能交通的技术与物联网技术的彼此融汇,对于智能交通的新产品的研发应用来说,具有根本的重要性。

进一步,结合当前物联网技术发展的态势,以及智能交通研究和应用的现状,物联网技术可在智能交通中的如下几个具体方面发挥关键性的作用:

一是应用物联网技术中的诸如射频识别(Radio Frequency Identification;RFID)等短距无线感知技术,它们在包括车辆牌照等交通要素的身份识别体系方面建设、动态的交通实时运行状况的信息采集等诸多方面起到关键作用。在交通领域,无论是车辆船舶等交通工具,还是道路交通建设等基础设置,都需要进行身份的标识和检测,交通工具的实时运行信息,交通设施的实时工作状态的信息等,完全可用物联网中的相关感知技术来具体实现,在物联网的感知层中,RFID 技术、无线传感器网络(Wireless Sensor Network;WSN)技术,Zigbee 技术、嵌入式技术等都是核心类技术,它们有望在交通系统中的信息采集和身份标识、识别和检测方面起着关键性作用。

二是应用物联网技术中强大的信息传递能力,可有效实现智能交通中的采集数据的传递,为智能交通合中后续的数据分析等模块的具体工作展开打下扎实的基础,物联网不仅是业已存在的网络的融合,更是先进网络技术的演进,它具有超强的网络传输能力,在统一的物联网的技术背景下,各种有线的、无线的网络作为它的有机的组成部分,根据各自的特点,都可发挥自己独特的作用,进而可完全解决智能交通中的数据、信息等传输中所遇到的各种难题。

三是应用物联网技术中卓越的信息处理能力,实现智能交通中的各种信息的实时处理,并表现出较好的有效性、可靠性、安全性和完备性等特性,除此外,还可表现出很强的灵活性(Agility)和智能性(The Property of Intelligence),尤其智能化地处理交通信息,实现较高层面上的智能处理,是智能交通技术先进性的重要保证。

四是应用和借鉴物联网技术中的标准化建设的成功经验,在智能交通技术领域的标准化建设中发挥具体作用。无论是工业体系,还是技术应用,都需要建立规范的标准化体系,这不仅可起到行业和技术的进步,还可由此促进技术的产业化转化,产生巨大的经济效益和其他效益,电子、通信等行业中相关技术的出台,都是以标准化的方式最后确定下来的。目前,物联网技术的发展过程,从某种意义上讲,就是物联网技术和产品的不断标准化的过程,在这个过程中,智能交通作为物联网技术的重要应用领域,与之相关的技术和产品等都可进入标准化体系,进行具体的标准化规范,从而巩固具体的技术优势,更好地发挥它们的效益。

虽然如何卓有成效地实现物联网与智能交通的融合是一个复杂的问题,很多看法或观点都不尽相同,但无论是研究者,还是管理系统和决策阶层,都清晰地看到,物联网技术与智能交通技术的互相渗透和交融是一种必然趋势,加强这两方面理论和技术的交融和交叉研究，建构和建立融汇的理论体系和技术标准，促进技术的转化和培育技术应用市场，具有十分重要的现实意义。以中国为例，早在几年前就提出了"物联网推进现代交通运输业发展的愿景"等战略目标。进一步提出了"构建交通要素感知网络，实现五项重点突破"的总体目标。通过构建交通参与者、交通运载工具和基础设施为要素的感知网络，以实现交通要素之间的互联互通，这个构思，完全是以交通为纽带的物联网的一种具体形态实现，物联网的基本组网的思想和技术都可借鉴甚至直接移植过来，交通要素之间的感知网可用图6-3-1表示。

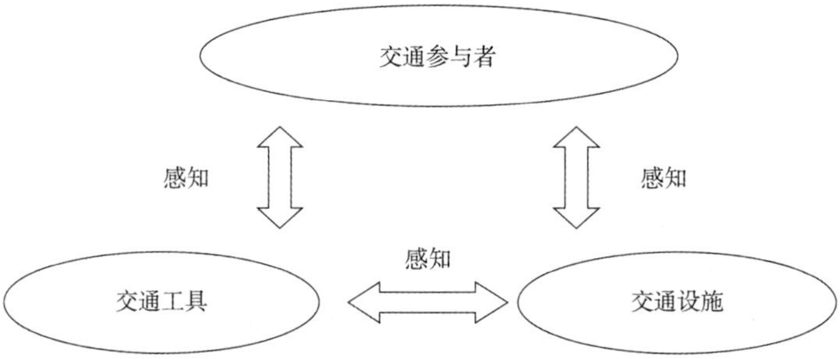

图6-3-1　交通要素之间的互联互通

而实现在城市交通、公路交通、航空运输、水路交通和货物运输等五大领域中重点突破的具体内容为：

①在城市交通领域，实现物联网在城市公交出行服务、车辆交通诱导服务、综合交通换乘联运服务、停车服务与监管、公交/出租车监管和调度、交通基础设施监控与管理、安全驾驶服务于管理，以及应急指挥与重大活动保障方面的应用的突破。促进城市交通各相关政府部门的资源共享和协同管理体制、机制建设，满足城市公交使用者在需要的时间和地点获取需要的实时出行信息的要求，提高公交的吸引力和分担率，缓解城市交通拥堵，方便居民出行。

②在公路交通领域，实现物联网在高速公路、大型桥梁、长/大隧道的运行及对运行环境实时感知、监控，在提高干线路网的运行效率、安全水平的同时，提高服务品质。

③在水路交通领域，实现物联网在内河高等级航道主要水域航行综合信息服务和安全管理方面应用的突破，促使安全畅通的航行。通过物联网对内河、远洋运输过程中货物状态及运转环节进行全过程监控，实现供应链透明化管理、提升货物运输管理效率。

④在航空运输领域，通过物联网技术使得我国民航客流、物流、飞机、安全风险及空中交通态势等各种航空领域要素都能与网络连接在一起，增强了运行安全，实现了

国内民航业的统一管理和有效运营，促进了我国民航业的智能化、人性化服务。

⑤在货物运输领域，实现物联网在集装箱和甩挂运输供应链运输组织管理方面的应用，通过精细运算运输组织管理流程，提高集装箱、甩挂运输和多式联运的效率和服务水平。

从以上的五项重点突破的具体内容来就看，不难发现，物联网技术不仅参与到交通领域的各个主要方面，而且对于提升交通的具体性能指标、服务品质等都有直接的影响。物联网作为先进的网络技术，除了为交通和智能交通提供技术等的支持外，它本身更是融合在交通和智能交通之中，起着支撑智能交通技术在实际中具体应用的作用。

6.4 物联网技术与智能交通的结合

物联网旨在建构整个物理世界的感知网络，进而实现对物理世界的信息的精准采集、实时控制、智能管理和科学决策。物联网的理论和技术可有力地促进智能交通技术的进一步发展，尤其为新一代智能交通的整体推进提供了主要的技术支撑，同时也开辟了新的发展空间。

利用物联网技术的智能交通研究，已经有了很多具体的实施项目，并以具体的项目为载体，形成了带有浓厚物联网技术印记的车联网系统、船联网系统和货联网系统等具体的体系。这些即可以看成独立的网络体系加以建设，并让它们发挥积极的作用，又可作为整个物联网或智能交通网络体系中的子网，实现网络的互联和资源的共享。

这里对车联网和区域交通领域中的综合网络等展开讨论，以此作为窥探基于物联网技术的智能交通研究的特性。

6.4.1 车联网结构及技术支持

随着公路交通在整个交通中所占比重的日益增大，相应的公路交通所遇到的问题也日益严重，如城市道路的拥堵、高速公路的阻塞、环境的污染等日益加重。这为如何利用物联网技术解决交通难题提出了迫切的要求。由此，人们提出了利用车载电子传感设备，通过信息网络载体，使得交通工具与交通工具之间、交通工具与道路等交通设施之间、交通工具与城市之间通过实时的信息交互，对交通工具的行驶状况进行智能化的检测、管理、控制和调度，不仅使得城市和高速路网的交通状况的难题得以根本解决，而且使得交通效率等得到极大提升的同时，更为具体的交通参与者提供更加智能、安全的环境。实现这个愿景或目标的具体载体，就是车联网，它可被具体描述为：通过射频识别、短距无线通信技术、环境感应器、GPS

技术等信息传感设备和技术，按照相关通信协议等具体的约定，把交通工具作为互联的对象，进而建构具体的网络，通过与交通有关的信息的交换、传输和处理等作用，以实现智能化的识别、定位、跟踪等处理的一种具体网络，这种网络既可独立成网，还可通过网关等设施与其他网络连接，进而成为子网，实现与其他网络的互联互通。

1）车联网的分层结构

借鉴于一般物联网的分层结构，车联网的体系结构也可以通过分层的方式加以表征，具体可分为物理层、感知层、传送层、处理层、应用层等。其中物理层是车联网中，车（交通工具）、路（基础设施）、环境等要素之间的物理连接，它包含相关的设备、仪器以及一些所必需的器件，以实现完备的物物相连；感知层是在物理层的基础上，在明确车联网交通要素的身份的前提下，采集交通要素动态的、实时的交通数据和信息，对所采集的信息做必要的预处理后并存储；传输层是实现所采集后的交通数据和信息的传输，它需要借助已有的通信网络，信息在传输中要遵循网络通信的基本原则的同时，还需实时信息安全地完整性地传输提供必要的技术保障，所以它需要得到通信网络中的技术的支持；处理层主要体现对交通信息的智能处理，也就是通过先进的处理算法（Advanced Algorithm），对交通信息进行具体处理，这些先进计算包括普适计算（Ubiquitous Computation）、网格计算（Grid Computation），进化计算（Evolutionary Computation）和云计算（Cloud Computation）等；而应用层主要是具体的应用实现，包括交通信息的服务等的各个具体方面，如管理信息服务、电子信息服务等。整个体系结构如图 6-4-1 所示。

对分层结构体系分析，不难发现，车联网把交通工具等具体的一个个物件进行身份标识，让它成为至少具有一定处理等能力的信息处理器或机器人，并赋予一定的智能，从而成为网络的一个具体的组成部分，协同发挥作用，实现一定条件下的最优化。

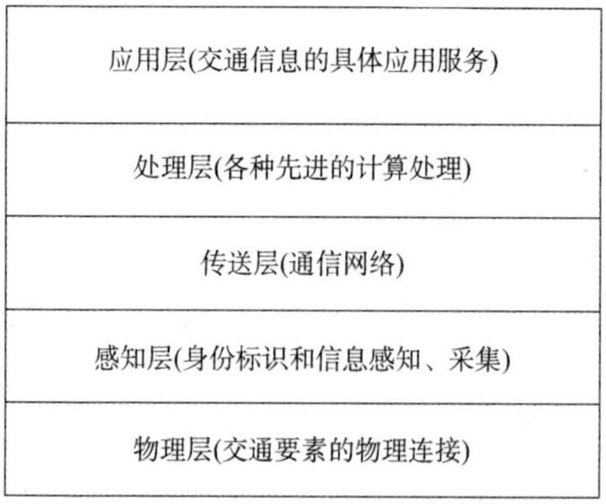

图 6-4-1　车联网的体系结构

交通工具、基础设施和周遭环境是交通系统的三大要素，车联网络的建构，实际上就是实现这些要素之间彼此的信息感知，实现彼此的协调运作，获得最佳的效果。对于每一个要素来说，具体所需要的功能实现不尽相同，以交通工具为例，它至少需汇集身份识别（身份认证）、感知功能集成和通信网络及处理功能于一体，具体如表 6-4-1 所示。

交通工具的功能集成　　　　表 6-4-1

功能分类	身份认证	实体身份认证(标识)	电子身份认证	—	—
	信息感知	自身状态的感知	周遭环境感知	基础设施感知	驾驶员状态感知
	通信网络	交通工具内部的通信网络	基于交通工具内部网络的处理	交通工具外部的通信网络	基于交通工具外部网络的处理

2)车联网的技术支持体系

车联网的建构,需要各种先进技术的支持,而且这些先进技术需要彼此协同,互相支持和补强,形成强强联合,以发挥整体优势的作用,从而推进车联网技术整体的发展。架构开放式的车联网的技术支持体系,不仅可明确相关先进技术的具体应用范围,还可起到对新技术的应用的示范作用,更可成为认识车联网的独特视角。

结合车联网的分层结构体系特点,车联网的技术支持体系可用图 6-4-2 表示。

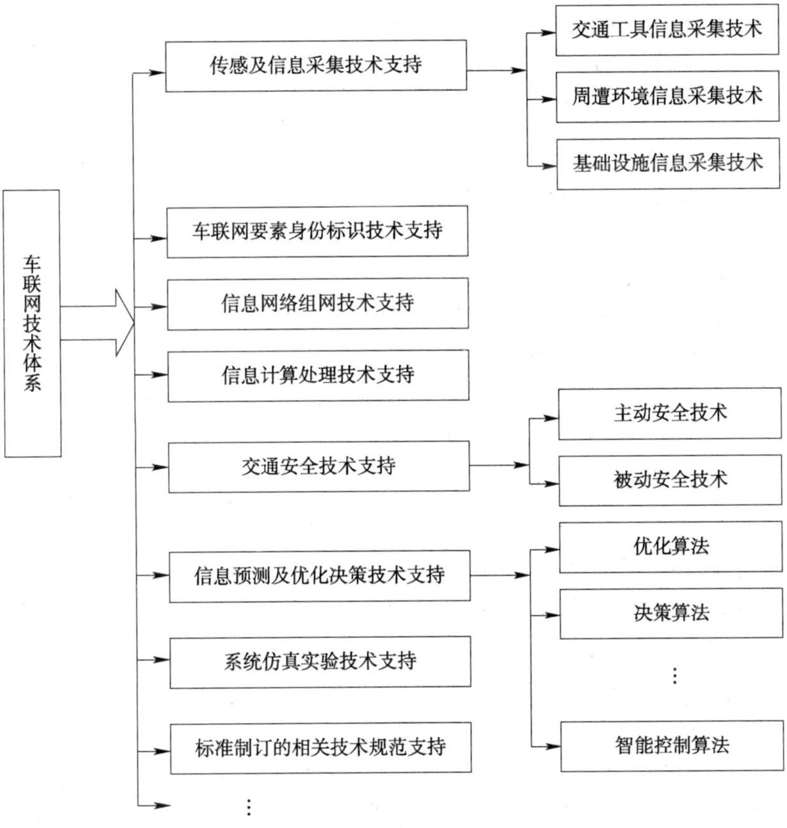

图 6-4-2　车联网技术支持体系图

图6-4-2中所表示的车联网技术支持,实际上是一个技术种类的集合,在这里虽把主要的类别进行了归纳,但应该看到,车联网是一个开放的、具有很强包容性的技术载体,许多新技术的出现或原来技术的进步,都可在这里得到切实的应用,发挥各自的效用。

在车联网技术支持体系中,不仅要看到多种不同的技术应用到同一个方面,即彼此协同的一面,还需看到,同一种技术在不同方面的具体应用。这些现象的产生,同样反映了车联网的复杂性和技术应用的开放性。

3)车联网的进一步发展

迄今,虽然对车联网有了具体深入的研究,相关基本框架和技术支持等也有了较清晰的表述,但是,现实的、较完备的车联网体系实体还没有出现,出现得较多的仍然是某些具体的雏形,这离真正意义上的、大规模的车联网的应用,还有很长的路,所以,考察车联网进一步发展的制约因素和有利因素具有鲜明的现实意义。

车联网发展的制约因素,大致可从以下几个方面进行综合分析。一是受物联网本身技术因素的制约。虽然在众多技术集成中,有很多技术已经非常先进,但技术的集成如同多块不同长度的木板所组成的容器,可容纳的液体的多少不是取决于长板,而是取决于短板,所以往往物联网技术本身的相关短板,就很容易制约车联网技术的发展。二是受道路基础设施的现状、周遭环境以及交通工具制造等条件的制约。基础设施是投入非常大的公共产品,它的使用周期都比较长,故有可能由于老旧的基础设置成为制约因素;周遭的环境,是一个相对稳定的因素,它的改变不仅难度大,而且几乎不可能,若车联网的发展与周遭的环境的适配度低,则自然很难发挥车联网的优越性;至于交通工具,它一旦被生产出来,相应的基本技术性能等已经确定下来,而且要改进的难度也很大,在车联网的体系中,它往往成为很重要的制约因素。三是受其相关规定、标准、体制、约定甚至是习俗文化等因素的制约。这既是一种思想观念的制约,也是文化习俗等的制约,它深刻地反映在具体思维行为习惯中,所以相关的宣传和观念的更新,是实现车联网健康发展的一个重要因素。除了这些,车联网从概念到试验到商用阶段,还有一个很长的过程,尤其实现大规模的商用,它不仅需要有优越的性价比,还需要有不可被替代的新颖业务的出现,这些是车联网发展过程中所必须具体解决的难题。

在研究现阶段车联网发展的具体不利因素的同时,还需分析它发展的有利因素,并积极创造有利条件,营造有利于车联网发展的良好环境,以期实现车联网的跨越式发展。分析车联网发展的有利因素,不难发现,一是,从政府的层面,全力推进车联网技术发展,在政策等方面有很好的支持,这些形成强大的引导力量,在车联网领域可投入更多的财力、物力,吸引更多的人才。二是,现今电子、通信等技术发展迅猛,可提供更多很好的基础技术的支持,尤其随着我国自主产业和核心技术的含量不断提升,可以带动车联网应用技术的进步,并产生巨大的效益。三是,结合智能交通研究,依托智能交通的发展平台,研发具有不可替代功能的具体应用产品,可很好地实现车联网技术的发展。四是,加强与互联网的有机融合,把车联网的产品做得尽可能地接近大众消费,从而使得车联网的相关产品走进千家万户,实现真正意义上的普惠作用。

技术的进步是一个不断演进的过程,电子技术也好、通信技术也罢,没有最好,只有更好,车联网技术的发展和产品的研发、推广使用,同样遵循这样的规律,只有不断开拓进取,才能站在技术发展的最前沿。

6.4.2 交通综合物联网

物联网与交通技术的有机结合,产生了车联网、船联网、基于民航的物联网等各种形式的网络。虽然,针对陆路、水路和航空等交通领域,所建构的网络体系都相对完备,实现信息的有效采集、高效传输、智能处理,进而获得相关的决策管理等层面的效益,但必须看到,随着技术的发展和交通基础设施建设等的进一步完善,交通已经以传统的单一的方式,向综合性、立体式、混合态快速发展,陆、水、空一体化的发展势头非常强劲。这可举一个具体的例子加以说明,以浙江的宁波港为例,它不仅是海运的重要港口,还是世界主要的海航货物运输、中转的主要港口,把世界各地的物资以散货方式或集装箱方式运抵宁波港,然后在港口驳运后,以宁波为始发地,再通过近海航运、内河航运、公路运输、铁路,甚至是空运等向全国各地发散,完成由外到内的交通运输,同样的,由全国各地的货物,通过各种运输渠道,汇达宁波港,再由宁波港装船海运,发散到世界各地,从交通实践来看,宁波港无疑是一个重要的枢纽,它的辐射和汇集功能的实现,需要打破条块分割的模式,以不同的交通模式的有机融合作为协调的突破口。

解决如宁波港所遇到的问题,既不能单纯地依靠车联网,也不能单纯地靠船联网或民航航空联网。而应该依靠多种网络的融合,构建复合型的网络实体,实现各种类型的交通信息等的畅通传递和处理、分析、决策。

实现多种交通模式所对应的网络的整合的一种可行的方法,就是组建交通综合物联网(The Internet of Traffic Synthetic Things),这是一种新的组网理念,它可在已有的车联网、船联网、民航物联网等基础上,通过合适的组合方案,实现这些不同种类的网络的互联。

1）交通综合物联网的概念

交通综合物联网可以被理解为是为了实现各种不同形态的交通网络之间的彼此业务无缝（No-seaming）接洽而构建的网络之间的互联，是一种既基于网络业务功能，同时兼具网络管理功能的相对开放式的网络体系。对它来说，各种形态的网络既可作为独立的网络存在，并发挥自己独特的功能，同时也可作为交通综合物联网的子网形态成为它的一个组成部分，并通过它所建构的网络链路实现不同类型的网络之间的互通互联和业务功能等的实现。之所以作这样的具体描述，主要是考虑到如下的原因：一是新型组建的网络要符合一般网络发展的趋势，现今，网络的发展从运行的角度来看，它们越来越向着“业务与控制分离，控制与承载分离”的方向发展，由此所组成的新颖的交通综合物联网，完全可以利用原来的网络来承担主要的承载和实现主要的业务，这样可最大限度地发挥原有的车联网等的作用；二是采用这种自然演进的方法，可以避免对原来网络的摈弃、分拆，或做较大幅度的改造，从经济、效用等角度来看，都是有利的。因此，交通综合物联网是一种兼顾多种影响要素的，易于建构和维护的，具有强大发展潜能的新颖网络。

还需注意到，交通综合物联网虽是以完备“综合交通”中的信息感知、采集、传递、处理和应用等功能实现所构建的专门化网络，但面向整个物理世界以及基于它所建构的物联网或泛在网体系，它只能做它们的一个组成部分而已，也就是作为它们的支撑子网络，与其他的子网实现互联。

2）交通综合物联网的结构

交通综合物联网既要兼容车联网、船联网等业已存在的网络，同时又要建构这些不同网络中的不同节点之间的连接，实现处于不同原来网络之中的节点间的有效通信、控制和信息处理、决策等功能。因此，针对它的分层结构组织的建构，既要体现业已存在的车联网、船联网和民航航空物联网等作为主要承载网络的结构特点，使信息在不同承载网络中的传输功能实现的同时，保障信息在传输过程中的完整性、安全性等的前提下，还需实现信息处理的智能化特性，这种处理的智能化实际上是多种具体特性的综合，如在处理过程中所体现的主动性（Activity）、灵活性（Agility）等。在符合这些具体要求的条件下，来确保在所构建网络层面上的业务应用，这些应用同时也应得到原有网络的兼容和支持，以及经过一定的转化等处理后得到支持。因此，交通综合物联网的分层结构可分为承载层、传输层、处理层和应用层，其中传输层和处理层还需考虑到网络数据（信息）的安全性，它们分别构成安全子层，而应用层是完整的业务功能的实现，它实际上是一个复合层，包含多种不同业务所对应的功能实现所需要的结构支持。

具体的分层结构可用图6-4-3表示。

根据图 6-4-3 所表示的分层结构,实现现实的网络连接时,需要做一些特别的处理,也就是对需要传递的信息还需要多做一个标识(Symbol or Banner),以表示携带该信息的数据需要传送到其他类型的承载网络中的节点。也就是说,通过对相关的数据结构形式的细化,来方便地实现交通综合物联网中的不同类型的网络之间的通信,而一般说来,对于数据类型,总是以缺省或预留等方式,为相应的可能变化预留充足的余地,所以,这样的处理是非常合宜的。

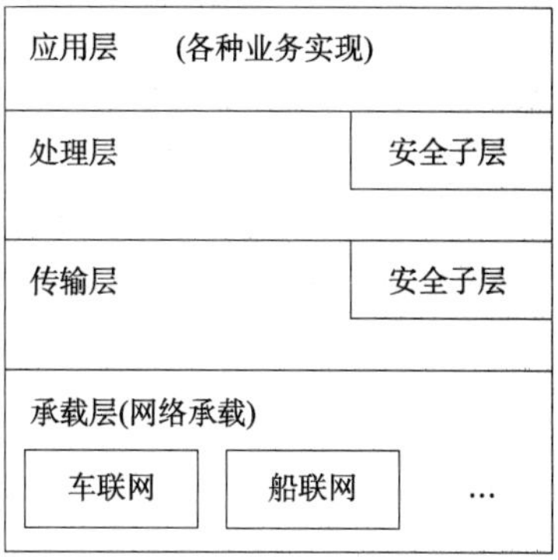

图 6-4-3 交通综合物联网的分层结构

图 6-4-4 是交通综合物联网连接的结构图。

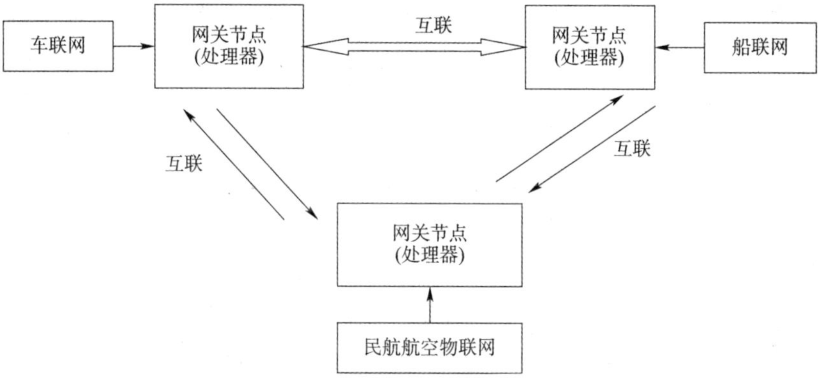

图 6-4-4 交通综合物联网实际连接的结构图

3)交通综合物联网的特性

交通综合物联网是物联网技术在“大交通”中的具体体现,它实现了面向“交通”的最大范围内的网络互联,它的性能特征至少应包含以下几个方面:一是与交通相关的所有物件都可被感知到,都可寻址,这一点体现了网络的广泛性,或者说是泛在性;二是可实现每一物件之间的通信,实现网络通信的无缝连接,为信息的交互提供强大的支持;三是实现每一物件的可控,这一点反映了网络的管理能力,是实现优化等智能处理的重要前提。

除了这些内在的特性以外,交通综合物联网的特性应该还包括很好的兼容性和可扩展性,兼容性体现在它是现有网络的自然演进,是现有网络的优化的结果,所以它应该兼容现有网络业已存在的具体模式;而可扩展性是指当新的需求出现时,它可以通过适当的处理,满足新的需求或新的业务需要,开放性还需体现在对新技术的兼收并蓄上,也就是能随着技术的进步而进步,尤其如传感技术、通信技术、安全技术的进步,可在它里面得到很好的应用的同时,发挥更加显著的功效,而且还可成为孵育新技术的重要场所等。

当然,作为面向"大交通"的综合物联网,它除了独立成网外,还可成为其他网络的子网,它应该具有更多的具体特性。

6.5 本章小结

物联网与智能交通技术的有机结合,对物联网来说,智能交通为其先进技术的具体应用提供了实实在在的平台,这个平台还包含了对其技术的检验和激发先进技术的创新,是促进物联网更深入发展的重要因素;反过来,对智能交通来说,物联网先进的感知技术、信息传输技术、智能处理技术以及智能控制技术等都将给智能交通技术的发展带来机遇和突飞猛进式的飞跃。所以,这两者的结合,反映了彼此技术进步的一种新方向,无论是智能交通的研究者,还是从事物联网技术研发人员,都应该对这个领域的发展现状、发展方向、具体热点等给予足够的重视。

本章的内容,主要是以物联网技术在智能交通领域中的具体应用为核心所展开的,在分析物联网的相关基本概念及体系结构的基础上,分析了物联网与智能交通之间的相互交融的关系,指出了两者的相辅相成和彼此共同发展的特性,然后,以物联网技术在智能交通中的具体应用的车联网作为论述的对象,分析了体系结构、技术支持以及发展趋势。虽然车联网的概念最早被提出来,也出现了具体的应用案例,但技术标准等的形成尚未完成,迄今还仅是处于发展的初级阶段,这里所提出的分层结构等理论,可为车联网的具体建构提供有创意的指导。所提出的面向"大交通"的交通综合物联网,则是一个全新的概念,在论述它的基本描述的基础上,对该网络的分层结构及性能特征等进行了具体分析。这种既兼顾已有网络的功能实现,又以较好的开放性,发展新的网络应用业务,应该是一种可行的网络发展的途径。

物联网与智能交通的结合,所涉及领域非常宽泛,相关的内容也非常庞杂,这里所述仅囿于作者在该领域的研究,很多具体的领域都没有涉及,期待随着研究的日益深入,所形成的相关研究的成果无论在深度,还是在广度上,都可得到加强。

参考文献

[1] 杨刚,沈沛意,郑春红,等. 物联网理论与技术[M]. 北京:中国科学出版

社,2012.
[2] 邬贺铨. 物联网及其在重要领域的应用(总报告)[R].2010.
[3] 张晖. 物联网技术与标准体系[GB10L].
http://www.rfidchia.org/readinfos-43257-303-1.html。2010年5月25日.
[4] 邹生. 物联网发展趋势与对策[R]. 广东:广东省经济和信息化委员会,2010.
[5] 吴成东,徐久强,张云洲,等. 物联网技术与应用[M]. 北京:中国科学出版社,2012.
[6] 宁波市港航管理局. 2013宁波港航发展报告[R],2014.
[7] 邹力,高翔,曹剑东. 物联网与智能交通[M]. 北京:电子工业出版社,2012.
[8] 刘强,崔莉,陈海明. 物联网关键技术与应用[J]. 计算机科学,2010,37(6):1-10.
[9] Geoff, M. The internet of things: here now and coming soon[J]. IEEE Internet Computing 2010.14(1):36.
[10] 沈苏彬,范曲立,宗平,等. 物联网的体系结构与相关技术研究[J]. 南京邮电大学学报,2009,29(6):1-11.
[11] 王力,王川久,沈晓蓉,等. 智能交通系统中实时交通信息采集处理的新方法[J]. 系统工程,2005,23(2):86-89.
[12] 张焕炯. 通信系统安全[M]. 北京:国防工业出版社,2012.

第 7 章　智能交通的应用举例

智能交通的理论、技术和具体的应用是一个复杂的系统工程,它在交通运输、运行管理、安全管理、车辆管理、运输调度以及人员出行等很多方面发挥积极作用,是促使交通发展的一个重要策动力量,可引领交通进入现代化的一个全新阶段。本章通过列举的方式,就智能交通的具体实验、高速公路网上的收费和在城市交通中的具体应用进行分析论述。

7.1　引言

把智能交通的先进技术用到具体的交通实践中去,使之发挥积极的功效,这是智能交通研究和产品开发的重要一环。归纳智能交通理论和技术从研究到被广泛应用的过程,大致需要如下三个重要的阶段:一是实验和改进阶段,二是具体的推广阶段,三是升级拓展阶段。这些不同的阶段虽可被看成各自互相独立的,但它们之间还是可彼此协作,进行适当的整合后形成合力,整体地推进智能交通在具体交通实践中的应用。

所形成的具体过程可以用图 7-1-1 来表示。

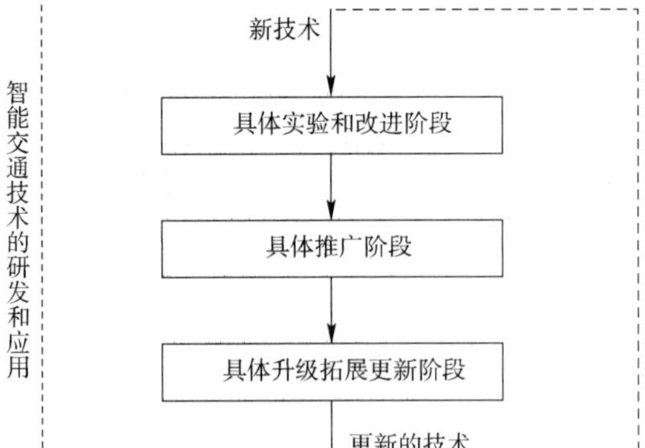

图 7-1-1　智能交通新技术的研发及应用阶段流程图

类似于其他的科学实验，在智能交通领域，新理论及相应的新算法，在进行具体应用之前，需要做充分的实验，并通过各种具体的实验条件的变化，来考虑该新理论、新方法的可行性，这一步可以说是一步承接理论研究与实际应用的桥梁，它不仅可很好地验证理论研究中的算法等的各种特性，如算法的有效性、可靠性以及稳健性（Robustness）等，还可通过具体的实验操作，发现可能存在的缺陷，并加以改进，这样可避免在实际应用中产生问题并造成巨大损失的情况发生，所以，具体的实验分析是十分必要的。同时，还需看到，在交通领域的具体实验需要很多的硬件条件的支持，如具体的场地，各样的交通工具和其他电子设备等的实验使用，具体实验中的人员配备等，这些具体条件所附带的经济价值及其他附带价值都很高，所以在交通领域的实验，应该遵循有效、充分、精准等原则，尽可能地降低相应的人力物力等的浪费，这一点在交通实验领域也应引起足够的重视。

智能交通在交通实践中的广泛使用，离不开具体推广阶段的扎实工作，这个阶段的工作实际上就是相关理论在交通实践中具体的开展、推广和普及的过程，这个过程既可以被看成科技研究产业化转化的过程，更可由市场的作用进行推广，这样可很方便地让智能交通的具体技术和产品进入交通管理部门以及交通参与者的手中，最大限度地发挥智能交通的效用。

新技术在具体的应用中会碰到各种的问题，同时随着时间的推移、新的条件的出现和环境的改变，其他相关技术的更新，都可促使智能交通中的新技术的改进、更新，从而促使新一代产品的面世并在交通实践中广泛应用，在更高的层面上发挥智能交通的作用。这个阶段，既可被看成是原来技术的改进和拓展，更可看成产生新技术的起点，它自然而然地成为智能交通技术创新的重要一环。

目前，智能交通技术的具体应用开发越来越普遍，从多层次、全方位的角度，淋漓尽致地发挥着它们的性能优势。由于智能交通的介入，无论是交通的规划、管理，还是交通的具体运行，多方面受到智能交通技术的影响而发生深刻的变化。在这个过程中，智能交通的应用、开发无疑是最关键的一步，它不仅体现在智能交通的理论及技术的应用性特点，同时也成为促使智能交通技术发展的主要策动力量。

7.2 智能交通中的仿真实验

智能交通的新理论、新技术和新应用都离不开大量的实验分析，因为证实和证伪本身是科学研究所必须经历的重要阶段。而具体的实验若都在实际情况下进行，那无疑需要创造很多具体的准备条件，这过程中不仅需要巨大的财力、物力和人力的支持，还需要其他一些特殊的诸如试验道路等的设施，在很多时候无疑是非常苛刻的要求，总之，智能交通的实验分析是一项成本投入非常高昂，实施过程相当复杂，难度系数又非常高的工作。在实际中迫切需要寻找一种可替代实际试验的具体方法及相应的平台，由此，人们越来越重视智能交通研究领域中的仿真试验和具体操作平台的设置，把理论和技术的相关性质先通过计算机进行具体模拟、仿真和推演，以获得相关的结果，并通过多次的反复推演，发现可能存在的问题，从更深的层面来揭示问题的本质和相关技术的性能。此外，通过具体的仿真实验，可以节省大量的人力、物力、财力和时间，实现最大的投入—产出比例，以符合最优化处理的基本原则。

实现面向计算机仿真的实验的具体过程大致可归纳如下：在一定的仿真软件的环境下，对所研究的问题或需要进行仿真实验的部分先做具体的模型处理和模块处理，在此基础上，明确具体的算法实现的流程，然后根据算法流程进行编程实现，也就是在仿真软件环境下，根据算法流程进行源程序的编写，既可以用计算机语言编写程序，也可在可视化条件下，通过具体的模块结构的搭建来实现，然后可对已经编写完成的程序进行诸如编译、运行等具体操作处理，获得具体的处理结果，再对具体的处理结果进行分析，最终获得仿真实验的具体结论。

在整个仿真实验过程中，对所需要具体仿真实验的算法、技术进行符合软件环境的改造，并加以源程序的编写，这是最关键的一步，这一步骤处理得好坏，不仅影响后续处理步骤的顺利进行，更影响到整个具体的处理过程的具体进程，所以，这一步需要特别的重视。此外，对仿真结果进行必要的分析也至关重要，虽然仿真过程力求与实际环境和条件相符，但总存在或多或少的差异，有的时候，这些差异是至关重要的，所以对相关处理结果的再三比较分析，是拉近仿真实验和实际情况的一个重要环节。

智能交通的仿真实验的软件环境大致可以分为两类，一类是普通型的实验环境，如 Matlab 环境，它可适用于包括电子、通信、信号处理等一系列的具体领域里的仿真实验；另一类则是专门化仿真软件环境，它仅适用于具体定制的领域中的仿真实验，这种面向定制领域和软件环境的仿真软件，它既是一种工具，也是一种具体的研究成果，在智能交通的研究和开发中，越来越被广泛使用，如针对交通流的模拟仿真的计算机软件系统，无论是面向宏观的，还是面向中观的或是微观的，都出现了很多种具体的软件系统，面向微观的模拟计算机软件系统有 CORSIM、Paramics、VISSIM 和 Sim Traffic 等。其中 VISSIM 系统最先由德国的 PTV 公司研究开发，它是一种基于时间间隔和驾驶行为的仿真建模工具，用来模拟交通的具体运行状况，它对评价交通工程和具体的规划设计等非常有效；而 Sim Traffic 系统是由美国的 Trafficware 公司所开发，它可以对包括高速公路、环岛公路等的条件下的交通流及相关数据进行基于微观的模拟仿真,随着不断的改进和功能的扩展,它越来越成为真正的仿真系统(Simulation System),在实际中被广泛应用。

7.3 智能交通的具体应用举例

智能交通技术在交通实践中已经有广泛的应用,对缓解甚至是解决交通实践中的难题,正发挥着积极的作用。分析智能交通技术的具体应用,本身是构成智能交通研究的重要组成部分。这里通过对典型例子的分析,来展示智能交通技术在实际工程中的具体应用过程,并由此揭示相关的内在规律。

7.3.1 例一——交通网中的电子收费系统

随着交通基础设施等的建设的大力发展,无论是陆路的交通网络,还是水路的交通网络都日趋完善,如高速公路网、高铁网络、远洋、内河航道网等,都已经成为一个国家或地区的最主要的交通运输骨干网络,在人员和物资的转移过程中,发挥着举足轻重的作用。以高速公路网为例,由于汽车工业等的快速发展,除了公共交通外,各种型号的小汽车也走进了寻常百姓家,私人拥有汽车的数量越来越大,以私家车等作为主要的交通出行工具的状况日益普遍,交通道路上的车辆数量日增,不仅造成了交通拥堵、污染等很多问题,对与高速公路上的交通收费也带了现实的压力。高速公路的匝道口或主干线上的某一端口,大多分布着各色各样的收费站,这些收费站对过往车辆履行收费的功能,成为公路交通中实现经济性指标的重要一环,这从一个方面说明了交通收费在交通实践中的重要性。除了高速公路上的收费,其他如水路航运等,同样存在收费问题。在整个交通活动中,交通收费是体现经济性指标的重要环节,它的重要性是不言而喻的。

为了论述的方便,本例中仅考虑高速公路网上的交通收费问题。

1)交通收费的具体方式和基本功能

高速公路虽是基本的公共设施,但有很多是以企业或私人的投资为条件的公共产品,需要通过一定的收费方式来实现经济指标和盈利。

具体的收费方式有多种,依据采用开放的还是封闭的收费方式的条件,收费方式可分为开放式、封闭式和混合式等;依据具体的收费标准来分,则有均价式收费和与行驶里程数相关的收费,其中均价式收费相对简单,只要是进入了该收费路段,不管行驶距离多少,统一支付相同的费用,在驶离该路段时检验收费凭证,若没有凭证的,还可补缴费用;而根据具体行驶的里程数进行缴费的方式,它实际上在确定单位里程数所需缴纳的费用的基础上,确立了一种函数关系,设单位里程所需

缴费为 a 元，车辆行驶的里程数为 x，那么所需缴纳的费用为 f，它满足：

$$f = a \cdot x \tag{7-2-1}$$

这里行驶的里程数 x 为一个变量，它可以根据计程器得到具体的数据，实现的方式有多种，如用 GPS 定位的方式获得具体的数据，也可车载具体记程设备（如出租车上的计程器等），这种方式相对公平合理。此外，若根据收费过程中，人工参与的程度的大小来分类，则有人工收费、半自动收费方式和全自动收费方式等种类，所谓人工收费模式，就是整个收费过程都由人工操作完成，半自动收费的方式的实质就是通过人工和计算机等电子设备协调工作来完成收费，而全自动收费方式的最本质的特性就是整个过程无须人工的介入，可以在不停车的条件下完成整个收费过程。分析这三类不同的收费方式，不难发现，人工收费方式相对简单，整个过程中无须其他因素的参与，但因收费工作是人与人之间面对面交接进行的，收费过程中，交通工具必须有一个停顿的过程，在我国的现阶段，人工收费方式仍然被广泛使用；而半自动收费方式是在一定程度上使用了电子设备的协同工作，它往往采用人工识别交通工具，计算机进行具体收费及出具票据和汇总等，把具体所需计算等的繁重工作交给机器实现，可部分地解放人工的劳动强度，提高工作效率，这种收费方式已经在具体的高速公路收费中得到具体应用，并展现了很好的应用前景，相信在不远的将来，将被广泛地使用到实际的收费中；随着电子技术的进一步发展，以及计算机网络、数据库系统、通信、电子监控、检测和目标识别等技术的进步，综合性多功能的全自动收费方式的技术也日益成熟，它将成为收费方式发展的重要方向。

无论收费的方式如何变化，它们应该具有共同的基本功能，归纳起来，至少应包括如下几条：

①具体的收费方式中，必须包含收费窗口处的车型的识别、收费标准的规定、合法的票据的准备以及车流量的计数等具体内容。

②在收费窗口要有必要的安全保障设施和措施，以及一定的故障发生后的修缮和恢复功能。

③具备确保收费工作顺利实施的后备设施和候选方案。这一点是为确保收费正常进行的同时，尽可能减少因收费问题引起的大范围的车辆拥堵现象的发生，因为一旦在收费处被堵塞，那么后续的车辆只能被堵在该处，只要收费故障不排除，被堵的车辆就会越来越多。

④为提高效率，应允许收费系统支持多种收费方式，如现金、IC 卡等。

⑤收费系统（人工或机器设备）还需具备信息采集等功能，收费处往往具备一定的条件，这为交通信息采集等的实施带来便利，无论是人员的配备，还是设备的

安装和维护,都可借助收费处的便利条件。

2)电子收费系统的结构及功能实现

虽然全人工的或半自动的收费方式还处于主导地位,但它们在具体的收费实践中的弊端也日益显现。对所需收费路段的经营者来说,采用人工收费的方式虽然一次性投资较少,但因为需要给所雇收费人员支付薪水等相关费用,长期下来是一笔重大开支。此外,在收费处还需为收费人员提供必要的工作条件,这无疑也是一项具体的投入;对收费工作人员来说,所处的工作环境相对单调,具体的工作条件相对较差,他们的工作效率也相对较低,更有可能因疏忽及其他因素,使漏收、错收等情况发生的可能性增大;而对交通参与者来说,他们必须在收费处把车辆停下来,与收费人员进行互动后才完成整个过程,车辆需减速、持续一定时间的停顿,然后再发动起来后驶离收费处,这不仅增加了驾驶过程中的难度,更有可能由此成为交通拥堵的诱因,影响交通流的通过速率,为相关的交通事件等的发生埋下隐患。因此,如何有效改进具体的收费方式,在提高具体工作效率的同时,更为畅通地驾驶创造条件,并多方面提升相关的性能指标,成为所需解决的难题,而这些为用先进的智能交通技术来解决具体的交通问题提供了应用平台。自20世纪70年代以来,人们根据计算机网络、通信技术,电子检测及识别技术,控制技术等一系列的技术发展,研发出了电子收费系统(Electronic Toll Collection System:ETC),它的基本原理就是通过安装在交通工具上和交通通道两边的信息采集、处理、传输等设备进行协同工作,进而由交通参与者(驾驶员等)通过相应设备的信息处理后,显示行驶区间所需缴纳的费用的具体数额,并在驶离时予以交付。因此对于ETC来说,不仅在交通道路上需要有相应的设备的安装,在具体的交通工具上也应有一定的设备组装,这样才能构成完备的系统,进行高效的工作。在道路上的相关设备,大致可归纳为天线、车辆检测装置、车道服务器、车道监视摄像机、控制装置和显示装置等用来对所过往车辆进行识别检测等的具体设备,除此外,还需要有车道监视控制器和收费系统,这些主要放置在设在路旁的费站点内。而在车辆上同样需有专门的装置构成车载单元,它形成一个移动的车载终端,与装置在路上的设备之间可建立信息传输、交换、处理,并由此可即时算出相关的具体费用额度,为下一步的具体缴纳提供必要的前提条件。由此,根据相应的不同功能实现,整个ETC系统可以分为控制子系统、车型识别子系统、车载子系统、通信子系统以及功能辅助拓展子系统等不同的功能模块,其中控制子系统是起到统摄全局的作用,它发布所需具体操作的指令,并协调其他子系统之间各种可能出现的问题等。车辆识别子系统的主要任务是识别所需缴费车辆的各种信息,包括车辆的规模规格(如小轿车、中巴、大客车、大型运输车等)、轮廓、牌照的信息等,其中不同的规模和规格的车辆的缴费额度是各不相同的，因此，识别系统要具有很好的分辨率，此外，识别系统对车辆牌照等的识别，有助于跟踪特定的车辆，也可为交通流数据的采集提供帮助。车载子系统应该包括一系列的信息处理模块，它既要作为通信的一方参与信息的采集接收、交换等处理，还要作为付费的一方，需要完成相应的缴费的功能，所以它需要有一个缴费的端口，实现缴费的功能的同时，把相关信息也显示出出来，以便缴费者能第一时间了解具体的缴纳金额或余额等信息。通信子系统，就是收费站与车载系统之间的通信部分，它们之间需要互相发送和接收信息的功能，而且这些功能实现必须是双工的(Duplex)；功能辅助及拓展子系统，即可对相关拓展功能的实现提供服务，如额外统计车辆的通过量等，也可作为相关功能实现的补充，如当正常的收费功能不能实现时，提供必要的补救方案等。

进一步，若把道路边的收费站看成基站(Base Station)，而把车载设备看成一个移动台(Mobile Station)，那么，整个 ETC 系统可以被看成是基站与移动台之间的点对点(Point to Point)的通信系统，甚至可以把路边收费站对车载系统的链路连接看成下行链路，而把车载系统与收费站的链路连接看作上行链路，实现它们之间的通信，进而成为 ETC 系统中的最核心的技术支持。现今，采用 DSRC(Dedicated Short Range Communication)技术可以建构这种上、下行链路上的通信，DSRC 是一种非常有效的无线通信技术，它支持小范围内的语音、数据、图像等的实时、精确、可靠的双向传输，因此，它很自然地成为了实现收费站与车载系统之间双工通信的理想选择。若把收费站端口的通信单元记为 RSU(Road- side Unit)，车载系统单元记为 OBU(On-board Unit)，那么，它的工作原理可用图 7-3-1 表示。

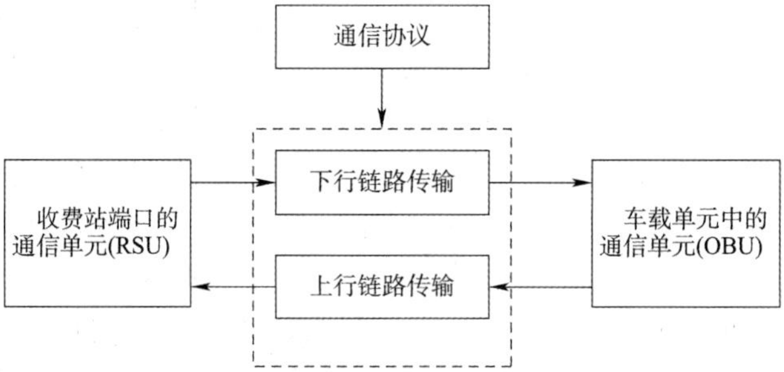

图 7-3-1　DSRC 在全自动电子收费系统中的工作原理图示

在这个通信系统中，具体的通信模式的实现，需要具体的通信协议来规范，通信协议需要包含具体的物理连接、逻辑连接等，对应于具体的指标，它必须包括：调制和解调方式、编码与译码方式、具体波段选择，载波频率，安全措施等。若也类似于一般通信网络的分层结构归类,那么它可以分成物理层(实现物理连接)、逻辑链路层(实现逻辑连接)以及应用层(实现具体的信息的传输、交换、处理等功能),它的应用层可以包含建立连接后的具体的会话子层(The Session Sub-layer)、表示子层(The Presentation Sub-layer)和实现具体功能的应用子层(The Function Applied Sub-layer)。

DSRC 的通信协议的分层结构模型可用图 7-3-2 表示。

与一般的网络连接会话或建构一个进程的过程相似,DSRC 的工作进程也可以归纳为:申请连接,建立连接,信息传输、交换与处理,以及完成连接及链路释放等具体各个阶段。在相关通信协议的规范下,相应实现步骤都有具体的实现规范标准,这一点很重要,易于通信双方共遵守及后续的联网。在具体建构规范时,力求做到简约,这可减少因具体的处理所引起的时延,为最大限度地实现实时通信提供必要的条件。

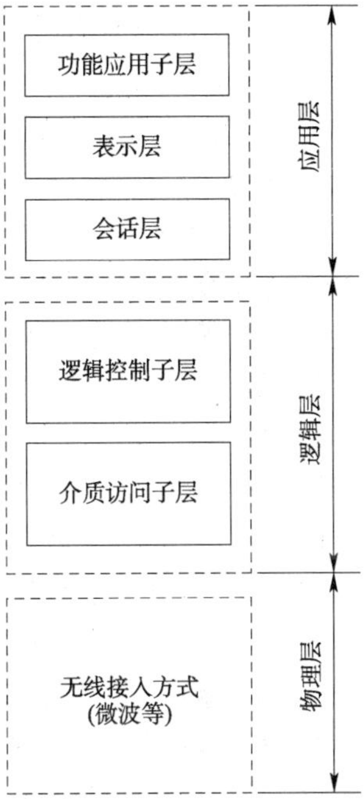

图 7-3-2　DSRC 通信协议示意图

ETC 系统收费功能实现的基本步骤可归纳如下:

第一步,由路边收费站端口的系统对将路经 ETC 车道的车辆进行数据采集,并判断具体型号,根据收费规定,算出收费额度等,并进行合法性、准确性等检查。

第二步,把所获得信息发送给监管中心、车载系统等,并请车载系统提供 ETC 账户和扣款许可等指令,以便进行后续操作。

第三步,车载系统接受相关指令,提供账户,并允许扣款等。

第四步,实现扣款等具体操作。

第五步,把信息发送给车载系统,车载系统显示具体扣款信息等。

分析这五个步骤,不难发现,其中第二步、第三步和第五步涉及具体的双向通信,所以要遵循通信协议,而第四步为具体的扣款处理,它既可以与其他操作步骤同步进行,也可以滞后进行操作。此外,当采用电子货币或 IC 卡的付费方式时,可以由设置在收费站的系统直接处理,也可以通过银行来完成具体的收费,此时,监控中心把相关数据发送到银行的 ETC 收费系统,由银行的 ETC 收费系统进行扣款等具体操作,这种方式不必需要完全的实时操作,并可简化收费站中的 RSU 与车载系统的 OBU 之间的通信处理手续,故不失为一种行之有效的方法。

基于 ETC 的收费方式,最直接的表现为实现了全自动的高速公路收费,它把收费操作融合于具体的通信之中,进而实现不停车收费,智能交通技术不仅深刻地改变了具体的交通行为,更带来了多方面显著效益。对收费方来说,不仅提高了收费的工作效率,同时减少了因人员的雇佣所需支出的费用,在极大地减少人为操作错误的同时,可最大限度地杜绝作弊、乱收费等不法现象;对交通本身来说,因为不停车的收费方式等,可有效减少道路拥挤和堵塞,提高交通流通的效率;而对交通参与者来说,不仅可减少不必要的消耗,同时因无须停车,可不必实施频繁的刹车、启动等操作,可有效促进车辆的保养,还可减少尾气的排放,更好地实现环境的保护等。

在我国,近年来,ETC 作为智能交通技术在具体交通中成功应用并发挥显著效用的典型例子很多,它所展现出来的卓越性能越来越被人们所认识,很多高速路网中的收费系统都开辟了 ETC 通道,交通工具中安装 OBU 等相应设备的也越来越多,更有相关交通管理部门,正力推 ETC 的普及,以上海、江苏、浙江等为核心区块的长三角地区,政府及交通主管部门推广 ETC 的力度非常大,几乎所有的高速公路都要求开辟 ETC 通道及车辆安装 OBU 设备。以浙江为例,从 2014 年的年初至同年的 11 月初,全省 ETC 新增用户达 18 万,新增服务网点 130 多个,截至 2014 年 11 月,全省已有 ETC 用户 56 万多,服务网点 320 个,ETC 通行使用率所占比例达 21%,ETC 车道开启率以及通过率均保持在 98% 以上。在浙江境内,高速公路不停车收费车辆通行近 4 500 万次,节省燃油消耗 132 万 L,减少碳排放达 2 800t,在经济效率和社会效益方面表现非常突出。

此外,分析高速路网的收费系统的分布现状,不难发现,人工收费、半自动收费和以 ETC 为代表的自动收费的方式同时并行存在的情况还未改变,只是自动收费方式所占的比重日益增大而已,它一方面如实地反映了高速路网收费状态的发展特征,另一方面,必须指出,无论将来收费方式的发展进程如何快速,收费站的设置中,保留个别通道上的人工收费方式还是有存在的必要的,它既可作为其他收费方式的补充,更可以作为一种应急的收费通道,一旦自动或半自动的收费系统出现故障,启动人工的收费方式就可以解决燃眉之急,还可第一时间组织实施相应故障的排除、检修等后续保障工作,实现最快速度的恢复系统工作效率,致使可能出现的故障或问题所产生的负面影响达到最小。

3)电子收费系统的进一步演进

随着电子和网络技术等的进一步发展,尤其网络技术在金融等领域中的普及应用,电子收费系统的技术还可以进一步演进,下面进行逐一分析。

在现行的 ETC 系统中,把每个具体的收费点通过路网连接起来,那么它们就构成一个以高速公路网为依托的交通网络,然后把它加载到通信网络,实现交通网络和通信网络的融合,当已经安装车载 ETC 系统的车辆通过装有 ETC 设备的收费通道时，车载设备与路边设备进行信息交换、处理后并由缴费双方确认具体的收费金额，然后通过路网把相关信息传输给信息传输网，再通过信息传输网把缴费和扣款信息传输给对应的金融专网，由金融专网实施具体的扣款（缴费）过程。这样可实现确定车辆的缴费信息与后续的缴费过程的分离，可更有效地提高不停车收费的效率。整个过程可用图7-3-3表示。

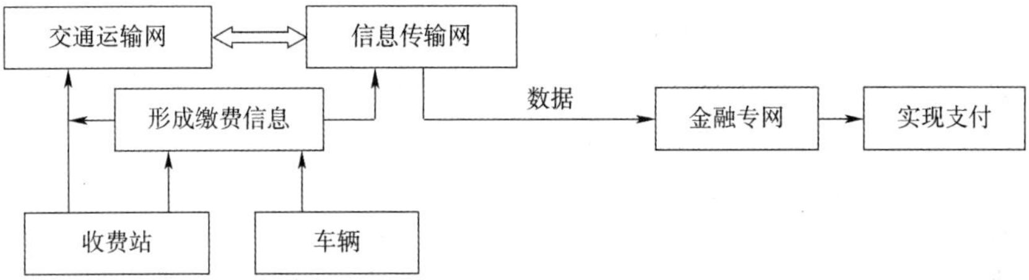

图7-3-3 一种改进的ETC体系的工作原理图

在这里，信息传输网与金融专网之间的关系可以是信息传输网与一般的互联网连接，把金融专网包含在里面，或者把金融专网看成它的虚拟专用网（Virtual Private Network），它有缴费车辆的账户，由金融专网来处理具体的收费事项，从而完成整个缴费的过程，并操作结果通知收费站和缴费车辆。

为使收费工作效率的进一步提高，对于缴费车辆来说，实际上只要知道需要缴费及具体交多少费用的信息即可，因此，它只要与信息网络互动即可。这样以信息网络为进一步依托的收费系统可以进一步演进，相应的收费系统的工作原理图，可从图7-3-3演化为成图7-3-4。

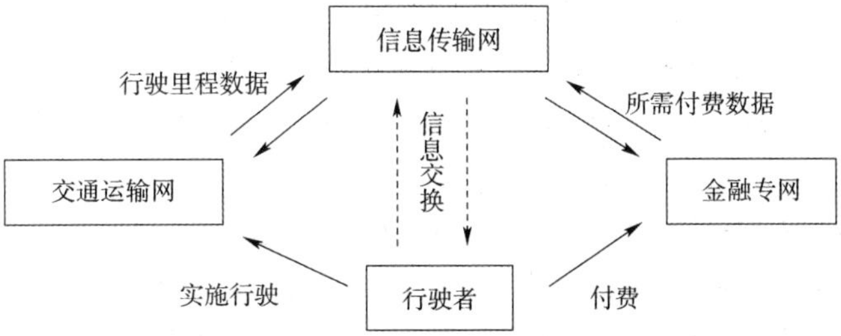

图7-3-4 演进后的ETC系统的工作原理图

进一步考察电子收费的工作原理和流程，若把路边收费站中的RSU体系看成“商家（Merchant）”，而装有ETC的车辆的车载系统中的OBU系统看成“客户（Customer）”，车辆在某高速公路上的行驶和缴费成功，就是一次具体的电子交易（Electric Trade），基于这样的考虑，把电子收费看成某种比较特殊的电子商务

(Electric Commerce)活动,也未尝不可。因此,电子收费的整个过程可以用电子商务的具体操作过程来加以解决,从而实现确定收费的处理与具体的缴费过程的完全分离,它可进一步提升电子收费的工作效率。

具体的,根据上面的分析,整个收费过程就转化为在网络中所进行的基于"客户"、"商家"和银行之间的活动。对"客户"来说,它在电子收费过程中的具体活动就是向"商家"下订单并把自己的账号告诉银行;对于商家来说,它的"确定订单"、"发货"就意味着同意相关车辆申请在该路段的行驶,并把自己的账号告知银行;对银行来说,根据"客户"和"商家"的具体订购和发货情况,确定商业行为后,把"客户"账户中应付的款项,划拨到"商家"的账户,完成转账后,并分别通知双方。根据这些条件,具体的电子收费过程可用图 7-3-5 表示。

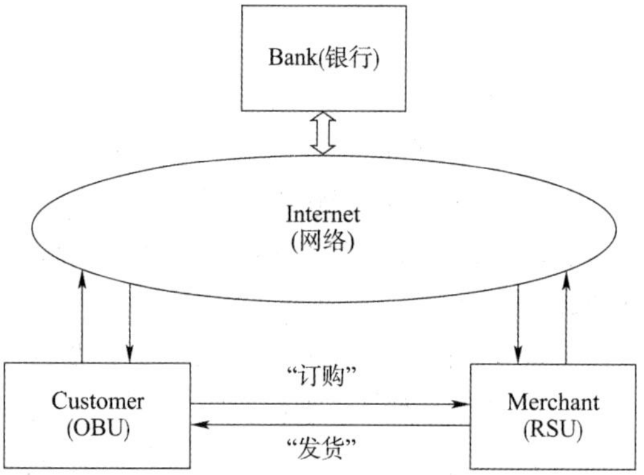

图 7-3-5　基于电子商务模式的电子收费实现模型

实现基于电子商务模式的电子收费,除了需要具备一般意义上的电子收费的条件外,还需要另外一些具体条件,一是因其中涉及银行,所以它需要以信用卡支付为基础,这就要求付费方拥有可用来支付的信用卡,收费方要有银行账户;二是它们都需要入网,也就是整个收费系统应该以网络为依托;三是必须遵循电子交易的相关协议,以确保电子收费过程中的真实性、完整性及安全性。现今,作为网络应用的重要内容之一的电子商务,根据交易对象的不同,可被分为 B2B (Business to Business)、B2C(Business to Customer)、B2G(Business to Government)和 C2C(Customer to Customer)等各种具体的类型,根据高速公路电子收费的特点,它可被归为 B2C(Business to Customer)这一类。

基于电子商务模式的 ETC 的实现,它同样需要面对具体的安全问题,这可用安全的电子交易协议加以解决,迄今,具有典型意义的安全的电子商务的相关协议共计有两个,一个是安全套接层(Secure Sockets Layer;SSL)协议,一个是安全电子交易(Secure Electronic Transaction;SET)协议,比较起来,因 SET 协议用到了双重签名等构思巧妙的方法,它规范了一套具体的机制,很好地实现了电子交易中的加密、认证和密钥管理等功能,进而可保证在开放网络上使用信用卡进行在线购物和支付的安全,确保交易数据的安全性、完整性、可靠性和交易的不可否认性等特性,这些对于电子收费同样是所必需的。因此,电子收费向电子交易的方向演进,SET

协议等自然成为确保安全、高效的操作流程的重要保障，进而可以达到如下的几个具体目标要求：

首先，在网络上，确保OBU和RSU的资料信息的互相隔离，相关信息必须以密文方式传递，这不仅对OBU有利，对RSU方也同样有利，这是因为双方的信息资料的安全性得到了保障，被盗用等情况就不会发生，或发生的可能性就会大大降低。

其次，双方因电子收费的顺利实施所需要的信息交互，它们在网络上的传输是安全的，防止被外部攻击和内部窃听。

第三，要解决多方的认证问题，不仅要对OBU的信用卡进行认证，而且要对诸如RSU的合法性等进行认证，同时还需实施RSU、OBU和银行之间的互相认证。

第四，要保证网上收费的时效性，它体现在快速、实时和高效等多个方面，尤其是在高速公路收费站上的不停车的基础上，逐步实现交通工具的不减速。

第五，因在基于电子交易的收费系统中涉及一系列的软件，因此，要求软件开发者要依据一定的规范和标准进行开放，以确保不同开发商开发的软件能彼此兼容并可互相操作。

进一步，结合电子交易的基本方法，电子收费的具体工作流程可作如下归纳：

第一步，OBU及RSU系统连接入网。

第二步，OBU确定进入某一收费高速公路，与该收费公路段的入口处的RSU建立连接，并由OBU发出要在该路段进行驾驶的申请，也就是"订购"申请，RSU进行具体应答，并记录该车辆入高速公路的时间等具体信息。同时向OBU所拟付款的信用卡所属金融机构请求支付授权等相关事宜，中间通过支付网关和相关银行机构的批准确认，RSU获得所确认的信息。

第三步，RSU回复"订单"确认信息给OBU，OBU记录相关具体信息的日志。

第四步，根据OBU在指定高速公路上的具体行驶路程，得到具体的应付款项的金额。并把信息传输到网络，告知银行OBU的信用卡及RSU所指定的账户，由银行着手处理具体的扣款事宜。

第五步，RSU要求银行把款项从OBU的账户转拨到自己的账户。

第六步，银行进行相关的认证等手续后，完成款项的拨付。

第七步，银行把扣款等具体信息分别发给RSU和OBU。

分析这个过程，不难发现实际上在Internet中进行了3个相对独立的过程，分别是OBU的"订货"过程、RSU的确认提供服务的过程和银行的款项的划拨过程。这三个相对独立的过程的完成，需要进行多次的身份认证、信息加密等处理，这些都可用SET协议的技术和规范来加以具体实施，也就是SET协议中的一系列技术和规范，都可直接移植过来加以运用，它们包括数字签名、消息摘要、数字信封、X.509 数字证书标准和所独创的双重签名等，这些技术的详尽内容，可在有关文献中找到。

7.3.2 例二——城市道路中的智能化交通的具体应用

在《说文》中有："城，以盛民也，从土成，成亦声。市者，买卖之所也。"的记载，城市历来是人们集中居住的重要场所，它在人们的居住和生活状态中占有重要的地位。现今，更由于城市化和城镇化的步伐越来越快，特大型城市不断出现的同时，以几十万人口规模的小中型城镇也迅速出现，以城市为主要活动场所的人口所占总人口的比重越来越大，毫无疑问，由此带来的城市交通拥堵等问题业已成为一个普遍性的难题。同时如何有效建构城市交通，使之成为与城市发展、与人们的便捷出行、宜居和环保等具体要求相适配的公共产品，更成为交通研究的重要课题，尤其在城市土地资源相对紧缺的前提条件下，通过科学的规划和管理来提升城市交通的具体效率，解决城市道路交通所遇到的一系列问题，应该是城市交通研究的主要方向。

在解决城市交通问题等方面，智能交通技术可发挥独特的作用，应用前景十分广泛。它不仅可促进城市交通管理水平的提高，而且能改善城市交通的状况，提高城市道路的服务水平，为城市的可持续(Sustainable)发展创造条件。除此以外，智能交通技术在城市道路管理等方面的应用，还可催生并推动与交通相关产业的进一步发展，对城市的现代化进程产生多方面的积极意义。

1)城市道路交通的主要问题

城市的道路分布相对密集，而且人口和车辆等也相对集中，目前私家车相对普遍，城市居民出行除了选择用步行、非机动车(如自行车)和公共交通以外，选择用私家车、出租车或机动及电动摩托车的也越来越多。城市交通的问题主要体现在拥堵和交通效率低下，另外还有诸如停车和泊车难以及污染严重等问题，但对于不同的交通方式来说，这些具体问题的表现方式也不尽相同。

对于公共交通的管理者来说，所面临的问题是如何进行科学的规划公交线路，最大限度地提升公交的运行效率，最大限度地体现社会效率和经济效率，而选择公交出行的人们来说，他们所关心的是如何便捷地、安全地出行，他们最大的愿望可能就是很方便地等到所要乘坐的公交车，而且安全快速地到达目的地。但很多时候，他们的这些愿望未必能达到，以杭州为例，下面的资料足可以说明，以公交出行为主要方式的城市居民所遇到的交通难题，以及对他们带来的诸多不便。

据《今日早报》2014 年 11 月 15 日第二版报道，杭城的公交有让人望眼欲穿的几条公交线路，其中一条线路被形容为"20min 露一次面，等车等睡着"，被戏称为

“娇蛮剑客”的9路；一条被形容为“发车神出鬼没，晚上难觅踪影”，被称为“张狂剑客”的71路；还有一条被形容为“等车40min，坐车10min”，被称为“独孤剑客”133路。

对于以私家车为主要出行工具的居民来说，除了交通拥堵以外，还有一个很棘手的难题就是停车泊车难，车位涉及具体的土地资源等城市稀缺而不可再生的资源，因此，在私家车普及的前提下，车位与车辆之间的尖锐矛盾不仅是长期存在的，而且有越来越严重的趋势。以杭州为例，很多道路不仅是行车的通道，也慢慢成为停车泊车的场所，道路的两边或一边，停满了各式各样的小汽车，把本来并不宽敞的道路堵得严严实实的，仅是马路中间很窄的宽度作为行车道，以至于拥堵、碰撞等时有发生，严重影响车辆的通过效率。此外，面向普通公众的公共停车场所相对紧缺，这些都严重影响着城市交通。

还需指出，在城市交通中，还涉及大量的各种两轮摩托车、电动车以及三轮电动车和其他各种私自上路的车辆。对两轮和三轮的车辆来说，它们既不能归属于非机动车的类别，但似乎也不能归类到机动车类别，因此它们成了一种尴尬的存在，它们出没在非机动车及人行道上，因速度飞快再加上骑车人的横冲直撞，很多时候，它们不仅存在很大的安全隐患，更成为与非机动车及行人发生交通事故的肇事方；它们出没在机动车道上，又很自然地成为与机动车发生交通事故的受害方，用这些电瓶摩托车等的人员，相对来说，以到城里务工的人员居多，他们往往租赁在市郊的房租价钱相对较便宜的地方，而所工作的地方又远离租住处，电瓶车、二轮摩托车等成为他们主要的交通工具，他们交通安全意识相对较弱，在城市交通管理相对弱化的路段或区域，他们往往成为形成交通安全事故或交通事件的主要因素之一，不仅对道路的交通状况带来直接的影响，而他们自身往往也为此付出沉重代价。此外，现在的城市道路中也时常出现三轮的电动或机动车辆，它们通常也行驶在非机动车道上，驾驶车辆者相对年轻，在驾驶过程中遇到相关问题时，他们很可能谨慎不够而莽撞有余，三轮电动或机动车辆又因车身体量相对较大，几乎填满整个非机动车道的横截面，所以，它们不仅成为造成相关道路拥堵的重要原因，更可能由此造成交通事故，严重危害行人等的生命财产安全。

此外，城市道路错综复杂，且有很多的四岔或三岔路口，有序地引导路经这些岔口的车辆和行人，设置合宜的红绿灯，是一个重要的举措，它不仅关乎城市道路交通的效率，也关乎行人及非机动车的安全，由于交叉路车辆集中，同时很多行人和车辆要改变行进方向，往往成为交通拥堵和交通事故等的高发地点。

城市道路的交通问题所牵涉的因素非常多，既有纯交通的因素，还涉及城市规划和建设管理、交通工具的使用等一系列问题。研究分析形成城市道路交通问题的主要原因,借助于科技,尤其是智能交通技术的力量,针对性地解决所面临的主要问题或问题的主要方面,不仅可有效缓解具体的问题的严重程度,更可从根本上解决城市交通所遇到的具体问题。

2)智能交通技术在城市交通中的应用

在城市交通中,用智能交通的理论和技术来解决问题,不失为一种可行的方法,事实也已经证明了智能交通能解决城市交通的很多具体问题。如美国,在加强城市道路基础设施建设管理的基础上,在主干道管理、事件管理、电子收费、电子售票、公共交通管理和区域多方式出行者信息管理等方面都进行了基于智能交通技术的改进和性能的提升,取得了很好的功效;此外,如法国,它们采用一套新颖的交通管理系统,当城市道路上的条件改变时,它可自动地应因性地做出反应,使实测交通状态尽可能地达到最佳,也就是各个交通要素都在最佳的方案下进行具体工作;又如瑞典,它采用速度智能适应性交通安全保障系统,对车速基于智能化控制,以确保车辆的行驶安全。这些基于智能交通技术的具体举措,不仅有效舒缓了城市交通的压力,更可卓有成效地提升对交通安全问题的管控的水平,还可有效抑制环境恶化的程度,它们的积极作用越来越被人们所广泛认识。

这里就智能交通在城市交通中的某些方面展开论述,主要涉及城市道路交叉路口车辆拥堵的智能化解决方案设计,智能化泊车方案设计以及公共交通的智能化管理和调度等具体领域。

(1)城市道路交叉口车辆拥堵的智能化解决方案

城市道路的一个显著特点就是交叉路多,无论是具有规整规划的街区道路,还是类似于自然发展所形成的街道,它们都存在很多的相互交叉。交叉的路口大致可分为三叉路口和四叉路口,车辆路经交叉路口时,要么仍旧沿着原来的方向行驶,要么转弯、甚至是掉头等,在这过程中,面临着其他的车辆的同时行驶,所以需要设置交通控制灯来加以具体诱导、分流和控制,以达到快捷、安全、有序地路经城市道路交叉口的目的。

现有的城市道路上叉口的交通控制灯,对于分流交通车辆,规避交通事故,都起到了积极作用,同时还必须看到,设置的控制灯与具体的交通流不相匹配时,也由此产生很多的交通事件,最常见的就是因为交通灯的管控过程中,由于要求穿越道路的时间过短,致使相应方向通行的车辆发生长时间的排队等候现象,或由此发生具体的交通事件;同样的,若允许某方向通行的控制时间过长,那么与之相对的方向的禁止通行的时间同样也越长,这就意味着在允许通行方向的道路上出现长时间的没有车辆通过,而在其他方向上,多辆交通工具无法顺利通过而产生排队等候的现象,这种情况的发生,不仅影响了整体的交通效率,尤其是相应路段的交通流的通过效率，同时也延长了交通人的具体交通时间。所以，在城市道路交叉口设置合理的交通控制灯，是一件关乎提升交通效率及安全的重要举措，城市道路控制系统的主管和实施部门，应该对它给予足够的重视，有些国家，把对交通信号灯的合理配置和智能化运作，作为智能交通技术在城市道路交通中的应用的具体手段，来提升城市道路的交通质量，如德国的柏林市，它通过对交通信号灯的实时、动态的配置、调整等处理，并引进具体的预报系统，在充分调动人的积极因素的条件下，来控制交通车辆进入具体的拥堵路段，尽可能地使得整个城市的交通处于通畅、快捷和安全的状态，获得最佳的交通效果。

我国大中型城市较多，虽然各个城市的具体道路状况不尽相同，各城市的交通工具的持有量也各有差异，但城市道路中行经叉口的情况还是有很多相似的地方，在叉路口科学地设置交通控制灯是一种共同的选择，分析城市道路叉口交通控制灯设置的规律特性，较好地实现交通控制灯所制订的"通行""等待"的节奏与该道路上的具体交通车辆流的通行节奏相吻合，这涉及动态的最优解的处理问题，它的算法及实现步骤更涉及非线规划等一系列的现代信号处理理论，所以就其本身来说，它不折不扣地体现了智能交通新技术在交通领域中的具体应用。

我国大多数城市的道路交通控制灯的设置，虽越来越多地进行了基于所在道路的交通特性的精细化处理，如把叉口中可能的交通分流的各种情况进行分门别类，并采用单方向的交通流各自独立穿过叉口，通过交通流的不混合的方式，尽可能地避免在道路叉口因互相变道致使车辆碰撞的情况发生。此外，如北京市等，在道路叉口通过建造立交桥或打岩洞等方式，至少把行人与行车进行分离，这些也可取得一定的成效。但关于道路交通控制灯的智能化的处理，可以进行更深入的研究并加以实际应用，可采用更深入的智能方法的运用来提升道路控制灯的控制效果。究其原因，一是通过具体所确定的道路的交叉路口的交通流是一个动态的量，相对于不同的日期和不同的时间段来说，它总是不尽相同的，因此，固定地设置交通信号控制灯的时间间隙，显然不能与动态的交通流进行匹配；二是某一个具体的道路叉口，它仅仅是该交通网络中的某一个节点（Node）而已，它的交通流的状况会影响其他叉口处的具体交通，同样的，它也被其他叉口的交通流所影响，而城市中的交通状况的基本着眼点还是以相对整体的区域为考虑对象的。因此，交通控制灯的设置，还需要对区域整体的考虑，这就是在选定某个区域的前提下，结合所需的条件，建构能影响各个道路叉口中的交通流的最优化函数，实现该区域中整体的最优解决方案下的信号灯的设置，形成所给定条件下的最佳化处理。

在给出交通信号灯控制交通流的具体算法之前，先对道路叉口中具体的交通情况进行分析，这对更加合理地设置交通控制灯有积极的助益作用。在城市道路中，无论是主干道路与主干道路的交叉，还是主干道路与其他的道路交叉，抑或是一般的道路之间的交叉，甚至是应历史原因等所形成的多条（大于 2 条）道路在某一点上的交叉等，这些错综复杂的交叉情况，总可以归结为三叉道路或四叉道路这两种情况，交通车辆或行人所组成的交通流的状况，可用图 7-3-6 来具体表征。

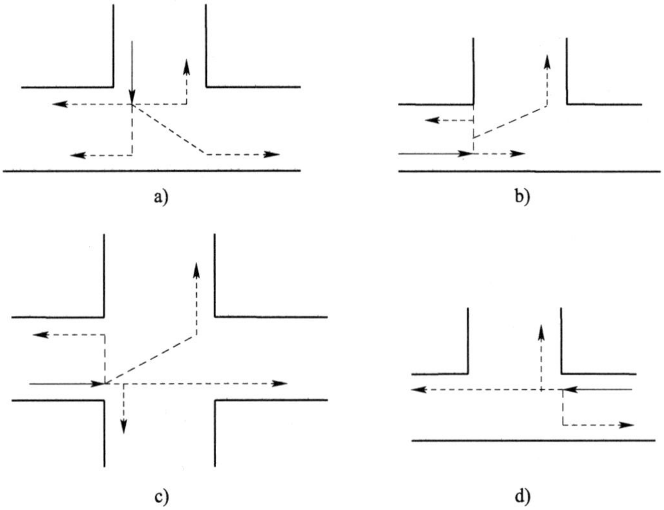

图 7-3-6　城市道路交叉口交通图示

从图 7-3-6 不难发现，不论三叉路还是四叉路，根据现行的靠右行驶的交通规则，行车或行人在叉口需要横穿道路的可能状况至多为三种，而图 7-3-6a）、b）和 c）这三种情况中会出现对角线方式穿越道路的状况，相比较来说，横穿或对角线方式穿越道路，其安全性和便捷性等方面相对较差，而如图 7-3-6a）、c）、d）所示的情况，虽需要改变行进方向，但不必穿越道路，这种情况下行车或行人的安全性及便捷性等相对较高。

根据以上的分析，在某个叉口设置交通控制灯时，先了解各个方向的行车流和行人流的大致情况，同时研究行车流和行人流相向而行的情况，具体情况如图 7-3-7 所示。

在图 7-3-7 中，箭头前加横线表示此时该方法不能与其他方向上的车辆同时行进，也就是对面方向应该设置红灯，控制该方向的车辆通行。

由此，在原来的交通灯控制的基础上，根据道路的各个方向的交通流的情况，动态的设置信号灯关于交通流的“通行—停顿”的控制时间，具体的算法实现可作如下的规划：

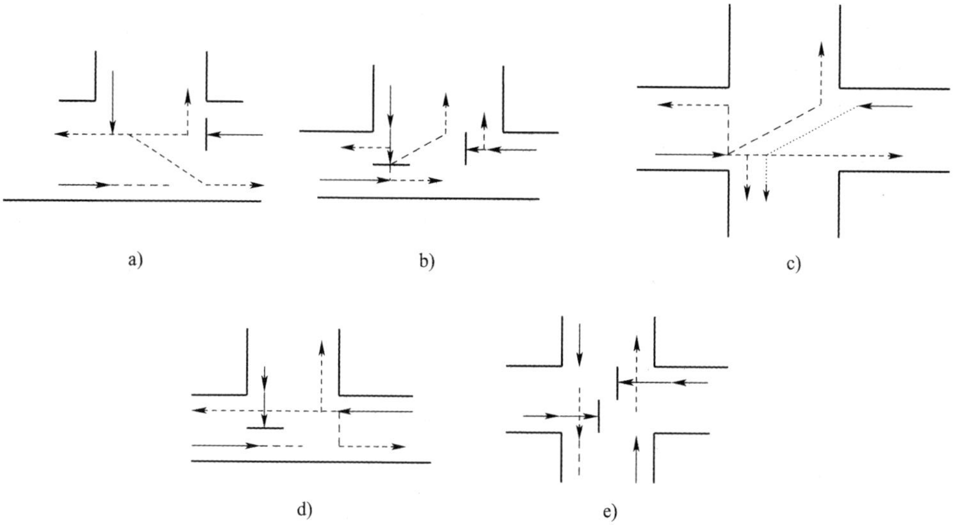

图 7-3-7 双向同时可行进的状况分析

第一步，根据图 7-3-7 的分析，设置初始的交通信号灯的控制体系，具体用来控制所确定的路叉口的交通流。

第二步，记录初始设置的交通控制灯的工作状况，根据一段时间的状况，分析每一个方向上的实时交通状况，并记录某些方向因控制通行时间过短，而导致较大等待，某些方向上因车流较少而较长时间空置。

第三步，根据具体观察，再设置交通灯的“通行—停顿”控制的时间，对于有较多车辆等待的方向，则延长控制通行的时间 Δt，假定原来在该方向控制通行的时间为 t_1，那么调整后，该方向控制通行的时间就变为 $\Delta t + t_1$；而在道路空置较多的方向上，则减少控制车辆通行的时间，假定原来时间为 t_2，而减少的时间为 Δt_2，则调整后，该方向控制通行的时间变为 $t_2 - \Delta t_2$。这里涉及具体条件的设置问题，一是在实时调整“通行—停顿”时，以多少辆车辆处于等待状态作为临界点，不妨记为 n_0，那么当实际等待的车辆数 n 满足 $n \geqslant n_0$ 时，才进行具体的调整；同样的，第二个参数是该方向的置空时间多长时，才对该方向的通行时间进行调整，这里没有涉及具体的车辆的数目，这个临界点的选择可用该方向上的置空时间占总的通行时间的比例来选定，如规定置空时间所占比例大于总的通行时间的 20%，那么作一些微调，若所占比例达到 40% ~50%，那么调整的幅度还可以大一些等；第三个参数是计时多长时，进行具体调整，这个相当于调整周期，一般说来，若以一天为单位，当交通流变化大的时间段里，不妨将这个调整周期设置得小一点，而当交通流变化不大时，则可以把它设置得相对大一点。

第四步，调整后，继续对该叉口上的交通控制灯进行实时记录，同样的，间隔一定时间后进行，根据记录的情况，加以具体调整。这就构成对交通控制灯的自适应的调整过程。

这样的过程可以重复实施下去，以确保最大限度的交通流与控制灯的控制“通行—停顿”的节拍向趋同，实现该交叉口城市道路通行的最佳效果。

把这种类似于通信领域中的信道均衡器的抽头（Tap）系数的调整的方法，应用到城市道路叉口的交通控制灯中“通—断”时间的控制，同样可起到很好的效果，它的具体实现算法可用图7-3-8表示。

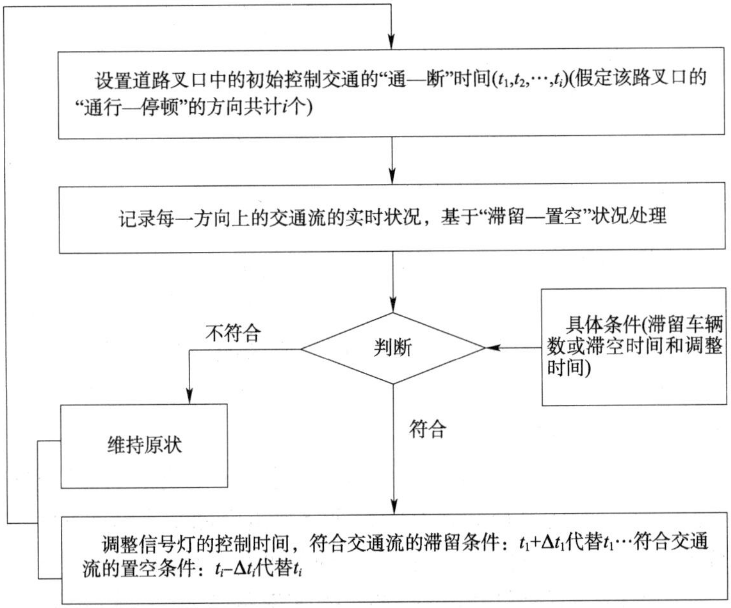

图7-3-8　可自行调节的交通控制灯的工作原理实现图示

这种基于自适应处理的信号灯控制节奏调整的方式，可灵活地实现短时的及时调整，这非常适合于交通流变化较快时的状况，如城市工作日时的上下班高峰转变的时期，又如重大活动结束时的车流的变化等。

进一步，把城市的某一个相对集中的功能区比作一个网络，而这些三叉和四叉口看作一个个具体的节点（Node），“通行—停顿”控制看成节点的处理能力，而把交通流看成是网络中的传输的数据包，那么，它实际上可用网络中的相关理论加以具体优化，从这种意义上，城市区域中的交通疏导和控制处理，就是一个典型的网络优化技术的处理，只不过它实际上是根据所给定的条件下的一种适定问题的最优处理而已。根据具体的所给条件的不同，可作非常深入细致的优化工作。为了便于说明这种基于区块网络优化的基本思想,这里给出一个具体的模型。

假定某一城市区域道路中的节点(也就是叉口,用来安装交通控制灯以便调节具体的交通流)个数为 n 个,每一个节点上的"通行—停顿"致使各叉口的交通流的具体效率为 $\eta_i(i=1,2,\cdots,n)$,进而可得到该区域中的平均效率 $\overline{\eta}$,这反映了该区域总体的交通流的通行效率,是一个宏观的量。在此基础上,可选择某种具体的调整方案,使得调整后该区域中的交通流的平均效率达到最高,根据这个要求,来具体获得相关的调整方案。

这是一个典型的求最优解的模型,它涉及如何获得每一个节点上的交通流的通行效率,以及如何获得表征该区域整体的交通流的平均效率。每一节点(叉口)上的交通流的通行效率完全可由该节点上的相关设备加以处理后传给交通指挥中心,或把相关数据直接传给交通指挥中心,由交通指挥中心具体计算该节点的交通流通行效率,而具体的平均效率的计算,一种可行的方法是,由该区域的交通指挥中心根据叉口各道路中的实际情况,给出相应的加权函数 $\lambda_i(t)$($i=1,2,\cdots,n$),这里的加权函数以时间为自变量,也就是它的具体值受时间的变化而变化,不妨把这些加权值看成是该节点的交通流效率的出现的概率,那么可得到相关效率的一种表述:

$$\begin{bmatrix} \lambda_1(t) & \lambda_2(t) & \cdots & \lambda_n(t) \\ \eta_1 & \eta_2 & \cdots & \eta_n \end{bmatrix},\text{其中 } 1 \geqslant \lambda_i(t) \geqslant 0, \sum_{i=1}^{n} \lambda_i(t) = 1$$

那么,可用来表征该区域城市道路的交通流的平均效率 $\overline{\eta}$ 可以做如下的计算:

$$\overline{\eta} = E\{\eta_i\} = \sum_{i=1}^{n} \lambda_i(t)\eta_i \tag{7-3-1}$$

进而,具体的优化问题可表示为:

$$\begin{cases} \overline{\eta} = E\{\eta_i\} = \sum_{i=1}^{n} \lambda_i(t)\eta_i \rightarrow \min \\ \text{conditions} \end{cases} \tag{7-3-2}$$

还需指出,这类最优解的处理方法,随着构造代价函数(Cost Function)的不同而有所不同,若把这类代价函数构造成平方类型的函数,那么求它的最大值就可以采用能量函数的处理方式加以解决,如利用李雅普洛夫函数的相关理论,这时,可以把这个区域的交通网络看成 Hopfield 神经网络。

进一步,以城市区域道路交通指挥中心为依托,既实现对每一个道路叉口上的交通控制灯的"通行—停顿"时间的安排进行动态地调整,又对整个区域中的交通状况进行基于宏观的调整,这样可更好地提升交通效率,实现快捷、高效的城市交通的目的。

还需指出，充分利用交通控制灯来调节具体的交通流状况是一种有效的选择，但城市道路交通状况的调节是一个综合的过程，单纯地依靠某一种方法来解决问题，有的时候未必能非常奏效，这真所谓“尺有所短”。因此，综合地处理应该是发展的方向，多方面、立体式地加以引导、控制和调整具体的交通流状况，利用车载通信、广播等传媒手段，及时告知交通人员具体的区域的交通状况，从源头上先进行适当的引导等，对改善城市交通的状况，可起到积极的辅助作用。

(2)城市智能化泊车

随着城市车辆的拥有量日益增大，小轿车等早已进入了普通的家庭，这不仅直接引起城市道路交通的拥堵，同时也为城市车辆的停泊带了直接的困难，现今，城市车辆的停泊难已是一个公共的问题，很多城市管理部门都在想方设法寻找具体的解决之道，一种方法就是进一步扩建停车场，尤其引进民间资本来投资公共泊车场地，这虽不失为一种具体的可行性较高的方案，但它是以城市土地的使用为前提的，在城市土地紧缺的条件下，以寸土寸金的城市土地为代价来解决泊车难题，显然是不妥当的；此外，修建立体停车库，或直接在城市道路两旁划出停车位等，这些手段也仅是在一定程度上缓解泊车难的问题，同时其本身又带来了其他的难题。以车辆停泊在道路两边为例，它看似解决了停车难问题，但为道路的通畅、安全等带来了直接的困难，本来一条不怎么宽敞道路，因两边停满了车辆，致使行车道的宽度非常逼仄，不仅影响了车辆行驶中的速度，更带来了实实在在的安全隐患，一旦道路边发生什么紧急事件，人员和车辆的疏散或快速的调集，成了不可能完成的事情，由此造成的危害，有的时候甚至可用“无法估量”来形容。

寻找一种既能有效缓解泊车难，又在其他方面的代价相对较小的处理方法，无疑成了研究的热点，更是解决泊车难问题的首选，借助智能交通的相关理论和技术，就可以达到这两个看似矛盾的条件，因此，借助于高新科技的力量，根据智能调度等具体算法，寻找到一种符合各方面条件的泊车方案，不仅能最大限度地解决泊车难问题，并能最大程度地利用好已有的停车场等相关泊车设置。

现今，人们倾向于利用智能交通技术来具体解决停车难的问题，也已经设计出针对泊车的停车场秀导系统，它大致可概括为：以公共停车场为中心，把停车的情况以广播或组播的形式向外发布，致使该停车场附近的车辆了解停车的信息，进而可做具体的处理。这种方法相对简单易行，在一定条件下能起到很好的作用，但还有较多的改进余地，这里给出一种新颖的诱导泊车算法。

首先，按照一定的地理特点，把城市划分成几个具体的区域，对每一个区域中的公共泊车库的信息进行登记归类，这些信息包括公共泊车库的地点，泊车位总量，开放时间，还剩闲置的泊位等。

其次，把公共泊车库的信息发送到城市交通泊车诱导系统，作为诱导系统用来具体数据处理的原始数据。

第三，需要泊车的车辆，也把现在的车辆位置、所需泊车的信息发送到城市泊车诱导系统，这些信息也作为该系统用于处理的原始数据。

第四，诱导系统对接收到的信息进行处理，根据所需泊车的车辆离具体的公共泊车库的距离的大小，以及车辆到泊车库泊车的方便程度等的大小等条件，进行具体判决，也就是对所需泊车的车辆和泊车库之间进行配对，并把信息各自反馈给车辆和泊车库，让所需泊位的车辆和相关的泊车库各自进行判断。

第五，所需泊车的车辆接收到信息后，还可做进一步的研判，并把结果反馈给诱导系统，若接受诱导系统的这次安排，则把信息反馈给诱导系统，等待诱导系统的回应；若不接受这次的诱导安排，则重新开始新一轮的泊车诱导，把车辆的具体信息告诉诱导系统，让其重新进行具体处理。

第六，公共泊车库接收到结果后，也可对具体的诱导结果进行判断，并把判断后的结果反馈给诱导系统，若接受诱导系统的处理结果，把信息反馈给诱导系统，并等待诱导系统的进一步确定；若不接受这次的诱导安排，则进入下一轮的具体处理。

第七，泊车诱导系统接收到各自的接受诱导安排的回复，就把双方的信息发送到对方，并结束这次具体的诱导工作，开始新一轮的诱导处理。

这种采用智能化运算后所得到的泊车诱导系统的工作原理可用图 7-3-9 表示。

从图 7-3-9 中不难看出，诱导处理过程中的具体算法是一个关键，它实际上就是根据所需泊车的车辆的具体信息与泊车库信息之间建构一种基于某种规则下的“配对”关系，一般可把车辆与泊车库之间的距离的长短、车辆所在地行驶到泊车库的具体时间等作为具体处理的代价函数。这里之所以给泊车库的分布进行具体分划，除了以就近原则等的考虑外，还有一个重要的考虑就是对诱导处理系统来说，它可用到具体的分布式的并行计算，这样有助于提升处理速度，提高效率。

此外，这里实际上还隐含着通信中的两次“握手”的“呼叫—应答”机制，对于车辆来说，它发出寻找车位的请求，诱导系统进行应答，并告知车辆，再由车辆进行具体判断并给予回复，根据具体的回复内容，来最终确定车辆与泊位之间的“配对成功”，这样不仅可以有效地实现具体的泊车诱导，更重要的作用还在于能充分发挥车辆的主动性，也就是赋予车辆的具体判别处理，实际上就是让车辆的司机做最后的决断，这从更深的层面上来确保所做的泊车诱导处理是合理的、科学的。

还需指出，图 7-3-9 所示的泊车诱导系统不同于现有的诱导系统，现有的诱导系统往往借助与广播等传媒手段，把公共泊车库的信息用广播、组播或电子牌告知等方式加以公布，然后由需要泊车的车辆根据这些信息做下一步的处理。这种公布的方式，虽然泊车位信息的发布确实比较简便，但往往是单纯的信息发布，因受众的非专一性，很可能导致泊车库附近的多辆所需泊车的车辆争同一个泊车位的情况发生，对于得不到车位的车辆来说，它不仅延误了正常的泊车，还很可能需要付出额外的代价，这是非常不可取的。而这里提出的泊车诱导处理，这种情况就不会发生，它通过一般的网络通信方式，建构可靠的链路连接，确保“一对一”的诱导配对的成功，进而可有效地解决泊车难的问题。

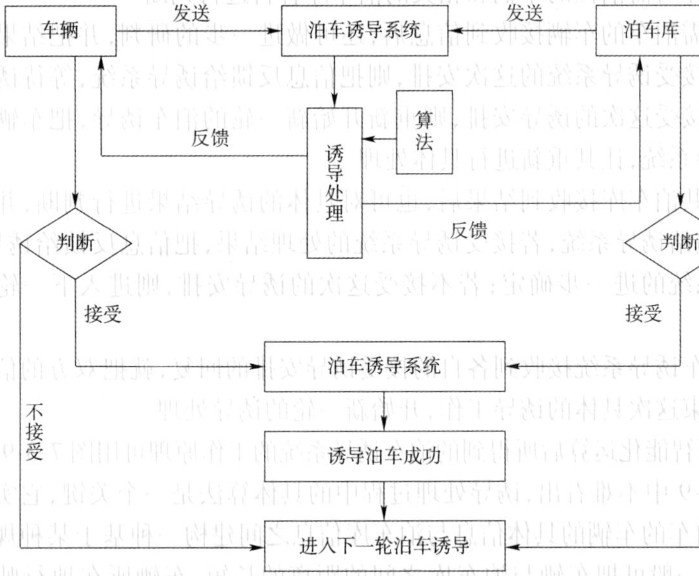

图7-3-9　泊车诱导系统的工作原理图示

建构基于可靠的网络链路连接的泊车诱导系统网络，对车辆来说，可以用车载GPS系统的接口作为信息发送和接收的处理端口，而公共泊车库，则在通常的信息采集处理器的基础上，外加信息的发送和接收设备。此外，泊车诱导系统还可作为“先进的出行者信息系统”的一个子模块加以处理，而“先进的出行者的信息系统”本身就是智能交通的重要组成部分，因此，先进的城市交通泊车诱导系统理应被看成为智能交通理论及技术在该领域中的具体应用。

(3)城市公共交通的智能化调度及管理

在城市交通中，公共交通无疑占有非常突出的地位，它是维护城市交通的重要工具和手段，公共交通的合理、高效的运行还在很大程度上体现城市管理的水平。一个现代化的城市，它的公共交通的规划、管理和运行的效率等都理应与之相适应,此外,公共交通更是展现城市风貌的一种重要窗口。但是,随着城市车辆拥有量的不断增多,城市人口的快速增长,人员出行频率的不断提高以及其他一系列的问题,交通拥堵、污染等问题越来越严重,尤其城市交通的拥堵,自然也包括了城市公共交通的拥堵,它们成了制约城市发展的重要因素,对于普通的城市居民来说,所在城市方公共交通的拥堵,将严重影响他们的生活质量。

如何克服城市公共交通的拥堵难题,创造快捷、舒适、安全的公共交通体系,成了城市公交的重要内容。解决公共交通拥堵的传统方法,往往以增加公共交通车辆、开辟新的交通线路等为首选,但必须看到,交通拥堵的一个基本原因是同时处于行驶状态的车辆处于饱和状态,而以增加公共交通的车辆的数量为手段,增加的车辆自然将导致道路的进一步拥堵,除此外,增加车辆的方式需要投入大量的资金,增加了公共交通的具体运营成本。所以寻找另外的解决之道,成为解决公共交通所遇到的难题的一种新的需求。

借助于智能交通技术,以公共交通线路的规划、调度以及一定的预测和调整等为解决问题的着力点,引进诸如支撑向量机理论、求解最优解、网络优化等理论,可对公交拥堵等问题的解决提供有效的方法,而这些方法大多在不显著增加投入的条件下,通过对相关方案的基于智能化等的处理,可获得对相关难题的解决,这些基于“绿色环保”的具体方法,理应受到广泛的重视。

目前,针对公共交通的拥堵、交通线路上的车次间隔时间长等问题,已经有了一些具体的解决方案,如引进了公交线路中的大站制、快速公交(BRT)线、定点公交线路、轻轨、地铁等。大站制和普通站点平行的线路设置,可以分流相关站点中的乘客流量,对于克服相关线路上的满载量有一定的帮助,而定点公交往往根据交通流高峰时的乘客的出行情况,有针对性地设置具体的站点和交通时间。快速公交(BRT)也可被看成一种特殊的定制公交,它通过设置公交专用道路,来尽可能保障公交车辆不被拥堵,一般BRT线路上的车辆容积较大,车站之间的距离相对较远,这样可实现快捷公交的目的。轻轨、地铁等有轨公共交通不存在拥堵问题,可在短时间内大量转移乘客,但也存在一些不足,集中体现在成本投入大、线路的灵活性不够,根据国际的经验,地铁等适合于城市规模相对稳定的城市,这样因城市的发展相对成熟,城市人口的规模相对稳定,出行等的线路及交通流的变化就比较小,采用与之相适配的轻轨、地铁等公共交通手段,不仅可最大限度地发挥有轨公共交通的优势,还可实现最佳的经济和社会效益。

在公共交通领域,在引进多样化的前提下,再借助智能交通的理论和技术,无疑对解决公共交通所遇到的难题有进一步的帮助。这里分别从公共交通线路的规划、运营的调度等方面给出智能交通的相关理论及技术,提出具体的算法等处理方法，来进一步说明智能交通技术对解决城市公共交通难题可起到“事半功倍”的效果。

对公共交通的具体规划，既要考虑到实际的道路的分布，又要考虑到城市区块中的具体覆盖，此外还需要考虑到城市各个区块到城市与外部连接的窗口的线路规划，这些窗口包括火车站、长途汽车站、航运港口的站点、飞机场等，它们作为城市对外联络的交通枢纽汇集点，与之相对应的公共交通线路都应辐射到城市的每一个大的方向，这样，散居在城市各个方向的居民等，可以很便捷地选择公共交通到具体的交通枢纽集散地。

如何基于智能化的公共交通线路的规划，是一门严谨的规划学学科，它实际上就是在已有条件下的最优化分析规划，可被看成是所给条件下的最优化处理，这里给出一种具体的规划算法，具体步骤如下：

第一步，划定某一个区块，标注出各条已经存在的城市道路，根据城市道路的具体设施（如宽度等）和交通流的状况，给所划定的区域中的每一条道路进行具体标注。

第二步，确定拟设立的公交线路的起点和终点。

第三步，根据交通流的大小及道路的每一段的具体状况，从起点开始逐一设定具体的行经线路，并确立下一站点的具体位置，这一步很重点，可先了解相关道路上的交通流状况，线路的设置以不太大的增加该路段的交通流为基本目标，而站点的设置，既考虑到居民出行、换乘公交车辆等的具体因素，也要考虑到相关的安全措施和交通拥堵状况，以确保新设置的公交车辆能快速、安全地行驶。

第四步，逐一以设置下一公交行驶路线及站点的方法把具体的线路和站点都确定下来，这样做还可针对两个相邻站点之间的线路做第二手、第三手的规划，作为具体的备选方案在公共交通的调度和指挥中心备存。它既可以作为进一步调整线路的一种备选方案，更可在具体的线路运行中，作为应对特殊交通状况的有效方案。

第五步，记录规划线路的具体运营状况，根据乘客量、准点发车的情况及道路拥堵情况，进一步分析所划定区域中的其他公共交通线路的情况，这不仅可对已有的公交线路进行实时动态的调整，包括在高峰时段增加车辆的投入运营，减少车辆之间的间隔时间等，还可根据对整个所划定区域的共交通的整体情况实时监控，为及时增加新线路的设置或投入更多的车辆等具体决策给出参考依据。

这种公共交通新线路的规划方法，是有具体的理论依据的，即微分方程求解中的解的逐步延拓法，它通过逐步延伸的方法，可求得最佳的值，具体可用图7-3-10 表示。

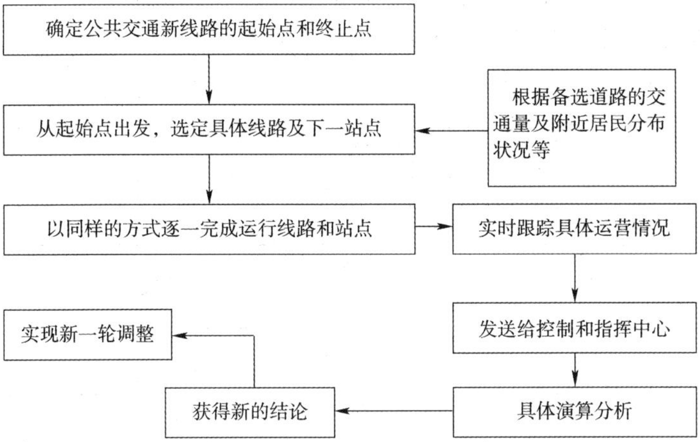

图7-3-10 智能化规划公共交通新线路示意图

随着科技的进步和GPS等的普及,公共交通线路上的车辆的实时运行情况可以得到很好的跟踪和掌控,同时,城市道路的基本情况也可实时了解,这为智能化的调度提供了技术上的支持。具体体现在,以相关线路上的车辆的载客量作为一个统计的数据,若载客量相对饱和,致使车辆行驶缓慢,则区域公共交通跟踪和监控中心可以通过增加相关的车辆的方式来实施具体的调节,尤其在城市上下班高峰时期,根据交通流的实时状况,做相应的具体调整。下面就公共交通的线路上发生交通事件后,进行智能化调度的具体算法进行阐述。

假定在某一个城市区域中,分布着一些具体的道路,这些道路的平面分布如图7-3-11所示,而在这些道路中已经规划了一条具体的公交线路,起止点分别为A点和B点,并已经投入运行。

道路上的具体状况是不尽相同的,它可以用“瞬息万变”来形容,对于道路上的交通突发事件,更是不能有效预测,这些交通事件,往往成为道路拥堵等的主要原因,尤其以交通事故为主因的道路阻塞,致使所必须经过事发路段的公共交通车辆遇堵而动弹不得,不仅严重影响该公交上的乘客的出行,还影响在公共交通车站等待乘坐该公交车的乘客,而等在车站上的乘客,很可能需要等待很长的时间而未必能等到,这无影之中也影响了等车乘客的出行。以作者本身的经历为例,在杭州的“官巷口”附近等公交车准备去学校开会,结果等了近一小时才坐上车,询问司机具体原因,答复是,公交车在前面的车站驶出后,在高架路的下面遇到堵车,原因是有一位讨债不成的人员,爬到高处准备往下跳,出动了警察实施营救,而需路经该地点的车辆只好在这过程中停车等待,所以耽搁时间。如何能动地应对诸如此类的突发事件，是实现公共交通线路运营的一个重要的内容，这就需要用智能化的调度来具体实施，这里给出一种具体的解决方案。

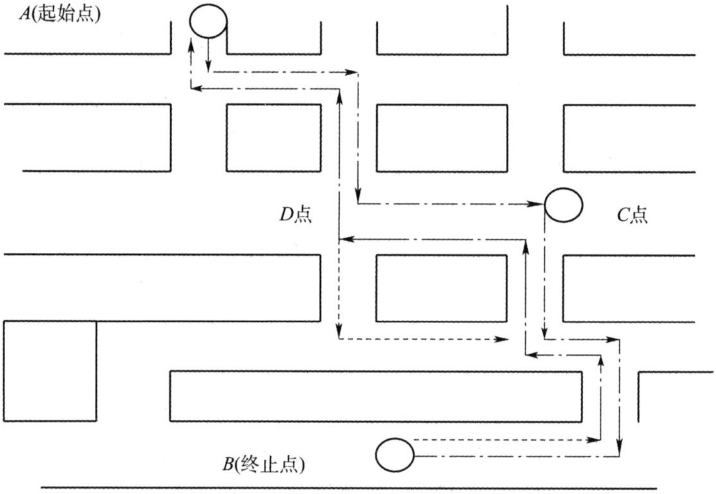

图 7-3-11　某公共交通线路的示意图

为了论述的方便，假如在图 7-3-11 中的 C 点，发生了突发的交通事件，致使 C 点附近的交通车辆被拥堵在一起而不得转移，同时 C 点是由以 A 点起始、B 点终止的公共交通线路的必经之处，而行驶在 C 点附近的该线路上的公交车也被拥堵在那里，在这种情况下，作为公交车上的司机，它在驾驶过程中，只能根据自己获得的信息做有限的判断，因相关信息的不对称或相对缺失，这种判断往往是不全面的，若车辆的具体信息以及所辖道路的信息都有公共交通的跟踪和监控中心实时跟踪检测，根据所检测到的信息，并进行具体的智能化的推演和计算，获得具体的判断，然后对处于公交线路上的车辆（司机）进行指令，这种基于全局分析基础之上的判断，实际上就是根据具体的条件，所给出的最优解，一般说来，是付出最小代价条件下的最佳选择，结合图 7-3-11，公共交通跟踪和检测中心可能就会让处于 D 点前的该线路的公交车辆绕道而行，走图中以“——→”表示的方向，从而有效避开了道路中的拥堵地段，这不仅可让乘坐该线路的乘客耽搁出行时间，也可让准备乘坐该线路的公交车的潜在乘客，不至于等待很长的时间才乘坐上公交车，更可有效提升相关公交线路的运行效率。

图 7-3-11 所表示的应对道路上的突发交通事件的公共交通调度方式具有广泛的应用性，它本身更可被建构成一种带有普遍意义的模型，具体可用图 7-3-12 表示。

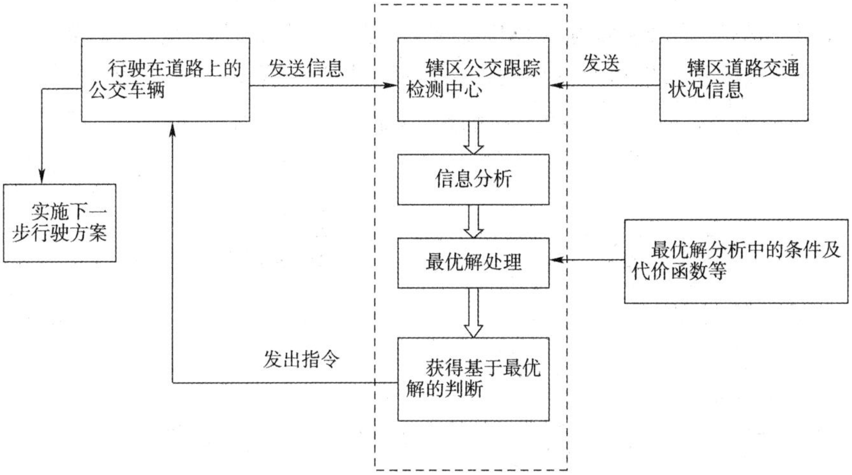

图 7-3-12　应对交通突发事件的智能化调度方案

毫无疑问，关于最优解的处理是整个处理过程中的核心，它的性能优越的程度，实际上很大程度决定了整个处理过程的优越性程度。在最优解的处理过程中，不同条件和代价函数的设置，相应的最优解的处理也不尽相同。以应对道路上的突发交通事件为目标的最优解的处理，可以用最便捷地离开交通突发事件的地点为具体的代价函数的构造准则，也可用所需处理的公交车辆的具体位置以及就近其他道路上的交通流状况作为设置代价函数的条件，由公交跟踪和检测中心进行处理并得到具体的方案，并指令给所需处理的车辆，按照所给指令进行具体实施。

还需指出，基于辖区公交跟踪和检测中心智能化处理的方式还可动态地、全局性地调度所辖区域中的交通线路上的公共交通车辆的行驶时间的间隔，使该区域中的公交车辆都处于较高效率的运行状态，实现较好的社会效率和经济效率。

除了在相对较小的辖区内，用公共交通的跟踪和检测中心实施对公共交通线路的实时的、动态的检测、判断、指挥以外，还可对整个城市的公共交通建构跟踪和检测的总中心，并由它来具体分析全局性的问题。在它的下一级是较小辖区中的公共交通跟踪和检测中心，这种逐级分划，如同"树"结构的公交跟踪和检测中心，相当于系统中的一个个处理器，具体的处理原则是"能处理的自己处理，不能处理的向上一级申请处理，由上一级处理后反馈指令，并按照指令执行"。这样做的一个好处就是每一级别上的公交跟踪和检测中心的具体处理量不会很多，它无形之中，接住了平行和分布式计算的方式，分摊了相关的处理量。对某一个辖区内的公交跟踪检测中心来说，它所处理的计算分析量并不很多，当有些所需处理超出了它的范围(这是少数情况)时,它便可向上一级的跟踪和检测中心申请具体处理分析,因此对上一级的公交跟踪检测中心来说,它所处理的也不会太多,而且处理后反馈给下一级去执行即可。这样的结构体系可以用图 7-3-13 来具体表示。

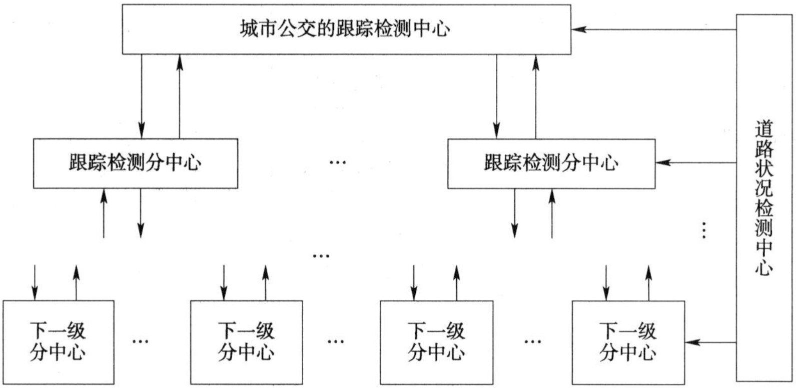

图 7-3-13　用于实时动态公交运行调度的结构图示

这种由若干分级的公共交通的跟踪和检测中心所构成的网络体系,与城市的公共交通线路所组成的网络相适配,若把公共交通网络看成一种实体的网,那么它就是具体的网络的管理网。借鉴于电信网及它的网管网的相关结构体系和网络理论,图 7-3-13 所建构的公共交通实时跟踪检测体系所组成的管理网络不仅可切实有效发挥智能调度的作用,还可以此为基本骨干网,拓展其他的相关智能处理功能,在更高层次上获得对公共交通的管理效益的增益。

公共交通作为城市交通的重要组成部分,关系到城市居民有序、快捷、便利地出行,同时更关系到城市的和谐和安定的社会氛围和良好的社会效益。因此,应对其深入研究,并借助于城市中业已具备的较好的基础设施,尽可能地利用诸如电信网络、广播体系等较完备的基础条件,实现基于智能化处理的公共交通的规划、运行和管理,获得技术进步带来的巨大红利。

7.4　本章小结

本章以举例的方式,对智能交通交通理论和技术的具体应用展开了论述,论述的主要内容及创新点集中在以下几个方面:

①关于智能交通研究中的仿真实验,它可借助计算机及相关应用软件,对现实中的具体交通问题进行模拟仿真,由此可获得智能交通相关算法、技术等的具体性能特征,这一点非常重要,这种模拟现实状况的处理方式的应用,不仅对研究本身

的深入展开有积极的助益作用，同时在节约实验费用等方面也可发挥积极的功效。

②举例分析了智能交通技术应用到高速公路网上的电子收费，虽然已经出现了具体的ETC技术，但它还可进一步进行技术和功能提升，借助于网络技术，实现“车辆的行驶过程与具体缴费过程的分离”，从而最终达到完全不停车的目的。并把这个基于网络的实现过程纳入到一般的电子商务，在网络应用层面上，引进了安全的电子交易协议(Secure Electric Trade Protocol，SET Protocol)等，实现安全的、完全不停车的收费功能。这里所提出的新颖的电子收费模式，充分依托现有的网络通信技术和业已存在的相关基础设施，可方便而又低成本地加以具体应用实现，还可成为不停车电子收费的相关技术进步的一种重要选项。

③举例分析了智能交通技术在城市交通中的具体应用，在分析总结城市交通的相关问题的基础上，着重就城市交通控制灯的智能化处理问题、城市交通中的智能化泊车问题以及公共交通线路的智能化规划及实时的智能化管理等方面进行了深入研究，并针对这些方面所遇到的问题，提出了新的解决思路和具体算法，它们都能依托已有的网络技术、城市的基础设施等便利条件，具有很好的应用和发展前景。此外，所提出的新算法具有很好的普适性，它们在交通领域中的其他方面也能发挥积极的作用。

参考文献

[1] 李卫平. 智能交通技术应用[M]. 北京:人民交通出版社,2006.

[2] Roger P Roess, Elens S Prassas, William R McShane. Traffic Engineering (3rd Edition)[M]. London:US Prentice Hall,2004.

[3] 刘灿齐. 现代交通规划学[M]. 北京:人民交通出版社,2001.

[4] 杨佩昆,张树声. 交通管理与控制[M]. 北京:人民交通出版社,2003.

[5] 尤晓炜,张恩杰,张青喜. 现代道路交通工程学[M]. 北京:清华大学出版社,北京交通大学出版社,2008.

[6] 徐伦辉, 傅惠. 交通信息智能预测理论与方法[M]. 北京:科学出版社,2009.

[7] 张焕炯. 安全通信论[M]. 北京:国防工业出版社,2013.

[8] 张焕炯. 通信系统安全[M]. 北京:国防工业出版社,2012.

[9] 张焕炯. 加密与认证技术的数学基础[M]. 北京:国防工业出版社,2013.

[10] Huanjiong Zhang, Xiaoping Jin, Ping Zhang. Research a New Automatic Detective Method of Highway Traffic Statement based on the Information of License Plate Data[J]. Advanced material Research,2013,779-780,779-783.

[11] Vukan R. Vuchic. 城市公共交通运营、规划与经济[M]. 宋瑞,何世伟,译. 北京:中国铁路出版社,2012.

[12] 黄卫,张宁. 智能交通系统理论研究与实践[M]. 南京:江苏科学技术出版社,2011.

[13] 樊昌兴,张甫翊,徐炳祥,等. 通信原理[M]. 北京:国防工业出版社,2001.

[14] 贺玉龙,孙小端. 公路速度限制与速度控制技术[M]. 北京:人民交通出版社,2011.

[15] 黄辉先,史忠科. 城市单交叉路口交通流实时遗传算法优化控制[J]. 系统工程与理论实践,2001(3):102-106.

第8章　总结与展望

智能交通是包含众多内容的系统工程，要在一本书籍中囊括一切加以申述，是很难办到的。本书仅就作者在智能交通相关领域的研究所及的若干问题展开讨论，它是作者近年来回绕着智能交通领域所作相关研究的一个总结，承载着总结过去，开创未来的重要使命。

8.1　总结

总结全书的具体内容论述，主要的创新点和贡献概括如下：

①较全面地阐述了智能交通学科的体系和特点，尤其论述了智能交通中的重要性能指标之间的相互关系，提出了智能交通研究所应遵循的基本原则和所应遵循的基本要求，在此基础上，分析了智能交通技术研发的具体模式和标准化过程处理，这些都可有效促进智能交通理论和技术的发展，对于具体学科的形成是非常有益的。

②分析了智能交通科学和技术发展的支撑技术，分别从数据的采集、存储、预处理、数据挖掘、数据融合、信息控制、信息预测等为主要内容的处理方法、交通数据的显示技术、管理技术和通信传输技术等展开论述，在这些基础上，给出了交通数据所应遵循的 I. S. A 准则，从理论的高度揭示了交通数据的基本特征，并可由此建构形式的范式来验证交通数据是否符合基本要求。具有很强的实际可操作性。

③在深入分析交通及智能交通研究中的相关变量特性的基础上，就交通分析中的相关概率分布等进行了讨论。随后重点对交通状态的检测进行了深入分析，具体给出了 8 种富有创意的新算法，这些新算法包括：基于收费信息的道路检测新算法、基于车辆牌照信息的道路状况检测新算法、基于复合变量构造的检测新算法、基于微分方程理论的新算法、基于路由优化理论的新算法、基于道路容量的检测新算法、基于排队论的新算法、基于蚁群算法的检测新算法。它们既可以直接用到具体的工程实际中，也可作为技术储备。然后，以交通安全性能指标作为研究对象，分析了提升安全性能的具体方法，同时也给出了一种交通事件的自动检测算法，最后分析了交通工具与交通设施的适配性问题等。

④在智能交通的评价体系领域，给出具体的数学建模，在此基础上，首先就单指标内容的经济性指标、社会效果指标、安全指标、环保及资源利用、能源节能指标和交通管理效率指标等的评价体系的原理、实现步骤等进行了深入分析，在此基础上，就综合指标内容的评价体系的实现及方法进行论述，在总结已有的评估方法的同时，提出了新的综合评价的具体实现方法。有如下的具体创新点：

a. 建立了实现评价的具体模型，并采用加权的方法获得了一种具体的定量分析的评价新方法。

b. 在面向经济指标的评价方法中，给出了一种基于门限值为 $\gamma = 0$ 的评价方法，它虽用到了具体的对数运算，在计算上带来一定的麻烦，但具体评估的过程相对简约，富有创新。

c. 给出了以社会效果为指标内容的评价实现新方法。

d. 设计了以安全指标为具体评估内容的评估实现的具体步骤，所形成的具体评估方法可操作性好，具有很好的应用前景。

e. 给出了基于能源节约指标的评估新方法。

f. 分析了基于环境保护和资源合理应用为指标内容的评估方法，着重就以土地资源的合理使用为内容的评估新方法进行了讨论。

g. 分析交通管理的具体指标内容的基础上，构造了一种新颖的基于交通管理为单指标内容的评估方法。

h. 结合数理逻辑的相关理论，通过构造逻辑值为元素的评估矩阵，给出了一种相对简约的综合评估新方法。

⑤在物联网与智能交通技术融合方面，以物联网技术在智能交通领域中的具体应用为核心展开论述，在分析物联网的相关基本概念及体系结构的基础上，分析了物联网与智能交通之间的相互交融的关系，指出了两者的相辅相成和彼此共同发展的特性，然后，以车联网作为论述的对象，分析了它的体系结构、技术支持以及发展趋势。虽然车联网的概念最早被提出来，也出现了具体的应用案例，但技术标准等的形成尚未完成，迄今还仅是处于发展的初级阶段，这里所提出的分层结构等理论，可为车联网的具体建构提供有创意的指导。随后，结合“大交通”的发展趋势，提出了全新概念的交通综合物联网，并就该网络的分层结构及性能特征等进行了具体分析。

⑥以举例的方式，对智能交通交通理论和技术的具体应用展开论述，论述的主要内容涉及以下几个具体方面：

a. 关于智能交通研究中的仿真实验，它可借助于计算机及相关应用软件，对现实中的具体交通问题进行模拟仿真，由此可获得智能交通相关算法、技术等的具体性能特征,这一点有很强的实际意义。这种面向实际情况又模拟现实状况的处理方式的应用,不仅对研究本身的深入展开有积极的助益作用,同时对节约实验费用等方面也可发挥积极的功效。

b. 举例分析了智能交通技术应用到高速公路网上的电子收费,虽然已经出现了具体的ETC技术,但它还可进一步进行技术和功能提升,借助于网络技术,实现“车辆的行驶过程与具体缴费过程的分离”,从而最终达到完全不停车的目的。并把这个基于网络的实现过程纳入到一般的电子商务,在网络应用层面上,引进了安全的电子交易协议(secure electric trade protocol,SET Protocol)等,实现安全的、完全不停车的收费功能。这里所提出的新颖的电子收费模式,充分依托现有的网络通信技术和业已存在的相关基础设施,可方便而又低成本地加以具体应用实现,可成为不停车电子收费的相关技术进步的一种重要选项。

c. 举例分析了智能交通技术在城市交通中的具体应用,在分析总结城市交通的相关问题的基础上,着重就城市交通控制灯的智能化处理问题、城市交通中的智能化泊车问题以及公共交通线路的智能化规划及实时的智能化管理等方面进行了深入的研究,并就针对性地解决这些方面所遇到的问题,提出了新的解决思路和具体算法,它们都能依托已有的网络技术、城市的基础设施等便利条件,都具有很好的应用和发展前景。此外,所提出的新算法具有很好的普适性,它们在交通领域中的其他方面也能发挥积极的作用。

8.2 愿景与展望

根据对智能交通理论与技术的研究的相关心得体会,结合当今网络技术迅猛发展的态势,对智能交通技术的研发重点、热点以及发展趋势等也形成了某些观点,总结这些观点,大致有以下四点具体的愿景和展望。

①在智能交通研究中,应突出交通中的基本变量的基于“时—空”存在状态和变化规律的研究,这些在交通中具有根本的重要性。深刻揭示这些基本变量的状态特性和变化形态,可从根本上解决交通实践中所遇到的问题,这构成智能交通理论和技术发展的核心。

在智能交通研究和技术创新中,在牢牢把握基本变量的基础上,通过对它们的适当的组合构造,形成新的变量,构建新的视角和平台,来解决交通中的难题,不失为一种有效的处理方法,在这方面具有较大的潜力,它是智能交通研究的新思路、新方法和新工具,具有方法论方面的意义。

②智能交通技术的发展需要与网络技术进行更多的有机结合。这一点至关重

要，因为在现今网络技术作为整个技术进步的引擎，能引领和主导其他基于电子、控制、通信、计算机等为基础的 IT 产业，很多具体领域的技术进步，都离不开它的引领和支持，当然对智能交通技术来说，也不例外。因此，对从事智能交通理论研究或技术研发的人员来说，需要具备较好的网络方面的素养和知识储备，要以联系的、动态的、整体观很强的观点和方法来看待智能交通中的相关问题，这样才不局限于具体的技术细节，才能用网络技术中的“他山之石”来具体攻克智能交通中的“玉”，以获得出奇制胜的功效。基于这样的基本观点，我们认为，智能交通与物联网的结合、与“互联网 +”的结合等，不仅为智能交通中的数据的采集打开方便之门，更为高质量的传输、智能化的处理带来重要的技术支持，因此必定产生无可估量的积极效果。

此外，交通本身就是一个有形的网络，它完全可被看作一种实体式的(Objective)物理网，把这实体式的物理网通过映射关系(Mapping Relationship)而构成某种信息网络，通过对信息网络的研究，获得相应的规律和完备的方案，并把它们具体应用到交通实际，这对交通的宏观规划，具体基础设施的前期分析，交通管理的实施、寻找具有最佳的性价比的解决方案等，都会产生积极的效果，这也可被看成智能交通与网络技术的进一步结合的具体应用，这方面也将成为智能交通技术发展的重要内容，也是很值得关注的。

③智能交通技术与认知技术的结合。认知技术最早发端于无线电，因受频谱资源缺乏的限制，无线电中的相关技术的发展受到严重制约，为克服这个困难，人们提出了用动态频谱分配来代替静态、固定式的频谱分配方案，使得多种技术实现“频谱共享”。由此催生了认知无线电技术(Cognitive Radio:CR)和认知网络，其中认知无线电技术能够自动检测无线电环境，调整传输参数，从空间、时间、频率等方面共享无线频谱，以提升频谱利用效率。CR 技术被看成新的核心技术，被预言将成为最具革命性意义的无线电技术；而认知网络则无疑可被理解为是基于认知无线电技术组网的网络。所以，这种技术的基本思想本身就具有丰富的智能元素，不仅它们本身处理问题的思路和方法可在智能交通研究中起到很好的借鉴作用，而且相应的技术本身，对于交通信息的采集、交通信息的传输，尤其是无线传输条件下的信息传输等方面都可解决所遇到的实际问题，并产生实质的积极作用。此外，尤其在物联网和智能交通紧密结合的条件下，应用认知网络的组网方式，对于车联网、交通综合物联网等的体系建立、功能完善等都可起到切实的作用。

④在智能交通研究中，定量分析速度与安全的关系以及速度的极限问题等具有非常重要的实际意义，理应引起高度重视。当今，交通问题作为一个重要的社会问题，严重影响甚至制约着社会的发展，在许多诸如城市交通拥堵、环境污染等问

题中，交通安全问题是一个持久的顽疾，如何有效缓解甚至消除这个顽疾，早已作为一个重要问题被广泛关注，虽有各种从技术层面的、行为层面的、道德规范层面的、法律层面的等不同角度的研究，并付诸实施，但至今还是收效甚微。交通发展需要追求交通效率和行驶快速，所以，高效率和高速度的交通成了人们追求的重要目标，但一味地追求行驶速度和高效率，往往由此也带来不利的副作用，一个重要的体现就是在追求行驶的高速度时，安全等问题也随之而来。此外，交通虽是以交通工具作为载体实现的，但归根到底还是人的行为，对于普通意义上的人来说，他的时空转移的速度并不是越大越好的，应该存在一个基于人体的生理和心理方面的极限速度和最适配速度（最佳速度），当以最佳速度行驶时，对人来说，无论感官的体验还是其他的体验，都可处于最佳状态，而当行驶速度超过某一个极限速度时，对人体就会带来危害。倘若已经知道了在各种交通状态下的最佳速度和极限速度，那么实现与最佳速度相适配的交通设计才是解决问题的最佳途径，而不是一维的追求速度的提高。

基于以上的考虑，研究安全与速度之间的定量关系，由此获得在不同道路基础设施等条件下的最佳速度和极限速度，这不仅可作为道路管理的重要数值指标，也可作为交通工具研制的重要技术参数，从而实现交通工具、交通人、交通基础设施之间的最佳协作，实现最优的运行状态，达到双赢甚至多赢的目标。

在这方面的深入研究，不仅可以有效避免一味地片面追求行驶速度等的状况的出现，还可有力促进整个交通系统和环境的优化，同时它兼及工程技术和人的行为科学等的综合，本身就深具发展潜力。

此外，交通是社会经济文化等发展中的一个环节，它的发展理应与社会的整体经济状况和文化水准等相适配，这是一条基本的规律，定量地分析它们之间的关系，找到这两者之间的平衡关系，不仅对交通工具与交通基础设施的适配、交通基础设施与环境的适配等方面有重要现实意义，而且对促进技术进步、社会融和以及文化昌盛等都有积极的助益，这方面也需引起足够的重视。

总之，智能交通是一门多学科门类、多理论依据、多技术支撑的综合性非常强的应用科学，它涉及交通、电子、控制、计算机、通信等科技的进步以及这些学科彼此交融的技术发展。深具潜力的发展方向还有很多，随着智能交通理论和技术进步，很多富有潜力的研究方向和具体研发中的新思路、新方法等还将不断涌现。

后　记

随着窗前无花果树光秃秃的枝条长满了茂密的叶子，炎热的夏天已悄然来到身边，凝聚了几年心血的《智能交通技术若干新进展》的撰写也告一段落。回顾这一路辛苦的过往，内心生发了很多的感慨。

记得多年前，曾经听过旅游学校一位老师的一堂课，他预测行业的发展前景时，认为将来最有前途的是电信（Telecommunication）、交通（Transportation）和旅游（Travel），并把它们说成是“黄金三 T（Golden Triple Ts）”。对照他的观点，似乎这三 T 与我都有渊源，电信研究是我的本行，我也曾经作为地陪（Local Guide）带过外国人参观杭州和北京的景点，如今又着手撰写智能交通技术的相关论著，似乎我的专业跨度很大，但细细想来，除了做义务导游，有点友情客串的意味外，电信研究和智能交通研究需要很多相近甚至相同的基础知识，它们实际上统一于现今的 IT 技术之中，正因为具备了 IT 技术研究的基本素养，才有撰写智能交通技术论著的勇气和底气。

但是在具体撰写过程中，还是遇到了很多困难。撰写论著是一项涉及面广、持续时间长的系统工程，需要多方面的充分准备。其中之一，就是要有相对集中的时间段来专心致志地做这件事，但这对我来说简直是奢望，身为高校的教师，除了日常的教学、备课、答疑、聆听各样的训导和长篇大论外，还要处理各种其他的事情，如给学生写推荐信，仔细辨析学生所认为的在信息论上的重大发现，婉转地回绝学生希望跟随研究控制论、现代信号处理等的请求等，除此外，辗转于间距遥远的学校与住家之间，除了辛苦外，还得把大把大把的时间浪费在颠簸的路途上，所以只好见缝插针式地尽量利用零碎时间，在断断续续的过程中完成书稿的撰写；其中之二，是对相关资料的查询，这一点得力于杭州图书馆的帮助。那里相对充足的资料，帮我克服了很多困难，尤其当查到某些资料，印证了我的想法，从而帮助推导出新算法时，真有一点儿喜不自胜的成就感，这种感受，没有相似经历者是难以体会得到的。还有其他的各种困难，好在凭着“在患难之中有忍耐，在指望之中有喜乐”的坚毅和盼望，把它们都一一克服了。在我苦度寂寂的中年生活中，感叹金子春的《四十述怀》的集句：

一想流年百事惊　（薛能）　青袍今已误儒生　（刘长卿）

时艰何处披怀抱　（刘象）　身贱多惭问姓名　（卢纶）
薄有文章传子弟　（白居易）　更无书札答公卿　（方干）
壮心暗逐高歌尽　（韩偓）　白发新添四五茎　（薛逢）

的同时，因为这本书如同朝夕相处的良友，也让我生发了些许的温暖和慰藉，所以它是弥足珍贵的。

在本书即将付梓之时，我怀揣着感恩的心，感谢所有促使本书尽早面世的帮助者，是你们的无私帮助，催生了这个满带着期待的“新生儿”，希望它为智能交通技术的进步，尽可能多地发挥积极作用。

最后，谨把它作为初熟的果子，敬献给我的父亲母亲。同时也以此纪念我的母舅王学保先生，因他罹难于交通事故，促使我对交通安全性能的更多思考，并希望借助于智能交通技术的进步，使得交通安全性能等有更多的提高，更使人间的悲剧尽可能地减少。

是为后记！

张焕炯

2015 年 5 月于杭州电子科技大学